Kinder- und Jugendliteratur im Unterricht

Hrsg. von Günter Lange

Band 1

Kirsten Boies
Kinder- und Jugendbücher
in der Grundschule und
Sekundarstufe I

Von

Wilhelm Steffens

Schneider Verlag Hohengehren GmbH

Umschlagfoto: Ute Karen Seggelke
© Verlag Friedrich Oetinger

Gedruckt auf umweltfreundlichem Papier (chlor- und säurefrei hergestellt).

Bibliografische Information Der Deutschen Bibliothek

Die Deutsche Bibliothek verzeichnet diese Publikation in der Deutschen Nationalbibliografie; detaillierte bibliografische Daten sind im Internet über ›http://dnb.ddb.de› abrufbar.

ISBN 3-8340-0036-1

Schneider Verlag Hohengehren, Wilhelmstr. 13, D-73666 Baltmannsweiler

© Schneider Verlag Hohengehren, 73666 Baltmannsweiler 2006
Printed in Germany – Druck: Hofmann, Schorndorf

Inhaltsverzeichnis

Vorwort

Kernstück der folgenden Arbeit in der Reihe *Kinder- und Jugendliteratur im Unterricht* sind literarische und didaktische Analysen zu ausgewählten Kinder- und Jugendromanen Kirsten Boies. Die Auswahl erfolgte unter dem Aspekt, damit einen repräsentativen Längsschnitt des mittlerweile mehr als 60 Titel umfassenden Kompendiums der Kinder- und Jugendromane zu bieten. Gleichrangiges Auswahlkriterium ist die Relevanz für den Literaturunterricht in der Grundschule und der Sekundarstufe I, eingeschlossen die Möglichkeiten literarischen Lernens. Biographie und Überblick des Gesamtwerks der Autorin belegen den Rang, den sie in der Kinder- und Jugendliteraturszene einschließlich der literaturtheoretischen Erörterungen einnimmt. Zugleich wird der literarische Ort der im Hauptteil zu analysierenden Werke aufgewiesen. Auf weitere Querverbindungen wird in den Analysen aufmerksam gemacht. In die Modelle zwei, drei und vier sind Abschnitte einer früheren Veröffentlichung zu Kirsten Boies Romanen eingearbeitet (Steffens 1996).

Angesichts der überbordenden Fülle des Materials und des zur Verfügung stehenden Raums sind Einschränkungen unvermeidbar. Ausgeklammert werden deshalb die Originalbeiträge in Anthologien, das Kompendium der Bilderbücher, die Drehbücher, Hörkassetten, Videos und ein Theaterstück (die Inhalte der letztgenannten Medien beziehen sich auf keinen der ausgewählten Romane). Der gewichtige Teil der Bücher für das Erstlesen, für sich genommen einer umfassenden Untersuchung wert, wird im ersten Kapitel kurz angesprochen, besonders im Blick auf die Erörterungen der Autorin, dann im Rahmen des Modells *Paule ist ein Glücksgriff* in exemplarischer Weise dargestellt. Die große Zahl der Erstlesebücher i. e. Sinne bleibt auch im Literaturverzeichnis unberücksichtigt.

1 Die Autorin Kirsten Boie

1.1 Biographie

Kirsten Boie wurde 1950 in Hamburg geboren. Hier besuchte sie die Schule und absolvierte ihr Studium. Sie lebte in einfachen Verhältnissen. Mit fünfeinhalb Jahren wurde ihr Bruder geboren, mit dem sie bis zu ihrem 13. Lebensjahr ein Zimmer teilen mußte. 1956 erhielt sie zu Weihnachten den ersten Band der *Pippi-Langstrumpf*-Trilogie. Während der langen Genesungsphase nach einer Erkrankung an Masern mit hohem Fieber las der Vater ihr und der erschöpften Mutter daraus vor. Sie fand einen unmittelbaren Zugang zu Astrid Lindgrens Büchern. „Ich habe *Pippi* geliebt wie kurz danach die *Kinder aus Bullerbü* und *Kalle Blomquist*". (2002, S. 28) Einen Nachruf auf die Autorin überschreibt sie mit „Ein Vorbild aus frühen Kindertagen" und vermerkt „Kein anderer Autor, keine andere Autorin hat in meinem Leben eine Rolle gespielt wie sie." (Ebd.) Das Geheimnis der Wirkung besteht für sie darin, daß die Autorin dem kindlichen Leser das Gefühl vermittelt, angenommen und verstanden zu sein, außerdem in der großen Ehrlichkeit dem kindlichen Leser gegenüber und in der intensiven und authentischen Vermittlung kindlicher Gefühle. Hier schlägt sich ein Bogen zu dem eigenen kinderliterarischen Credo K.B.s und speziell zu einer Bücherserie, deren erster Titel *Wir Kinder aus dem Mövenweg* (2000) lautet. Über ihre Lesebiographie berichtet sie ausführlich in ihrem Frankfurter Vortrag „Meine Bücher haben mich überfallen" (1995a, S. 19–21). K.B. hat aber nicht nur gern gelesen, sondern vor allem ihr „ganzes Leben schon immer etwas geschrieben" (Boie 1987, S. 106; vgl. auch 1995a, S. 6).

Mit 14 Jahren nahm K.B. an einem Schüleraustausch nach England teil. Dieser Aufenthalt, damals noch eine Besonderheit, stellte offensichtlich die Weichen für das spätere Studium der Anglistik. Ein Stipendium ermöglichte ihr, an der Universität Southampton, also vor Ort, ihre Kenntnis der englischen Sprache und Literatur zu vertiefen. Als anderes Fach belegte sie Germanistik. Sie promovierte in Literaturwissenschaft über die frühen Prosawerke Bertolt Brechts. Während des Studiums verdiente sich K.B. ihren Lebensunterhalt durch bibliothekarische Tätigkeiten in der Bibliothek des literaturwissenschaftlichen Seminars der Universität Hamburg.

Nach dem Studium unterrichtete sie als Lehrerin von 1978–1983 an einem Gymnasium und einer Gesamtschule. So lernte sie unterschiedliche Milieufaktoren kennen, die den Lebensweg von Kindern und Jugendlichen mitprägen. Die promovierte Literaturwissenschaftlerin und Lehrerin fand ihren Weg zum Schreiben von Kinder- und Jugendliteratur durch einen äußeren Anstoß. Wegen der Adoption ihres ersten Kindes 1983 verlangte das Jugendamt die Unterbrechung ihrer Berufstätigkeit. Zwei Jahre später erfolgte die Adoption eines zweiten Kindes. Vor diesem Hintergrund entstand ihr erstes Kinderbuch *Paule ist ein Glücksgriff*

(1985), das nicht nur sogleich Beachtung fand, sondern ein großer Erfolg wurde. Dies leitete eine bemerkenswerte Karriere als Kinder- und Jugendliteraturautorin ein, die nicht nur bis heute anhält, sondern immer wieder neue thematische und narrative Dimensionen umfaßt und zu weiteren Höhepunkten ihres Gesamtwerks führt.

Die Zahl der Preise und Ehrungen, die ihr zugedacht wurden, ist kaum mehr zu überschauen. Hervorzuheben ist, daß ihr Erstlingswerk bereits auf die Auswahlliste zum Deutschen Jugendliteraturpreis kam, als Buch des Monats der Deutschen Akademie für Kinder- und Jugendliteratur, Volkach, gewählt und in die Ehrenliste des Österreichischen Staatspreises für Kinder- und Jugendliteratur aufgenommen wurde. Eine Kette von Ehrungen mündete in die Nominierung für den internationalen Hans-Christian-Andersen-Preis für ihr Gesamtwerk 2000, 2002 und 2004 ein. Die der Autorin für die unten zu analysierenden Bücher zuerkannten Preise werden dort aufgeführt.

Heute lebt K. B. mit ihrem Mann und den beiden Kindern in der Nähe von Hamburg.

Seit einigen Jahren unternimmt sie in Zusammenarbeit mit dem Goethe-Institut Reisen in verschiedene europäische und außereuropäische Länder. Neben ihrer Tätigkeit als Kinder- und Jugendliteraturautorin tritt sie mittlerweile immer stärker als Literaturwissenschaftlerin auf den Plan. Wie dies selten geschieht, reflektiert sie sensibel ihre Arbeit auf vielfältige und präzise Weise, in Interviews, Artikeln in Zeitungen und Fachzeitschriften, in Sammelbänden und Vorträgen dokumentiert.

1.2 Das Gesamtwerk – eine Übersicht

K. B. gehört nach einhelliger Auffassung nahezu aller Rezensenten, Kinderliteraturkritiker und -kritikerinnen zu den herausragenden deutschen Autorinnen und Autoren der jüngeren Vergangenheit und Gegenwart (s. u. a. Richter 1998, Daubert 2000, Dahrendorf 2000). H. Daubert greift ein Element des Titels des ersten Buches der Autorin auf und überschreibt ihren Beitrag zur Nominierung für den H. C. Andersen-Preis mit „Kirsten Boie: ein Glücksgriff" (2000, S. 52 – mit geringfügiger Veränderung wieder abgedruckt in Daubert 2001). Sie leitet ihn wie folgt ein:

> Kirsten Boie gehört zu den renommiertesten deutschen Autorinnen der Gegenwart und hat mit ihren Büchern einen wesentlichen Beitrag zur Entwicklung der Themen-, Formen- und Funktionsvielfalt der modernen deutschsprachigen Kinder- und Jugendliteratur geleistet. Sie gilt darüber hinaus als eine der wichtigsten Vertreterinnen des modernen Kinder- und Jugendromans. (S. 52)

Silke Schnettler, um einen Beleg aus der Gruppe der Rezensionen in Zeitungen zu nennen, faßt ihr Urteil in dem Untertitel ihres Beitrags *Ein Mangel an*

Größenwahn zusammen: „Kirsten Boie ist Deutschlands wichtigste Kinder- und Jugendbuchautorin" (2000a).

Nach dem Anfangserfolg mit *Paule ist ein Glücksgriff* veröffentlichte sie bis heute über 60 Kinder- und Jugendbücher, zahlreiche Beiträge in Anthologien, Drehbücher für das Kinderfernsehen, Videos und Hörkassetten zu mehreren ihrer Bücher. Die Spannbreite reicht vom Bilderbuch über Texte in Erstlesereihen bis zu Kinder- und Jugendromanen. Entsprechend breit ist das thematische Spektrum, wie die folgenden Analysen belegen, und dies gilt in besonderem Maße für die Genres der Kinder- und Jugendliteratur. Zugleich umschließen diese Erzählformen, die auf zahlreichen narrativen Innovationen beruhen. Die Autorin deckt darin ein Spektrum ab, das von der klassischen Kindergeschichte, dem modernen psychologischen Kinder- und Jugendroman, dem modernen Familienroman bis zu differenzierten Modellen des Jugendromans mit experimentellem Charakter reicht.

Von einigen Texten für Leseanfänger abgesehen, dominierte zunächst der realistische Kinder- und Jugendroman. Als eine der wenigen Ausnahmen, bezeichnender Weise in der Gruppe für Erstleser angesiedelt, ist *Sehr gefräßig, aber nett* (1995) zu nennen. Aber auch diese Geschichte samt dem Heinzler, so die Bezeichnung der phantastischen Figur, ist in den Horizont einer gewandelten Kindheit gestellt, weshalb K.B. auch auf diesen Text ihren (erweiterten) Realitätsbegriff ausdehnt. „Mitunter nämlich, davon bin ich fest überzeugt, kann es sinnvoll sein, mit phantastischen Elementen zu arbeiten, um einen realistischen Text zu schreiben." (1996, S. 23, vgl. auch 1995a, S. 16) Mit *Der Prinz und der Bottelknabe* (1997) greift sie ein klassisches Modell bzw. Motiv aus Mark Twains *Prinz und Bettelknabe* (1881; 1996) auf, skizziert darin zwar unterschiedliche Milieus auf so realistische Weise, wie dies nur auf Grund exakter Beobachtung möglich ist, kleidet die Geschichte jedoch zugleich in die Form eines modernen Märchens. Hier trägt K.B.s Realitätsbegriff noch immer. Mit weiteren Büchern überschreitet sie ihn jedoch. Sie überrascht ihre Lesegemeinde, Kritiker und Rezensenten gleichermaßen mit zwei phantastischen Romanen, nämlich *Der durch den Spiegel kommt* (2001) und *Die Medlevinger* (2004 – s. das Modell 10). In dem nach Abschluß dieses Manuskripts erschienenen Roman *Skogland* setzt sich diese Linie fort (s. Nachtrag, S. 116ff.).

K.B. gilt als eine aufmerksame Beobachterin der Wirklichkeit, der gesellschaftlichen und politischen Verhältnisse, der sozialen Strukturen und auch Verwerfungen einschließlich aller Veränderungen (vgl. Daubert 1999, S. 97). Dies schlägt sich in ihren alltagsbezogenen Geschichten nieder, insbesondere in denen, die im familiären Bereich angesiedelt sind.

Ein gewichtiges Gestaltungselement ist, wie sie es selbst als ihre zentrale Intention bezeichnet, die beiden Komponenten des Begriffs „Kinder-Literatur" in ein optimales Gleichgewichtsverhältnis zu bringen. Für sie ist Literatur für Kinder gleichrangige *Literatur*, zugleich aber auch Literatur für *Kinder*. Tatsächlich zeichnen sich ihre Kinder- und Jugendromane durch eine bemerkenswerte literarische Qualität aus, andererseits durch ein Nähe zu den kindlichen und jugendlichen Rezipienten.

Mit der Problematik des Adressatenbezugs setzt sich die Autorin intensiv und differenziert auseinander. Dies gilt zunächst, und in besonderem Maße, für die Gruppe der Erstleser. Der noch nicht abgeschlossene Leselernprozeß und der dadurch restringierte Sprachcode in Wortschatz und Syntax verlangt zwar, Kompromisse einzugehen, verstärkt durch Auflagen der Verlage, und doch dürfen die Texte ein gewisses literarisches Niveau nicht unterschreiten. Daß ihr dies gelingt, bestätigt K. Theiß (2001, S. 15). Sie bezeichnet diese Texte als „realitätsnah und klischeefern", „vor allem kinderalltagsbezogen und interessant". Nüchtern analysiert K. B. die Situation des Lesens im Kontext der Medienwelt, in der Hörkassette, Fernsehen und Computerspiele in heutiger Kinderbiographie dem Lesen zumeist zeitlich vorausgehen und zu nachlassender Lesebereitschaft und -fähigkeit führen (2000, S. 62; 1998, S. 27). In diesem Problemfeld gewinnen für sie neben Büchern für Erstleser auch Bilderbücher eine bedeutsame Funktion – für Lesemotivation, die Hinführung zu Text und Buch und als Basis für alles weiterführende Lesen (2004a). Ebenso intensiv reflektiert die Autorin das Problem der Passung zwischen Textstruktur und Lesekompetenz bei Jugendlichen. Modellfall ist für K. B. die Zuordnung des Jugendromans *Nicht Chicago. Nicht hier* zu der Sparte Kinderliteratur des Deutschen Jugendliteraturpreises, der sie heftig widerspricht (2000a, S. 36, s. auch die Replik Ellen Pomilkalkos, ebd.). Die folgenden Analysen belegen, mit welcher Sensibilität, welchem Einfühlungsvermögen sie sich den kindlichen und jugendlichen Lesern nähert, ihrer Gefühls-, ihrer Wahrnehmungswelt, ihrer Welt des Denkens, ihren Reflexionen und Problemlagen. Sie hält dies jedoch nicht für einen bewußt gesteuerten oder zu steuernden Prozeß. „Die eigentliche Orientierung an der Zielgruppe findet ja auf einer Ebene statt, auf der sie vom Autor nicht mehr bewußt gesteuert wird." (2001, S. 35)

K. B. ist sich bewußt, daß komplex strukturierte Texte vor allem für leseunerfahrene Kinder und Jugendliche u. U. unüberwindliche Barrieren aufbauen können und hier einfache Formen, auch triviale, auf unbeschwertes Vergnügen ausgerichtete Bücher eine Funktion gewinnen.

> Andererseits sind heutige Kinder durch die Nutzung anderer Medien, den Konsum von Werbung, Videoclips, sogar von Kinderfilmen längst an Diskontinuität, an Vor- und Rückblenden, an die Notwendigkeit, selbst eine Textlogik herzustellen, gewöhnt. Kann es also vielleicht sein, dass die Lektüre formal komplizierter Texte ihnen sogar leichter fällt als früheren Generationen von nur am Buch geschulten Lesern? (2000, S. 66)

Die gestellte Frage bejaht der Verf. aufgrund zahlreicher literarischer Projekte mit modernen Kinderbüchern (s. dazu unten, S. 6).

Wenn K. B. nun vor dem Hintergrund gewandelter gesellschaftlicher Strukturen und gewandelter Kindheit die in der Kinder- und Jugendliteratur insgesamt virulenten Themen besetzt, also etwa Kritik herkömmlicher Rollenmuster in der Familie, Kinder in Scheidungsfamilien, Fremdenfeindlichkeit, Asylantenschicksale, Umgang mit Behinderten, Gewalt in der Schule, Erziehungs- und Sozialisationsmuster in unterschiedlichen Milieus, folgt sie nicht Modewellen oder bedient oberflächlich aktuelle Strömungen des Zeitgeistes, sondern stellt sich den Anforderungen ästhetischer Literatur. Ihre fiktiven Welten laden vielmehr dazu ein, tiefgründiger in die Strukturen heutiger Problemlagen einzudringen.

> Die Verbindung eines hohen ästhetischen Anspruchs mit einer auffälligen Attraktivität für die kindlichen und jugendlichen Leser dürfte in dieser Form auf dem deutschen Büchermarkt einmalig sein. In ihr offenbart sich, daß modernes Erzählen nicht mit einem Verlust an Verständlichkeit für ein breites Publikum einhergehen muß. (Richter 1998, S. 293)

Die Autorin reflektiert diesen Aspekt ihres Schreibprozesses immer wieder in Interviews und Fachartikeln, die den Charakter und das Niveau einer kinder- und jugendliterarischen Poetik annehmen. Wie aber sind die „innerpsychischen Veränderungen" in der veränderten Lebenswelt literarisch zu erfassen? Diese Frage richtet K. B. zu allererst an sich selbst.

> Wie kann ich als Autorin, deren Kindheit nach ganz anderen Mustern verlaufen ist, eine heutige Kindheit überhaupt realistisch darstellen? Und müßten nicht auch in der Kinderliteratur veränderte Strukturen die stark veränderte Realität zu fassen versuchen? (1996, S. 19)

So richtet sich ihr Blick auf das für neue Aussagen notwendige narrative Konzept angesichts des Stellenwerts der KJL „unter veränderten medialen Bedingungen" (1998 b, S. 22). Sie fragt:

> Könnte es aber nicht vielleicht sogar sein, dass die umfangreiche Medienerfahrung heutiger Kinder und Jugendlicher dazu führt, dass sie sogar selbstverständlicher mit Texten mit Perspektivwechsel, parallelen Handlungsverläufen, Vor- und Rückblenden umgehen, als in ihrer Medienkompetenz traditionell sozialisierte Erwachsene das vermuten? (Ebd., S. 23)

Ihrer Meinung nach reicht das traditionelle Formenarsenal nicht mehr aus. Entsprechend weisen ihre Romane zahlreiche moderne Formen des Erzählens aus, wie sie schrittweise Eingang in die KJL seit den 70er Jahren gefunden haben (Steffens 2000 a, speziell zu K. B. s Familienromanen 1996). K. B. demonstriert die Bedeutung der zu wählenden Erzählsituation anhand zweier Jugendbücher. Zu *Ich ganz cool* (1992) und *Erwachsene reden. Marco hat was getan* (1994) sagt sie, daß es ihr „weder mit der auktorialen noch mit der personalen oder der traditionellen Ich-Perspektive (gelang)", ihre literarischen Intention zu realisieren (1998 b, S. 23). Für den ersten Text wählte sie deshalb eine unmittelbare Annäherung an die Sprache des Jugendlichen, die aber dennoch als eine Kunstform anzusehen ist (Schweikart 1999, S. 16). Für den zweiten Text, in dem es darum geht, angesichts einer Zuspitzung von Fremdenfeindlichkeit den Einflußfaktoren des gesellschaftlichen Umfeldes nachzugehen, entschied sie sich für das ihrer Meinung nach adäquate narrative Mittel einer Collage von Interviews mehrerer Personen und einen stumm bleibenden Interviewer (Boie 1998 b, S. 23). Auf dieses Spannungsverhältnis der literar-ästhetischen Passung von intendierter Aussage und adäquater Erzählstruktur geht sie mehrfach in Interviews und ihren literaturtheoretischen Artikeln ein (u. a 1995 a, 1995 b, 1996, 1997). Oben wurden die innerpsychischen Veränderungen genannt, die heutige Gestaltungskonzepte berühren. Tatsächlich ist der „Blick ins Innere", wie dies Maria Lypp (1989) benennt, ein dominierendes Faktum des Wandels der Lebensverhältnisse, vor dessen Hintergrund sich die Form eines psychologischen Romans für Kinder und Jugendliche herausschälte (Steffens 1995, 1998 u. 2000). Neben Gudrun Mebs *Sonntagskind* (1983) und Sylvia Cassedys *Lucys Haus* (1986) ist K. B. s *Mit Kindern redet ja keiner* (1990) zu nennen. Die drei Texte stellen herausragende Prototypen dieses Genres dar. K. B. stellt oben die rhetorische Frage nach der Notwendigkeit solcher Formgefüge und der Möglichkeit des Zugangs. Andere Kritiker stellen diese Frage kritisch (vgl. Dahrendorf 2000, S. 4). In mehreren literarischen Projekten und in einem besonders breit angelegten zu dem erstgenannten psychologischen Kinderroman, dessen Handlung ganz in das Innere, die Gefühls- und Bewußtseinslage der Protagonistin verlagert ist, wie dies auch bei Cassedy und K. B. der Fall ist, konnte trotz der geradezu forcierten narrativen Innovation belegt werden, daß die Kinder eines vierten Schuljahrs nicht nur Zugang zu der bewegenden Thematik fanden, sondern sich ihnen auch die komplexe Struktur des Romans erschloß. Dies dokumentieren u. a. Texte der Kinder, in denen sie selbst eine solche Innensicht einnehmen und in Gesprächen auf vergleichbare eigene Sprechhandlungen verweisen (Steffens 1995, S. 28 f, 40–42 und 1995 a, S. 170; 1998 b, S. 263–271, bes. 270 f).

Ein weiteres charakteristisches Element prägt K. B. s Gesamtwerk. „K. B. gilt nicht nur als profilierte Vertreterin des psychologischen Kinderromans, sondern gleichermaßen als eine der wichtigsten Autorinnen des komischen Kinder- und Jugendromans." (Daubert 2000, S. 56 f.) In ihren Texten, die dieser Gruppe zuzuordnen sind, genannt seien nur *Nella Propella* (1994) und *Jeder Tag ein Happening* (1993), ist sie Repräsentantin der die kinder- und jugendliche Phase einer „Literatur des Daseinsernstes" überwindenden Ausweitung hin zu einer Renaissance kinder- und jugendliterarischer Komik (Daubert 1999, S. 95). Anhand von *Man darf mit dem Glück nicht drängelig sein* läßt sich H.-H. Ewers Feststellung belegen (s. unten das Modell S. 81 ff.), daß neben der Aktivierung bzw. Wiederentdeckung der Kategorie des Komischen auch die Rückkehr der Idyllik als ein weiteres Moment der literarischen Veränderungen im Bereich der KJL einhergeht (1995 a, S. 46). Letztlich handelt es sich bei der Mehrzahl der entsprechenden Werke K.B.s um die Variante des komischen Familienromans. (Steffens 1998a, S. 1–12) Zu den „Meisterinnen" dieses Genres zählt Ewers neben Christine Nöstlinger und der Engländerin Anne Fine auch K.B. (1995a, S. 45). Die Figuren dieser Texte agieren vorrangig mit Ironie und Selbstironie. Nicht zuletzt ist es dieses Gestaltungselement, das gewisse Verkrampfungen einiger Texte der frühen Phase des kinder- und jugendliterarischen Paradigmenwechsels löste, indem sie einen neuen heiteren Ton mit Hilfe von Komik anschlägt, so daß Ewers formulieren konnte, „daß es in der Familie, der Schule ect. wieder etwas zu lachen gibt" (ebd, S. 45).

An dieser Stelle bietet es sich an, den Blick auf das Figurenarsenal der Romane zu lenken, stehen sie doch im Mittelpunkt kindlichen und jugendlichen Interesses. Immer wieder ist zu beobachten, wie nahe ihnen Figuren, vor allem beim gründlichen Erschließen eines Textes, rücken. Dies gilt besonders für die Protagonisten der erzählten Geschichten. Sie können Rezipienten über längere Zeiträume hin gegenwärtig bleiben und sie ein Stück des Wegs begleiten. Hier verschränken sich in gewichtiger Weise der Schreibprozeß der Autorinnen und Autoren mit dem Leseprozeß der Rezipienten.

> Nicht nur, daß ich im Schreibprozeß meine Figuren und deren Persönlichkeit immer detaillierter kennenlerne; mit jedem Satz, den ich über sie sage, schaffe ich ja auch neue Fakten, die ihren Charakter allmählich immer vollständiger werden lassen und die es dann im Folgenden unmöglich machen, daß ihr Träger dieses oder jenes, was in meinem Flußdiagramm für ihn vorgesehen war, schließlich auch tut. (Boie 1996, S. 13)

Die Protagonisten der Romane für 7–12jährige sind selbstbewußte, aktive, lebenskluge Kinder. Sie haben gelernt, selbständig zu denken und scheuen sich oft nicht, Erwachsenen kritisch entgegenzutreten, jedoch nicht plump aggressiv, sondern zumeist pfiffig, Situationen komisch zuspitzend und überaus phantasiebegabt.

> Auch hier steht die Autorin immer auf Seiten der Kinder, die durch ihr selbstbewusstes, lebenskluges und kritisches Denken und Handeln den Erwachsenen oftmals einen Spiegel vorhalten und die Unbrauchbarkeit so mancher Theorie auf das amüsanteste entlarven. (Daubert 2000, S. 57f.)

Die damit angesprochene Gruppe der Kinderfiguren ist geradezu eingepaßt in den Rahmen komischer Familienromane. Altkluges Verhalten, Pfiffigkeit, humorvolle Entlarvung von Schwächen der Erwachsenen, augenzwinkerndes Verständnis für deren Fehlverhalten sind zentrale Elemente dieses Genres. Zu übersehen ist jedoch nicht, daß sie sich oft in schwierigen familiären Situationen behaupten müssen. – In dem phantastischen Kinder-/ Jugendroman *Der durch den Spiegel kommt* (2001) tritt uns jedoch Motiv und Mythos des in seiner Schwäche, aber inneren Stärke alles Böse bezwingenden und Leidende erlösenden Kindes entgegen. Andere Figuren der Jugendromane sind dagegen Inkarnation der unsere Gegenwart bedrängenden Probleme wie Gewalt unter Jugendlichen, Fremdenfeindlichkeit oder Gefährdung durch Milieu und Medienüberflutung.

Die Erwachsenen sind durchgehend in das Spannungsfeld gewandelter Familienverhältnisse oder gesellschaftlicher Gefährdungen gestellt. Sie treten als Prototypen der Annahme und selbstverständlichen Bejahung neuer Lebensformen auf, insbesondere der modernen „Verhandlungshaushalte" (Daubert 1995, S. 61), als deren im Alten verharrenden autoritären Gegenbilder oder als Suchende nach ihrem Standort in der Flexibilisierung familiärer Rollenbilder und -erwartungen, schließlich auch als egoistische, allein ihren Bedürfnissen folgende und nur auf ihr persönliches Glück bedachte Erwachsene, oft zu Lasten der Kinder. Den differenzierten Ausprägungen im Figurenarsenal wird im Rahmen der Detailanalysen besondere Aufmerksamkeit geschenkt.

Der Sprachstil K. B.s ist unverkennbar. Er gilt als „erfrischend unpädagogisch und ganz nah am Kind" (Menzel / Laier 1999, S. 269), aber ebenso an den intendierten Adressaten der Jugendromane. „Sie schreibt mit trockenem Humor und unverwechselbarem Sprachwitz" (ebd.) und „sicherem Gespür für Situationskomik" (Schwan 1994, S. 15). Sie beherrscht die den experimentellen Texten adäquate Ausprägung von milieusprachlichen Faktoren, von jugendlichem Jargon und von sprachlicher Reduktion bis hin zu hämmerndem Stakkato eines extrem expressiven Stils. Zugleich handhabt sie „meisterhaft die schwierige Kunst, kurze und dennoch temporeiche und vergnügliche Texte für Leseanfänger zu schreiben" (Menzel / Laier 1999, S. 270) oder in elaborierter Syntax poetische Anklänge zu vermitteln. „Werden psychologische, soziale und politische Konflikte thematisiert, so geschieht dies nicht auf Kosten der poetischen Qualität." (Schwan 1994, S. 15). K. B. schreibt verständlich knapp, aber selbst für die Jüngsten weder kindertümelnd noch verniedlichend. Dem Verweis auf Passagen elaborierter Sprache entspricht Heidtmanns Beobachtung, daß sie „dankenswerter Weise – Nebensätze auch bei jüngeren Lesern für zumutbar (hält)" (1989, S. 162).

> Einfach gereihte Nebensätze [...] verwende ich hemmungslos, weil ich vermute, dass sie Kindern keine allzu großen Schwierigkeiten bereiten dürften; schließlich kann der Gedankengang wie bei einer Folge von Hauptsätzen schrittweise entschlüsselt werden. (Boie 1998, S. 35)

K. B. ist nicht nur eine allgemein bekannte und geschätzte Autorin von KJL und steht nicht nur im Zentrum der KJL-Kritik, sondern ebenso im Blickfeld moderner KJL-Didaktik. „Viele ihrer Bücher haben bereits Eingang in die Schulen gefunden und werden im Deutschunterricht gelesen." (Daubert 2000, S. 58) Drei Belege seien hervorgehoben.

In der Reihe dtv-junior und dtv-pocket sind mehrere Unterrichtshilfen erschienen (sie sind unten teils erwähnt oder finden sich im Literaturverzeichnis).

Karin Richter berücksichtigt zwei Romane K.B.s in ihrer Veröffentlichung *Kinderliteratur in der Grundschule* (2001): *Mit Jakob wurde alles anders* und *Man darf mit dem Glück nicht drängelig sein*.

In Carsten Gansels Standardwerk *Moderne Kinder- und Jugendliteratur. Ein Praxishandbuch für den Unterricht* (1999) schließlich nimmt K.B. breiten Raum ein. Ihr gelten nicht nur die höchste Zahl der Nennungen, sondern diese beziehen sich auf nahezu alle Aspekte der KJL-Theorie und -didaktik. Darüber hinaus sind die Romane *Nella Propella, Mit Kindern redet ja keiner* und *Erwachsene reden. Marco hat etwas getan* ausführlicher didaktisch erschlossen.

Abschließend ist auf eine Untersuchung der von 1985 bis 1992 erschienenen Kinder- und Jugendromane K.B.s zu verweisen (Bertrand-Rettig 1995). Die Dissertation bezieht sich auf vier zeitgenössische Autorinnen, neben Christine Nöstlinger, Marie-Aude Murail, Brigitte Smadja auf Kirsten Boie. Dieser Part umfaßt 78 Druckseiten. Die Arbeit zeigt deutliche Parallelen zu wesentlichen Aspekten der hier vorzustellenden literarischen Analysen. Die dort stärker akzentuierten Längsschnitte zu spezifischen thematischen und sprachlich-stilistischen Faktoren und die hier favorisierten Einzelanalysen, also das jeweils einzelne Werk im Sinne eines Querschnitts auslotend, ergänzen sich in Teilbereichen, darauf wird an einigen Stellen verwiesen. Angesichts der großen Zahl nach 1992 erschienenen Romane mit ihren auch überraschenden und sich vielfältig differenzierenden Innovationen ergibt sich von selbst, daß die aus der Sicht jener Jahre als „Ausnahmen" (Kap. 5.4 Les exeptions) bezeichneten Werke wie etwa *Ich ganz cool* mittlerweile ein beachtliches Kompendium darstellen und daß neue, damals noch nicht abzusehende Akzentuierungen erfolgten. Neben den thematischen und figuralen Bezügen findet bei Bertrand-Rettig die literar-ästhetische Dimension i.w. Sinne, also sprachlich-stilistische und narrative Faktoren, besondere Beachtung. Die Funktion der Ich-Erzählsituation wird breit erörtert und der Bezug zur Innensicht aufgedeckt (S. 321 ff.). Die vergleichbare Möglichkeit der Erschließung der psychischen Befindlichkeit der Protagonisten der Er-Erzählsituation, als personales Erzählen mit Reflektorfigur und erlebter Rede, ein gewichtiges narratives Instrument bei K.B., wird nicht explizit reflektiert. Die im Folgenden durchgehend beachtete Rückbindung an die moderne Romantheorie führt in diesem Punkt über Bertrand-Rettigs Untersuchung hinaus. Außerhalb eines Vergleichs steht die didaktische Dimension, die auch die Entscheidung für Einzelanalysen nahelegte.

2 Paule ist ein Glücksgriff

Der 1985 erschienene Kinderroman ist das Erstlingswerk der Autorin, mit dem sie sich nahezu schlagartig in der Kinderliteraturszene etablierte. Der Roman wurde 1986 in die Auswahlliste Deutscher Jugendliteraturpreis, Sparte Kinderbuch, in die Ehrenliste zum Österreichischen Staatspreis aufgenommen und als Buch des Monats März 1986 der Deutschen Akademie für Kinder- und Jugendliteratur, Volkach, benannt. In ihm deutet sich eine Form des Erzählens der Autorin an, die den Blick auf die Befindlichkeiten kindlicher Protagonisten schärft, dokumentiert in ihrem Handeln, insbesondere in ihrem Sprechen, Denken und Fühlen, unter der Nutzung der Möglichkeiten der personalen, in späteren Jahren auch der Ich-Erzählsituation. Dies geht einher mit einer außergewöhnlichen sprachlichen Passung zwischen Wortschatz, Syntax, Erzählduktus und den intendierten Adressaten.

2.1 Inhalt und Aufbau

Das Buch umfaßt 128 Seiten und gliedert sich in 10 Kapitel mit vorausdeutenden Überschriften. Es enthält 23 Schwarz-Weiß-Zeichnungen von Magdalene Hanke-Basfeld. Eine Ende 2005 erschienene ungekürzte Taschenbuchausgabe umfaßt 135 Seiten. Die Kapitelgliederung ist unverändert. Jedes Kapitel enthält eine ganzseitige Schwarz-Weiß-Zeichnung von Iris Hardt. Zitiert wird nach dieser Ausgabe.

Paule ist ein sechsjähriges Adoptivkind. Seine jetzigen Eltern haben ihn adoptiert, als er wenige Wochen alt war. Paule ist dunkelhäutig, wie die Titelbilder jeder Ausgabe zeigen. Sein Vater ist Somalier, der die deutsche Mutter verlassen hat. Paule weiß, daß bei ihm manches anders ist als bei anderen Kindern. Darüber macht er sich manchmal Gedanken. Er ist nicht im Bauch seiner Mama gewachsen, er hat keine Geschwister, er hat auch keinen Hund. Aber er hat liebevolle Eltern. Vater schätzt ihn als Fußballspieler. Mutter, deren Haut schlecht bräunt, 'beneidet' ihn wegen der seinen. Aber er reibt sich manchmal an ihrer strengen Hausaufgabenkontrolle. Immer wieder will Paule die Geschichte hören, wie es war, als seine Eltern ihn aus dem Heim geholt haben und wie freundlich und spaßig die Großeltern reagierten.

In der Nachbarschaft wohnt Andreas, der mit ihm zur Schule geht und eine große und eine kleine Schwester hat. Zu seinem engeren Bekanntenkreis gehören noch Viktor von der anderen Straßenseite und zwei Katrins. Mit der Lehrerin der ersten Klasse rundet sich die Figurenkonstellation ab, in deren Rahmen er sich handelnd und denkend bewegt.

Paule nimmt am Weihnachtskrippenspiel teil, nicht als König Balthasar, wie die Lehrerin und alle anderen dies wollen, sondern als Engel Gabriel. Obwohl er aufgeregt ist und weiche Knie bekommt, überbrückt er geistesgegenwärtig einen

Zwischenfall beim Spiel, als die von Andreas heimlich in die Krippe geschmuggelte kleine Schwester plötzlich losbrüllt.

„Manchmal überkommt es Mama", dann stürzt sie sich in Hausarbeit, und es gibt kein richtiges Essen, nur eine Banane. Einmal wird er an einem solchen Tag mit Andreas in den Supermarkt geschickt, um Dübel zu kaufen. Die Jungen betrachten dort die Auslagen eines Spielzeuggeschäfts und essen eine Currywurst. Ein Mädchen, von der Mutter immer wieder unbeholfen zurechtgewiesen, läßt sich über Paule als Neger aus. Sie hält einen erwachsenen Afrikaner für seinen Vater. Andreas greift das scherzhaft auf und will den Mann fragen, worüber Paule wütend wird. – In der nächsten Szene stehen sie mit dem Fremden vor der Tür und verblüffen die Mutter. Der handwerklich geschickte Afrikaner hilft bei den anstehenden Reparaturen. Dann spielt er mit den Kindern. Schließlich kommt noch der ebenfalls verblüffte Vater hinzu. Die Dübel allerdings hat Paule vergessen.

Eine weitere, die Geschlechterrollen berührende Episode ist der Besuch der Cousine Janne, die Paule als Mädchen zunächst kritisch betrachtet, mit der er sich aber schnell anfreundet – bis diese auf einer Geburtstagsparty mit Viktor tanzt.

Das Kapitel „Ist Mama eine Stiefmutter?" stellt, obwohl ebenfalls locker erzählt, ein reflexives Kernstück zu Grundproblemen des Buches dar. Paule erörtert die Frage mit Papa im Garten, er greift dabei auf Märchenassoziationen zurück. Eine noch schwierigere Frage stellt er seinem Großvater: „Bin ich ein Ausländer?" Er verweist auf Reden eines Mitschülers: „Deutsche Neger gibt es nicht." Später fügt er hinzu: „Aber wenn ich ein Ausländer bin, muß ich raus." So steht es im Einkaufszentrum an der Wand. Das alles bringt Opa in Wut, er wettert gegen die Schmierereien und nennt die Urheber Idioten und Schweinehunde. Diese Schmierereien, so Opa, sollte man abwaschen. – In der nächsten Szene dieses Kapitels (Schnitt und Zeitsprung sind eine für das Alter der Rezipienten beachtenswerte narrative Technik) bringen Polizisten Paule nach Hause und sagen der Mutter, sie müsse besser aufpassen, ihr Kind habe im Einkaufszentrum die Wände beschmiert. Paule merkt, wie erschrocken die Mutter ist, bis er ihr erklärt, daß er die Sauerei „Ausländer raus" übermalt habe. Jetzt faßt sie ihn liebevoll an und attackiert die Polizisten: „Da hätten sie dem Kind lieber helfen sollen."

In die Schule geht Paule gern. Lesen, Schreiben, Sachkunde mag er, nur die Wortdiktate nicht. Die übt Mutter mit ihm intensiv. Einmal verheimlicht er ein anstehendes Diktat, weil er bei Viktor ein Video sehen will. Das Diktat geht mittelmäßig aus. Die Eltern müssen es unterschreiben. Werden sie ihn noch liebhaben, werden sie ihn nicht mehr haben wollen, wie Viktor andeutet? Deshalb reißt er ein „bißchen" aus, mit Andreas und dem Baby. Als er dann verspätet nach Hause kommt und der Mutter alles sagt, hilft ihm Opa aus der Patsche. Der hat früher auch wegen der Diktate geschwindelt. Die Eltern werden ihn nie hergeben, aber das hat Paule wohl auch selber gewußt.

Obwohl Paule kein Mädchen als Schwester haben will, soll doch die einjährige Ulla adoptiert werden, aus demselben Heim wie er. Dort lernt er sie kennen, und schrittweise überwindet er seine Abwehr.

Als sich eine Sozialarbeiterin zur Überprüfung anmeldet, gerät Mutter in ein Putzfieber. Paule fährt Ulla aus, gerät auf dem Spielplatz mit Andreas' großer Schwester in Streit, tritt sie und reißt dann vor ihr aus. Nach einer Weile läuft er zurück, und da ist Ulla weg, ausgerechnet vor dem Kontrollbesuch. Tatsächlich ist die Frau Resemann bereits bei Mutter. Paule ist überaus höflich, vermeidet aber jeden Hinweis auf die Schwester, sagt dann sogar, sie sei bei der Oma. Ulla aber liegt oben im Bett und schläft. Die Britta hat sie zurückgebracht.

Etwas ganz Erfreuliches, was bei Paul anders ist, erfahren die Rezipienten im abrundenden Abschlußkapitel: Paule hat nämlich nicht nur Geburtstag, sondern auch noch Ankunftstag. Weil beide Tage dicht beieinander liegen, soll er an diesem Tag keine Geschenke bekommen, er wird bei Kaffee und Kuchen gefeiert. Diesmal kann Paule vor dem Festtag nicht einschlafen. Deshalb kuschelt er noch eine Weile bei Mutter. Jetzt kann er fragen, was ihn sehr bewegt: Ist seine erste Mutter eine schlechte Frau, wie Viktors Mama gesagt hat? Erst schaut Mutter böse, dann aber erklärt sie ihm verständnisvoll, aus welcher Situation heraus eine Mutter vielleicht ihr Kind hergibt (ohne Familie, zu frühe Schwangerschaft, wirtschaftliche Not), aber nicht ohne große Trauer. Und später wollen sie Paules Mama einmal suchen. Jetzt ist es für ihn ganz gemütlich in Mutters Arm. – Am Ankunftstag kommen die Großeltern. Opa vergißt immer, daß er nichts mitbringen soll. Erst spannt er Paule ein bißchen auf die Folter. Dann erhält er sein Geschenk: nicht den erhofften Hund, aber ein Meerschweinchen.

In der kinderliterarischen Erzählung fehlen jedoch nicht Ansätze erster zeitbezogener gesellschaftskritischer Bezüge: Fremdenfeindlichkeit in Wandparolen (S. 65ff.), Probleme in der Öffentlichkeit wegen anderer Hautfarbe (S. 39ff.), üble Nachrede und Vorurteile wegen der Freigabe eines Babys zur Adoption (S. 123ff.), Methoden der Werbung und Bewußtseinsbildung durch Fernsehen (S. 112).

2.2 Erzähl- und Sprachstruktur

Paule ist von einer liebevollen Familie getragen. Altersbezogene Spannungen werden nicht verschwiegen, etwa die Strenge der Hausaufgabenkontrolle oder die durch den Putzfimmel bedingte Ungemütlichkeit. Alle Verletzungen, die Paule wegen seiner Hautfarbe und Andersartigkeit erfährt, werden feinfühlig aufgefangen, gelindert und geheilt. Dies ist ein Vertrauenskapital, das ihn psychisch stabilisiert. Das eigentliche Wirkungspotential, das diese und andere

Züge des Erzählten erst altersangemessen zur Geltung bringt, ist in der Form des Erzählens und der sprachlichen Gestaltung begründet. Paule ist durchgehend Erlebniszentrum. Zumeist folgen die Rezipienten seiner Sicht- und Erlebnisweise, wenn auch nicht absolut. Die Komponenten personalen Erzählens prägen sich deutlich aus. Aber sie führen nicht zu der radikalen Innensicht, wie sie etwa der psychologische Kinderroman zeigt. Immer wieder vermittelt nämlich eine neutrale Erzählinstanz Sachdetails, die gleichsam von außen her erzählt werden.

Die genannten Merkmale spiegeln sich unmittelbar im Erzähleingang.

> Bei anderen Kindern ist alles ganz einfach. Sie wachsen bei einer Frau im Bauch, und dann werden sie geboren, und die Frau nimmt sie mit nach Hause, und die ist dann auch ihre Mutter. Und wenn sie Glück haben, sind da meistens noch ein Vater und vielleicht auch Geschwister oder ganz vielleicht sogar ein Hund.
> Bei Paule ist das alles anders.
> Einen Hund hat er sowieso nicht, klar, obwohl er sich den nun wirklich schon lange genug gewünscht hat und ihn ganz bestimmt auch immer spazierenführen würde und füttern und einmal im Monat sogar abseifen, damit er nicht stinkt. (S. 5)

Bereits die ersten Zeilen signalisieren den Adressatenbezug des Kinderromans, der für Leserinnen und Leser ab 6 Jahren vorgesehen ist (Dahrendorf 2000, S. 2). – In dem einleitenden Absatz wird erzählt, was Paule über die normale Situation von Kindern weiß, zwar noch eher in einer Außensicht, im Sprachduktus aber bereits nahe am Kind. Der nächste Absatz gleitet in Innensicht über. Wichtige sprachliche Signale sind „sowieso nicht" und noch deutlicher „klar" und die sich anschließenden Wunschvorstellungen im Konjunktiv.

Nachdem Paules Freund Andreas ein Geschwisterchen, ein Mädchen, bekommen hat, erwacht auch in ihm der Wunsch, allerdings nach einem Bruder.

> „Das dauert", sagt Mama, wenn Paule fragt.
> Dann kommt Paule abends vom Spielplatz und auf dem Tisch steht das Abendbrot, aber Mama läuft immer in der Küche auf und ab, und Papa isst auch nicht, sondern trommelt mit den Fingern auf dem Tisch. Dabei mag er es gar nicht, wenn Paule das tut.
> „Es geht los mit Geschwistern, Paule", sagt Papa.
> Paule freut sich. Das ist ja wirklich mal eine schöne Neuigkeit. Vielleicht kommt sein Bruder sogar zu ihm in die Klasse! Das ist dann fast wie Zwillinge. Und in den Fußballverein auch. Dann soll sich noch mal einer trauen, sich mit ihm zu prügeln oder blöde Sachen zu sagen! Paule kann sich das alles schon richtig gut vorstellen. (S. 94)

Der erste Einschub in den sich entfaltenden Dialog berichtet von einer abendlichen familiären Situation. Der nächste Einschub nach Vaters Ankündigung ist deutlich Innensicht. Die Leser tauchen in das ein, was Paule bewegt. Dieses Kernstück einer personalen Erzählpassage ist das Äquivalent des inneren Monologs der Ich-Erzählung. Eine Umformung der Zeilen als Monolog, bei der nur wenige Wörter auszutauschen sind, wie „Paule" zu „ich" oder „sein Bruder" zu „mein Bruder", verdeutlicht die sprachlich-grammatische Nähe beider Formen.

Die Wiedergabe von Redehandlungen, die insbesondere die anderen Figuren konturieren, allerdings immer in Außensicht, ist differenziert. Sie reicht vom einfachen Redebericht, bei dem nur erwähnt wird, daß jemand etwas sagt, über die indirekte Weitergabe des Gesprochenen, über die quantitativ und qualitativ bedeutendste Form der direkten Rede, aber auch den Einschluß direkter Rede eines anderen in eigene direkte Rede bis hin zu einer Steigerung dieses Modells, z. B. S. 123 sagt Paule was Viktor sagt was seine Mutter gesagt hat. „Viktor sagt, seine Mutter hat gesagt, meine erste Mutter war – so'ne schlechte Frau", sagt Paule. Bei Wiedergabe indirekter Rede verzichtet die Autorin auf die Form des Konjunktivs und bleibt mit dem Indikativ offensichtlich bewußt im Sprachhorizont der Adressaten. Die wörtliche Rede steht oft vereinzelt, weil sich Erklärungen oder Denkhandlungen Paules unmittelbar anschließen. Manchmal verdichten sich die wörtlichen Reden zu Dialogen, aber auch diese zumeist mit Einschüben.

Der humorvoll-heitere Ton des Kinderromans wurde bereits erwähnt. Dafür lassen sich zahlreiche Belege anführen. Genannt seien:

- Opas erste Reaktion auf Paules Hautfarbe: „Ist der in Schokolade gefallen?" (S. 11)
- Beim Weihnachtsspiel liegt anstatt der Puppe Andreas' Schwesterchen in der Krippe. Ihr Schreien führt zu einem Durcheinander. Die Situationskomik verstärkt sich, denn als Paule das Baby aufnimmt, reißt bei ihm das Flügelgummiband. (S. 28 ff.)
- Ein Beispiel sprachlichen Humors ergibt sich, als die Cousine Janne kommen will. Paule ventiliert in Gedanken die Vor- und Nachteile. Als Mama ihn fragt, ob er sich freue, antwortet er: „Ich freu mich *halb*." (S. 48)

Dieses Beispiel leitet über zu den Schmunzeln erregenden Szenen vom „Kindermund". Paule fragt, ob man Cousinen heiraten kann. Die Mutter bejaht und fügt hinzu, daß man dazu alt genug sein muß. Er fragt „Wie alt?" – „Sechzehn, glaube ich", sagt Mama. „Oder einundzwanzig. Oder achtzehn." – „So alt", sagt Paule. Da kann man ja vielleicht schon tot sein. – Auf den Rat der Mutter hin, daß man besser einschläft, wenn man versucht, nicht zu denken, reagiert er in Gedanken:

> Paule nickt, er möchte wirklich mal wissen, wie sie sich das vorstellt. Wenn *er* nicht mehr denkt, denkt es in seinem Kopf immer von ganz alleine weiter. (S.122)

Nehmen wir die oben erwähnten feinfühligen altersangemessenen Erklärungen schwieriger Sachverhalte oder auch die im Sprechen und Handeln ausdifferenzierten Verhaltensweisen der Kinder unterschiedlichen Alters hinzu, belegen alle genannten Beispiele eine Darstellung von Kinderalltag, „dessen Wiedergabe von einer starken Beobachtungs- und Einfühlungsgabe der Autorin zeugt". (Dahrendorf 2000, S. 3)

2.3 Didaktisch-methodische Aspekte

Die didaktische Relevanz zahlreicher Handlungs-, Gliederungs- und Sprachdetails ist offensichtlich. Die Kapitelgliederung, die relative thematische Geschlossenheit der einzelnen Kapitel, der Schreib- und Erzählduktus entsprechen optimal den Anforderungen, die an ein Buch für Leseanfänger nach der Phase des Lesenlernens zu stellen sind. Dies gilt gleichermaßen für die erzählte Szenenfolge mit ihrem unmittelbaren Bezug zum Alltag und Erfahrungshorizont der Kinder im 2./3. Schuljahr. Der heitere Ton, die humoristische Überformung kleiner familiärer und schulischer Konflikte, aber auch die genannten kritischeren Aspekte sind nicht nur ein psychisch angemessenes und verkraftbares Kompendium, sondern können auch zur psychischen Stabilisierung beitragen, wie sich dies im Protagonisten Paul spiegelt. Das personale Erzählen mit Paul als Reflektorfigur bzw. Erlebniszentrum ermöglicht eine Identifizierung mit dem Protagonisten, mit seinen Erlebnissen, seiner besonderen Situation und den daraus folgenden Schwierigkeiten, seinen nicht geäußerten Überlegungen zu zahlreichen Vorgängen, und dies alles im Kontakt mit den Eltern und Großeltern, zu den jüngeren, den gleichaltrigen und den älteren Kindern und zu dem nachbarlichen und schulischen Umfeld. – Neben dem konkreten Wortschatz fällt die syntaktische Reihung auf. Beides sind adäquate Elemente, wie Pregel in seiner nach wie vor beachtenswerten Untersuchung zum Sprachstil von Grundschulkindern belegt, hier zu dem Freskostil (1970). Die didaktische Relevanz für den Bereich des Erstlesens liegt auf der Hand.

K. B. s Leistung im Bereich der Förderung des Erstlesens, hier nur an einem Kinderroman exemplifiziert, mittlerweile ein gewichtiges Teilgebiet im Gesamtwerk der Autorin, wird in einem ausladenden Kapitel von Bertrand-Rettig gewürdigt (1995, S. 349–366).

Für den Umgang mit dem Kinderroman bieten sich, der thematischen und der narrativen Struktur gemäß, zahlreiche Möglichkeiten an. Diese sind von der Textstruktur und von der spezifischen Situation der Klasse abhängig. Hindernde Milieufaktoren spielen, was den Inhalt betrifft, kaum eine Rolle, wohl aber die sprachliche Sozialisation im Elternhaus oder Erziehungsumfeld im Blick auf Lese- und Verstehenskompetenz. Diese Faktoren berühren unmittelbar das Lesevermögen, das Leseinteresse und die Gestaltung des weiterführenden Lesens.

- Die offenste Form des Umgangs mit dem Kinderroman ist die Leseempfehlung auf dem Elternabend, wobei einige Leseproben und Hinweise zu Inhalt, Komposition, zu sprachlichen und erzählerischen Besonderheiten hilfreich sind.

- Lesefähigen Kindern kann das Buch ausgeliehen werden, u. U. begleitet von einigen erklärenden Hinweisen durch Lehrer oder Lehrerin. Das häusliche Lesevergnügen bleibt ungestört. Von Bedeutung kann ein anschließendes Gespräch über die Leseerfahrung sein. Eine Vertiefung dieses Aspekts wäre das Vorlesen eines Kapitels im Lesekreis. Durch diesen methodischen Schritt lassen sich andere Kinder zum Lesen des Buches ermutigen.

- Ein weiterer methodischer Schritt ist das gezieltere Hinführen zum späteren eigenständigen Lesen: Vorlesen eines oder mehrerer Kapitel durch Lehrer oder Kinder, häusliches Vorbereiten des Vorlesens eines Kapitels, verbunden mit kurzen Gesprächen zum Inhalt oder zu den handelnden Figuren. Einige Kapitel können auch übersprungen und die Lücken durch kurze Inhaltsangaben gefüllt werden.

- Die Figurenkonstellation wird vertieft, wenn die Kinder das Portrait einer Person malen und den Namen dazu schreiben. Eine mündliche Vorstellung der eigenen gemalten Figur oder ein kurzer schriftlicher Text ist eine weitere Möglichkeit. Die Blätter oder Bildtafeln können auch angeheftet werden und nach der Wichtigkeit gruppiert. Dies führt bereits auf einfache Weise in ein wichtiges Strukturelement ein. Dies gilt gleichermaßen für das Malen von Szenen, die den Kindern besonders gefallen haben. Die Zuordnung der entsprechenden Textstellen schließt den Kindern das Buch noch einmal intensiver auf. Die chronologische Ordnung dieser gemalten Szenen führt zu ersten Einsichten in die Gliederung längerer Geschichten. Bereits in diesem methodischen Rahmen bahnt sich ein erster Einstieg in literarisches Lernen an.

- Bei hinreichender Lesefertigkeit der Kinder bietet sich eine vertiefende Texterschließung an, die bei Anna Krüger mit einer erstmals breit fundierten empirischen Fundierung als Umgang mit *Kinder- und Jugendbüchern als Klassenlektüre* (1970) und vom Verf. als kinderliterarisches Projekt (Steffens 1997) bezeichnet wurde, letzteres durch den Einschluß über Anna Krüger hinausführende Verfahren eines handlungs- und produktionsorientierten Literaturunterrichts. Das dabei einzusetzende Methodenarsenal ist in den Standardwerken zu diesem Neuansatz der Literaturdidaktik breit belegt (s. Haas 1997 und den griffigen Überblick sowie die kritische Würdigung bei Spinner 1999), selbst eine Kurzdarstellung würde den hier gesteckten Rahmen sprengen. Die zuvor an zweiter Stelle genannten Umgangsformen gehen in ein literarisches Projekt ein. Weitere Schritte sind kleine szenische Spiele, auch als Figurenspiele. Sie führen zu vertieftem Erfassen einzelner Problemfelder, zum Entdecken der besonders humoristischen Passagen und zu einer noch deutlicheren Konturierung des Figurenarsenals.

- Ein erstes Anbahnen von Einsichten zu Spezifika des Erzählens läßt sich durch Rollenlesen einzelner überwiegend dialogisch geprägter Szenen erreichen. Die Kinder erfassen dabei sofort, daß nicht durchgehend gesprochen wird und daß die Zwischenstücke so wichtig sind, daß sie nicht ausgelassen werden können, sondern anders in Szene gesetzt werden müssen. Das Leise- oder Beiseitesprechen ist Kindern heute durch die Differenzierung ihrer Wahrnehmungsmuster mittels Fernsehen vertraut, ebenso das Sprechen aus dem Off bei kleinen Videoszenen, wenn Gedanken von Personen mitgeteilt werden sollen. Auf diese Weise erfassen sie bewußter den Wechsel von Passagen des Gesprochenen und Gedachten. Auf einem vorbereiteten Arbeitsblatt lassen sich die beiden den Text K. B. s tragenden Erzählelemente markieren.

- Ende des dritten Schuljahrs können solche Szenen, immer gebunden an eine oder zwei sprechende Personen und an Paules Gedanken, geschrieben werden. Dies berührt die Perspektive *Kinderbücher als Schreibanlaß* (Steffens 1998 b). Die mit Comics vertrauten Kinder kennen den Unterschied zwischen Sprech- und Denkblasen. Deshalb bietet sich die Möglichkeit einer produktiven Umsetzung an. Die Kinder malen eine der folgenden Figuren Mutter, Vater, Oma und Opa oder jede andere der Geschichte und jedesmal Paule dazu. Sie schreiben in eine Sprechblase ein, was sie sagen, und in eine Denkblase, was Paule dazu denkt. Zu einem nächsten, aber selbstverständlich nicht immer notwendigen oder einzuplanenden, wohl aber in den folgenden Schuljahren immer wichtiger werdenden Schritt, der die Form des hier vorliegenden personalen Erzählens gleichsam aus einer Distanz heraus erfassen läßt, führt die Frage, was denn die Mutter gedacht haben mag, als sie Paules Lügen wegen des Schreibdiktats entdeckte? Kleine gesprochene oder geschriebene Monologe, auch auf andere Situationen oder Figuren übertragen, rücken bereits hier die Perspektivierung des im Buch Erzählten in den Wahrnehmungs- und Reflexionshorizont der Kinder, sind es doch alles Dinge, die dem Buchtext hinzugefügt werden müssen (die berühmten Leerstellen Isers, 1976), weil im Text selbst nur zu finden ist, was Paule gedacht hat.

3 *Nella Propella*

Der vorliegende Kinderroman wird einhellig der kinderliterarischen Textgruppe „Komischer Familienroman" zugeordnet (Daubert 1995, Steffens 1998 b, Gansel 1999). Er umschließt tatsächlich alle wesentlichen Merkmale, die diese Untergruppe des realistischen Kinder- und Jugendromans bedingen. Insofern hat *Nella-Propella* geradezu Signalcharakter für die Entwicklung der jüngeren Kinder- und Jugendliteratur insgesamt. Wie in dem anfangs präsentierten Buch *Paule ist ein Glücksgriff* wird keine durchgehende, handlungslogisch nach Raum und Zeit verzahnte Geschichte erzählt, sondern es handelt sich wiederum um eine locker verbundene Reihung von Episoden, verbunden durch die Protagonistin Nella. Während bei dem zuerst genannten Text die aufgezeigten Problemfelder, bei aller Auflockerung durch den Bezug auf ein frühes Lebensalter, ernsteren Charakter haben und humoristische Elemente ein ergänzendes Gestaltungsprinzip darstellen, bilden sie hier das thematische und narrative Kernstück. Gerade dadurch gelingt es der Autorin, ein positiv gezeichnetes modernes Familienportrait zu gestalten, dessen Zeitbezug frappierende Aspekte umschließt.

3.1 Inhalt

Der Roman mit seiner hinreichend großen, gut lesbaren Schrift umfaßt 140 Seiten. Er ist in 18 Kapitel gegliedert. Die Überschriften, wie z. B. „Totales Chaos", „Nella schläft auswärts", „Nella ist schulreif", verweisen jeweils auf ein thematisches Kernstück. Das farbige Umschlagbild und die 36 Schwarz-Weiß-Zeichnungen von Silke Brix-Henker unterstreichen mit der Szenerie der Figuren den humoristischen Grundton der Geschichte.

Nella ist Kindergartenkind kurz vor Schuleintritt, fünf Jahre alt. Sie lebt mit ihrer Mutter Jacqueline, genannt Jacquo, einer alleinerziehenden Studentin, zusammen. Die emanzipierte Großmutter, ihren eigenen Wünschen und Interessen folgend, steht für Aushilfe bei der Kinderbetreuung selten zur Verfügung. Sie lehnt es ab, dafür vereinnahmt zu werden. Der Vater Ulf, den die Mutter nicht heiraten wollte, sie hatte ihn nur eine Weile lieb (S. 8), hält Kontakt zur Tochter und betreut im Notfall das Kind. Die Rezipienten lernen Mutter und Tochter in ihrer Häuslichkeit kennen. Die Kapitelüberschrift „Totales Chaos" verweist auf einen Alltag ohne feste Ordnung, auf eine chaotisch erscheinende Planung im Blick auf die anstehenden Studienverpflichtungen und die damit verbundene Notwendigkeit, Nella anderenorts unterzubringen. So ist Nella manchmal bei ihrem Papa, selten bei der Oma oder bei den Eltern ihrer Kindergartenfreundin Mira, aber auch bei der Nachbarsfamilie Schlabermiehl und ihrem Sohn Kai.

Nella wird zweckmäßig gekleidet, nicht mädchenhaft. Allerdings hat die Mutter einige klare Erziehungsmaximen. Sie nimmt Nella überaus ernst, bemüht sich, oft geduldig, manchmal auch etwas aufgebracht erklärend, um ein partnerschaftliches Verhältnis. Sie erzieht nicht streng, Freiheitsspielraum und Selbständigkeit Nellas sind gewichtige Faktoren, aber auch nicht antiautoritär. Eine Rahmenordnung gilt, die Nella bewußt ist und die sie respektiert. Sie weiß auch, daß Ulf sie verwöhnt, daß er willfährig auf ihre Wünsche eingeht und daß sie ihn leicht herumkriegen kann. Bei der Mutter spielen der Austausch von Zärtlichkeiten und psychische Wärme eine große Rolle. Nella fühlt sich darin geborgen.

Bei Ulf lernt Nella wechselnde Freundinnen kennen, bei ihrer Mutter wechselnde Freunde. So stößt sie nach ihrer Übernachtung bei Kai in der Küche auf einen ungepflegt wirkenden Mann im Bademantel. In Gedanken nennt sie ihn Pferdeschwanzmann. Papa würde sie nie zu ihm sagen. Die Mutter spricht später offen mit ihrer Tochter über diese Männerbekanntschaft, ja, sie diskutiert mit ihr, ob sie einen Freund haben dürfe. Da sie ihn nicht heiraten will, ist Nella erleichtert, und da Mutter sie nie zwingen wird, Papa zu irgend einem Mann zu sagen, wenn sie nicht will, stimmt sie der Freundschaft zu.

Der Übernachtung bei Schlabermiehls sind drei Kapitel gewidmet. Im Gegensatz zu Nellas Zuhause ist die Wohnung aufgeräumt und blitzblank. In Kais kleinem Kinderzimmer stapeln sich die Spielsachen. Demgegenüber dient das Fernsehen als Bewahranstalt, Werbung und Erwachsenenfilme eingeschlossen. Eßgewohnheiten widersprechen den Vorstellungen von Nellas Mutter über gesunde Ernährung. Nella fällt die Unselbständigkeit Kais auf. Frau Schlabermiehls Tagesablauf ist ganz und gar auf das autoritäre Verhalten und Gehabe ihres Mannes ausgerichtet. Dem haben sich auch die Kinder zu beugen. Als Frau Schlabermiehl Alufolie und Plastikbeutel für das Frühstück verwenden will, wird sie von Nella über Rohstoffe und Schutz der Umwelt belehrt.

Ein weiterer thematischer Schwerpunkt ist Nellas Aufenthalt im Kindergarten. Er wird von der Kindergärtnerin Katja geleitet, unterstützt von dem Praktikanten Thomas. Sie pflegen einen freundlichen Umgangston und begleiten behutsam und eher indirekt offene Spielsituationen und aufgabenbezogenere Beschäftigungen. Miri ist Nellas Freundin. Von Rupert wird sie oft gehänselt: Nella-Propella, worüber sie sich ärgert und später kontert: Rupert-Pupert. Miri hat bereits zwei Zahnlücken, und Nella hätte auch gern welche und versucht, ein bißchen durch Wackeln nachzuhelfen. Nella und Miri spielen in der Puppenecke „Frau Schlabermiehl und Kai", ein Spiel, das sie immer wieder aufgreifen. Nella verarbeitet dabei ihre Erfahrungen bei den Schlabermiehls, in anderen Spielen die mit dem Pferdeschwanzmann. Miri ihrerseits projiziert ihre von den Eltern vermittelten Auffassungen: der Pferdeschwanzmann müsse doch Nellas Mama heiraten, wenn er mit ihr geschlafen habe. Dieses Problem beschäftigt Nella weiterhin bis zu dem oben erwähnten klärenden Gespräch.

Im Kindergarten taucht eine Neue auf. Mit ihren blonden Haaren, ihrem feinen Gesicht und dem Namen Myrthe entspricht sie Nellas Vorstellungen von Feen. Die Kinder freunden sich an. Die nun entstehende Dreierbeziehung Nella,

Myrthe, Miri erzeugt Spannungen. Als Miri und Myrthe miteinander spielen, reagiert Nella eifersüchtig.

> Nella steht da und zieht die Schultern ganz hoch. Daß Miri so eine Verräter-Freundin ist! Nella hat ja gewußt, daß sie immer die Bestimmerin sein will und immer alles besser weiß, aber nun schnappt sie ihr auch noch die neue Myrthe weg. Die Myrthe mit den goldenen Haaren. Bestimmt will Miri lieber mit Myrthe spielen, weil Myrthe so schön ist. Und Nella hat immer nur Latzhosen an und abgeschnittene Bermudas und eine praktische Kurzhaarfrisur. Da kann Miri sie ja nicht mögen! (S. 71)

Sie schließt sich nun den Jungen an, die „Polizei und Verbrecher beschatten" spielen. Am Nachmittag setzt sie dieses Spiel mit Kai fort, doch er kann seine Ängstlichkeit nicht ablegen.

Da Nellas Mutter wieder Besuch von dem Pferdeschwanzmann hat, geht sie am nächsten Morgen allein in den Kindergarten. Miri ist krank, und sie nähert sich wieder Myrthe. In Nellas Höhle im Gebüsch spielen sie „Prinzessinnenwaisenkinder" und Myrthe bekommt den Namen „Claudia-Maria Edelfrau". Um das Spiel herum ranken sich Märchenvorstellungen von Stiefmüttern, bösen Königen und Jägern. Als das Spiel sich erschöpft, verlassen sie heimlich den Kindergarten, fliehen in die weite Welt, schmücken sich mit Nasenklebern vom Ahornbaum – bis sie von Katja und Jacquo gefunden werden. Am nächsten Morgen spielen die drei Freundinnen wieder miteinander. Beim Frühstück schreit Nella auf. Bei ihr wackelt nun endlich auch ein Zahn. Jetzt fühlt sie sich schulreif. Am Nachmittag spielen sie nun nicht mehr Prinzessin, nicht Pirat, wie Nella das im Fernsehen bei Kai gesehen hat, sondern, in Abwandlung von Blutsbrüderschaft, Zahnschwesterschaft.

Am Ende des Kindergartentages werden alle Kinder abgeholt, nur Nella bleibt allein. Aber dann kommt der Pferdeschwanzmann, denn Nellas Mutter muß noch in der Universität bleiben. Auf spielerische Art überwindet er Nellas Abwehr. Er überlistet sie zum Eisessen und lockt sie, indem er ganz auf Nellas Phantasievorstellungen eingeht, mit dem Scherz, er sei der Prinz von Transrutenien, endgültig aus ihrer Reserve. Telefonisch teilt die Mutter Nella mit, daß sie an diesem Abend wieder einmal bei Miri und deren Eltern übernachten darf. Dabei erfährt Jacquo, daß ein Zahn bei Nella wackelt, und sie ruft aus: „Sag bloß, du bist schulreif!" (S. 138)

3.2   Literarische Analyse

3.2.1 Die Erzählsituation

In *Paule ist ein Glücksgriff* wählt die Autorin die personale Erzählsituation. In dem unter dem Aspekt kinderliterarischer Innovation viel zitierten Buch *Mit Kindern redet ja keiner* prägt sie eine geradezu progressive Form der Ich-Erzählung aus. Dahrendorf vermerkt dazu, daß hier die Autorin „mit den Möglichkeiten der Ichform zu experimentieren beginnt" (2000, S. 3). Tatsächlich zeichnet sich der Kinderroman durch eine extreme Innensicht aus, die bis an die Grenze der Darstellung eines Bewußtseinsstroms reicht. Für den Verf. ist dieses Buch neben Gudrun Mebs *Sonntagskind* der Prototyp des psychologischen Romans für Kinder (Steffens 1998, 2000). Carsten Gansel widmet ihm unter diesem Gesichtspunkt eine differenzierte Darstellung (1999, S. 73–82).

In *Nella-Propella* wählt K.B. wieder die Form des personalen Erzählens. Sie ermöglicht, je weiter sie sich von der auktorialen oder neutralen Erzählinstanz entfernt, die Welt und alle Geschehnisse durch die Brille einer oder mehrerer Figuren zu zeichnen, also perspektivisch und mit Innensicht. Dies geschieht nun tatsächlich hier in intensiverer Weise als in *Paule ist ein Glücksgriff*. In diesem Sinne ist Nella Reflektorfigur. Ihr Wissen, ihre Gefühle, ihre Phantasievorstellungen, ihre Einschätzung von Gegebenheiten, Situationen und Problemen einschließlich ihrer Stellungsnamen resp. Kommentare werden unmittelbar transparent. Dieses narrative Element ist dominant, qualitativ und quantitativ. Dennoch gewinnt die Protagonistin im personalen Erzählen nicht immer volle Authentizität. In dem Kernstück dieser Form, der erlebten Rede, schwingt immer noch etwas von der Stimme des Erzählers bzw. der Erzählinstanz außerhalb der Reflektorfigur mit. Die erzähltheoretischen Fachbegriffe „Reflektorfigur" und „dual voice bzw. Doppelstimme der erlebten Rede" beziehen sich auf diesen Tatbestand (vgl. Stanzel 1989, S. 189 ff., 247 u. 255; Vogt 1990, S. 162 ff.). Zugleich gewinnen dadurch die anderen Figuren beim personalen Erzählen über die Selbstdarstellung in wörtlicher Rede hinaus zumeist deutlicher Kontur als bei extremen Formen der Ich-Erzählung.

Die genannten Spezifika treffen voll auf das vorliegende Kinderbuch zu. Bereits im Texteingang, nach einem schwachen Anklang von Außenperspektive im ersten Satz, verlagert sich das Geschehen in die Protagonistin.

> Kein Mensch möchte gern Nella-Propella heißen, aber was soll Nella denn tun? Die anderen sagen es ja sowieso immer, da kann sie gar nichts machen. (S. 5)

Dies ist auch die Funktion des unmittelbaren Erzähleinstiegs ohne Skizzierung von Situation und Umfeld und ohne charakterisierende Einführung der Personen, was ja Außensicht bedingen würde. – Die Mutter will Nella wegen des Spottverses beruhigen und verweist auf Möglichkeiten bei anderen Namen, u. a. auf „Kai, Kai, Osterei".

> Nella macht die Lippen ganz schmal, bis sie richtig schön böse aussieht. Dabei wird sie innen drin eigentlich grade wieder fröhlich. Das kann sie zu Kai ja morgen mal sagen. Kai, Kai, Osterei. Da muß der sich bestimmt ganz schön ärgern. (S. 5)

Wie in einem Brennglas gebündelt vermittelt dieses Zitat die Erzählsituation des gesamten Buches. Mit der Nennung des Kindernamens macht sich noch eine außen stehende Erzählinstanz deutlich. Dem korrespondiert die Außenbeobachtung: macht die Lippen ganz schmal. Bereits der zweite Halbsatz gleitet nach innen, wird „Stimme" der Reflektorfigur. Aber nicht nur die sich anbahnende erlebte Rede als solche signalisiert dies. Der kindliche Sprachduktus verstärkt diese Verlagerung: bis sie richtig schön böse aussieht. Zur Verdeutlichung des Schlüsselbegriffs „erlebte Rede" sei vermerkt, daß Nellas Gedanken nicht in wörtlicher Rede (Jetzt bin ich richtig schön böse, was innerer Monolog wäre), auch nicht in indirekter Rede, die von außen käme (Nella drückt deutlich aus, daß sie richtig schön böse sei), sondern wie vorliegend. Treffend ist der französische Terminus: stile indirect libre (vgl. Lämmert 1972, S. 235 f.). Erlebte Rede ist übrigens in der Präsensform im Gegensatz zum Präteritum nicht leicht zu diagnostizieren. – Die drei abschließenden Sätze sind dann reine Innenperspektive, d. h. erlebte Rede. Sie verdeutlichen den psychischen Zustand und die gedankliche Projektion einer Sprechhandlung und deren Wirkung auf den Angesprochenen.

Zwar ist die syntaktische Struktur eher der Schriftsprache verpflichtet, aber die Wahl der einzelnen sprachlichen Partikel, besonders die deiktischen, leisten eine Annäherung an die „Altersmundart".

In den folgenden Kapiteln verbreitern sich die Passagen erlebter Rede. Dafür steht der folgende Beleg.

> „Nein, nein, nein!" schreit Nella. Und jetzt ist sie nicht mehr nur wütend, jetzt kriegt sie langsam auch richtige Angst. Allein bleiben will sie auf gar keinen Fall, auch wenn Jacquo den Nachbarinnen Bescheid sagt, nicht. Die sind doch dann nicht die ganze Zeit bei ihr! Und was ist, wenn in der Zeit, wo Frau Habermeister vor dem Fernseher sitzt, ein Kinderräuber kommt? Kinderräuber gibt es bestimmt, das hat Miri erzählt, und da kann Jacquo tausendmal reden. (S. 17)

Die oben (S. 19) aufgezeigte Reaktion Nellas auf Miris „Verrat" ist ein weiteres Beispiel deutlicher Innensicht durch erlebte Rede. Zunächst wird eine Beobachtung, die Nella macht, berichtet. Die beiden Freundinnen lassen sie außen vor. Hier setzt das Zitat ein. Die Rezipienten erfahren, was nun in Nella vor sich geht, wie sie sich fühlt, vor allem, wie sie das Verhalten von Miri beurteilt und wie sie ihre eigene Person reflektiert.

Die personale Erzählsituation färbt nahezu alle Problemkomplexe, die die erzählte Geschichte anspricht, subjektiv ein, und zwar eingebettet in eine kindliche Sichtweise. Zu nennen sind:

- Nellas Mutter ist eine alleinerziehende Studentin.
- Nellas Vater lebt getrennt von ihnen, sie stehen in Kontakt, und er übernimmt im Einzelfall auch die Betreuung. Das Kind lernt seine wechselnden Freundinnen kennen.
- Die Mutter pendelt zwischen der Betreuung ihres Kindes und den Anforderungen des Studiums und gerät dabei oft in Schwierigkeiten.
- Die Mutter lebt frei mit einem jungen Mann zusammen. Nella weiß, daß sie mit ihm schläft, und beschäftigt sich intensiv damit.

- Nella muß häufig, da die emanzipierte Großmutter ihren eigenen Interessen und Wünschen folgt und Uli auch nicht immer abkömmlich ist, bei anderen Leuten übernachten.

- Nella wird mit unterschiedlichen Erziehungskonzepten konfrontiert. Von ihrer Mutter wird sie nicht streng erzogen, weiß aber, daß eine gewisse Rahmenordnung gilt. Sie ist selbständig und äußert unbekümmert eigene Wünsche. – Uli vertritt eher ein Laisser-Faire. Nella weiß, daß und wie sie ihn leicht herumkriegen kann. – Bei Miri und deren Eltern fühlt sie sich wohl. Sie erlebt einen spielerischen Freiraum und Verständnis für kindliche Regungen, sie stößt über Miri auf konventionelle Auffassungen von Liebe und Ehe. – Bei den Schlabermiehls lernt sie eine gegensätzliche Erziehungsform mit streng autoritärem Vater, einer abhängigen Frau und einem überbehüteten, unselbständigen und ängstlichen Kind kennen.

3.2.2 Die sprachlich-stilistische Dimension

Die spezifische Erzählweise und die thematischen Problemfelder verzahnen sich durch die Besonderheiten der sprachlich stilistischen Ebene. Sie bewirken vor allem, daß die angesprochenen Probleme in ihrem gesellschaftlichen Ernst gemildert werden und zugleich in den Verstehenshorizont von Kindern heute rücken.

Nella ist ein phantasiebegabtes Kind. In ihre Spiele fließen Komponenten von Märchen, aber auch Fernseherfahrungen ein. An einigen Stellen verdichten sich die Spiele zu „poetisierenden" Erzählkomponenten, ein auffälliges Indiz kinderliterarischer Entwicklung in den Romanen der 80er und 90er Jahre. Dies gilt in noch stärkerem Maße für die sprachlich-humoristischen Zuspitzungen der erzählten Geschehnisse. Durchgehend ist Nella sprachspielerisch aktiv, genannt wurden Pferdeschwanzmann, Bestimmerin, Rupert-Pupert als Konter auf Nella-Propella, Claudia-Maria Edelfrau als Spielfigur, Nasenkleberbaum für Ahornbaum, Zahnschwesternschaft.

Einen zweiten Schwerpunkt humoristischer Elemente bilden Redewendungen der Erwachsenen, die Nella aufgreift. Einmal hört sie heimlich mit, wie die Oma sagt: „Das Kind hast du dir damals selber eingebrockt." Als Oma gegangen ist, fragt sie ihre Mutter. „Hast du mich dir eingebrockt?" Aber nicht nur die Redewendung reizt, auch das einzelne Wort in seiner Klangstruktur.

> „Eingebrockt" ist auch so ein schönes Omi-Wort. Es klingt, als ob man Kuchen in Kakao tunkt. (S. 9)

Nach einem Telefonat mit Frau Schlabermiehl, Kais Mutter, bei dem sich Jacquo als Bittstellerin fühlt, äußert sie eine Redewendung, auf die Nella in Gedanken eingeht:

> „Aber noch mal mach ich das nicht!" sagt Jacquo und ist schon auf dem Weg zum Badezimmer, um Nellas Waschsachen zusammenzupacken. „Noch mal kriech ich vor der nicht so auf dem Bauch!"
> Nella kichert. Das hätte sie gern gesehen, wie Jacquo beim Telefonieren auf dem Bauch gekrochen ist. Aber leider ist das ja wieder nur so ein Wort. (S. 19)

Eine Mischung aus Redensart und Märchenassoziation führt bei einer schlagfertigen Frau zu einer humorvollen Szene. Nella steht auf einem Fahrradständer, um an die Nasenkleber des Ahornbaums zu reichen.

> „Was sagt denn deine Mutter dazu?" fragt eine dicke Frau und bindet ihren Hund vom Hundering los. „Wenn du hier so lebensgefährlich rumkletterst? Schimpft sie denn gar nicht mit dir?"
> „Die kann ja leider nicht mehr schimpfen", sagt Nella zufrieden und schmeißt noch ein par Nasenkleber nach unten. „Die ist leider schon viele Jahre vor Gram gestorben. Wir sind zwei arme Waisenkinder." Und die Frau lacht ein bißchen und sagt, daß man bei so einer Tochter wahrscheinlich schnell vor Gram sterben kann. Vor Gram und vor allem vor Angst. (S. 97 f.)

Eine dritte bedeutsame Schicht literarischen Humors bildet die Ironisierung von sozialen, insbesondere Erziehungsregeln, zumeist durch eine Konfrontation unterschiedlicher Einstellungen. Dabei projiziert Nella die ihr vermittelten Regeln in Situationen, wo sie sich in ihrer Fragwürdigkeit entlarven.

Um freie Hand für Hausarbeiten zu haben, setzt Kais Mutter die Kinder vor's Fernsehen, ohne sich um das laufende Programm zu bemühen – ein deutlicher Bruch der autoritären Erziehungswelt der Familie.

> Das machen sie auch, und Kai darf alleine anschalten, und Nella hat großes Glück, weil es gerade Werbung gibt, und das ist ihr Lieblingsprogramm. Zu Hause darf sie das nur nie gucken. „Du hast aber eine liebe Mutter, Kai", sagt Nella, und dann gukken sie zusammen ganz zufrieden, wie viele gesunde Süßigkeiten es für die Pause zwischendurch gibt, und Nella denkt, daß Jacquo selber schuld ist, wenn sie davon nichts weiß. Aber Nella kann es ihr jetzt ja erzählen, und dann kriegt sie zum Kindergarten vielleicht auch mal eine Milchschnitte mit oder einen Riegel und nicht immer nur blöde Zauberäpfel und Karotten.
> „Ihr zwei seid aber schön artig", sagt Kais Mutter, als Nella und Kai die ganze Werbung geguckt haben und noch so einen komischen Film mit lauter Erwachsenen drin und dann noch mal Werbung. „Aber nun ist das Abendbrot auch fertig." (S. 22 f.)

Humorvolle Züge zeichnet die Szene aus, als Nella Frau Schlabermiehl über Umwelt(un)verträglichkeit von bestimmtem Verpackungsmaterial aufklärt (S. 43 f.). In der Umkehrung des Erziehungsverhältnisses dokumentiert Nella ihre Gleichberechtigung als Kind. – Humorvoll zugespitzt ist auch die Szene, als Nella erstmals Ulfs neuer Freundin begegnet. Ob sie denn Ulf auch heiraten wolle, fragt sie zur Bestürzung der Angesprochenen, das müsse sie doch, wenn sie mit Uli schlafe (S. 62). Damit konfrontiert sie die junge Frau mit den Moralvorstellungen, die ihr Miri als Sprachrohr ihrer Eltern vermittelt hat. Anders als Jacquo, die solche Probleme offen mit ihrer Tochter erörtert, weicht Ulis Freundin errötend aus:

> „Also, ich weiß nicht so genau", sagt sie, und sie klingt ein bißchen durcheinander dabei. „Also, ich weiß nicht, ob ich mit dir da drüber reden soll." (S. 62)

Ein viertes, sprachlich-stilistisches und zugleich thematisches Element ist die beachtenswerte Zeichnung der Weltsicht Nellas und der der anderen Kinder ihrer
Altersstufe. Berührt wurde dies bereits mit den sprachspielerischen Komponenten des Textes und den Spezifika der blühenden Phantasie der Protagonistin. Oft
schlüpft die Autorin geradezu in die Reflektorfigur hinein. Mutter und Tochter
unterhalten sich über Haare und Haarfarbe. Dabei geht Jacquo über den Namen
Myrthe, von dem Nella begeistert ist, und den damit verbundenen Vorstellungen
von einer schönen Fee hinweg, wie sie überhaupt oft überzogene Phantasieer-
güsse bremst. Die folgenden Überlegungen Nellas sind eines unter vielen Beispielen der kindlichen Perspektive einer Fünfjährigen.

> Jacquo kann eben nicht verstehen, daß Nella auch gern wie ein Engel und eine Fee
> aussehen möchte, und daß sie nicht mehr Nella heißen will, versteht Jacquo auch
> nicht. Überhaupt kann man ihr viele Sachen nicht erklären, und das kommt be-
> stimmt, weil sie Nellas Mutter und schon furchtbar alt ist. Fünfundzwanzig, das ist so
> viel, daß Nella nicht mal weiß, ob sie so weit schon zählen kann. Sie hat es lieber gar
> nicht versucht. (S. 7)

Die noch fehlende Sicherheit beim Diagnostizieren von Zahlen und die auf sie
bezogenen Mengen führt mehrfach zu spaßigen Szenen, etwa daß Nella die Menge der gepflückten Nasenkleber mit „bestimmt zweiundsiebzig oder ungefähr
neunzehn" anführt (S. 97). – Einen Überblick zu Formen heutiger kinderliterarischer Komik, auch mit Verweisen auf K. B., präsentiert Inge Wild (1995).

3.3 Didaktisch-methodische Aspekte

In den innovativen thematischen Komponenten dieses Kinderromans spiegeln
sich nicht zuletzt literarische Antworten auf die gewandelte Kindheit, und zwar
in bewundernswerter Ehrlichkeit dargestellt, in einer für die Adressatengruppe
des Buches unter bisherigen Maßstäben auf nahezu progressive Weise. Was die
einschlägige Literatur zum Thema gewandelte Kindheit, Krisen- oder auch Medienkindheit in der modernen Gesellschaft detailliert beschreibt (vgl. Beck 1986
und Preuss-Lausitz 1995), unter soziologischen Aspekten insgesamt intensiv dis-
kutierte gesellschaftliche Fakten, die Kindern des Grundschulalters nur behutsam vermittelbar sind, obwohl sie existentiell direkt damit konfrontiert sind
(Scheidung, wechselnde Partner ihrer leiblichen Eltern, nahezu locker-beliebige
Beziehungen), gewinnt hier im Spiegel eines selbständigen, gewitzten Vorschulkindes und in zahlreichen komischen Episoden eine von Schmunzeln begleitete
Heiterkeit, die das Buch zum Lesevergnügen macht. „Kirsten Boie zeichnet in
Nella Propella die Lebenswirklichkeit heutiger Kinder, die sich häufig auf neue
Bezugspersonen einstellen müssen, realistisch nach." (Rak 1994, S. VI) Den-
noch bleibt Konfliktstoff, der zu feinfühligem Umgang und vorsichtigem Einsatz
in der Schule Anlaß gibt. Bei großer Offenheit, die Lehrer/innen heute von jungen Eltern erwarten dürfen, bleiben doch brisante thematische Elemente im

Blick auf die Adressaten des Kinderromans, dies gilt besonders für die Tatsache, daß Nella, ein Vorschulkind, nicht nur unmittelbar mit verschiedenen Partnern von Vater und Mutter konfrontiert wird, sondern daß sie beobachtet, verbalisiert und kommentiert, daß sie miteinander schlafen. Verwunderlich ist, daß dies in vorliegenden Rezeptionen kaum bedacht ist. Dahrendorf geht kenntnisreich auf die „durchgehend herzerfrischende Komik" ein, läßt darin die Zumutungen des Textes gleichsam aufgehen (2000, S. 7 f.), worin auch der Schlüssel zum tieferen Verständnis zu sehen ist. Gabriela Wenke geht der Frage „Familie und Konflikte in Kirsten Boies Büchern" nach (1999, bes. S. 39), sie bezeichnet das Verhältnis Nellas zu ihrem leiblichen Vater als „ziemlich unproblematisch" und hebt vor allem auf die Konfliktlösungen zwischen Mutter und Tochter ab, ohne die im Blick auf die Adressaten zumindest in der Kinderliteratur auffälligen Probleme, auf die die Konfliktlösungen sich richten, zu reflektieren.

Soll Boies Roman als Klassenlektüre eingesetzt werden, ist eine Vorstellung und Diskussion mit den Eltern der beste Weg, um Mißverständnissen oder Ablehnung zu begegnen. Ein gewichtiges Argument ist, daß Kinder heute durch das Fernsehen mit vergleichbaren Problemen einschließlich offener Sexualität, und zwar auf immer niedrigerem Niveau, nicht nur konfrontiert, sondern geradezu überfallen werden. Eine Aussparung der Zeiten, wenn Kinder zu hohen Prozentzahlen das Medium frequentieren, gehört der Vergangenheit an. Vor diesem Hintergrund kehrt sich die Argumentation um: eine humoristisch eingebettete Erörterung, wie sie Nellas Mutter ihrer Tochter gegenüber pflegt, ist geradezu Modellfall für eine angemessene kindgemäße Aufarbeitung angesichts ungefilterter und ungeordneter Informationsflut. „Unnachahmlich komisch erzählt Kirsten Boie vom ganz normalen Wahnsinn eines turbulenten Kinderalltags, ohne jede Wertung oder pädagogischen Zeigefinger" (H. E. Menzel 1997, S. 32), auch dies entschärft voreilige Kritik.

Ein anderer Aspekt des Adressatenbezugs zeigt sich, wenn wir die Ambivalenz der Eheerfahrungen von betroffenen Vorschul- und Grundschulkindern bedenken. Kinder können ein großes Maß an Freiheit, an Mitbestimmung und offener Sozialbeziehungen dabei erfahren und gewinnen. Psychische Verletzungen treten aber ebenso auf, sie können so groß sein, daß sie Sperren im Umgang mit dem Kinderroman aufbauen oder Wunden neu aufreißen – ein weiteres gewichtiges Argument für behutsamen Einsatz, der letztlich nur in der spezifischen individuellen Situation einer Schulklasse entschieden werden kann.

Die Frage der Zuordnung des vorliegenden Textes zu einer Altersstufe ist schließlich noch von einer dritten Ebene der literarischen Struktur her zu entscheiden. In der Regel führen die Protagonisten eines Kinderbuches mit ihrem Angebot der Identifizierung die Adressaten entweder unmittelbar in ihren Alltag, ihre Wünsche und Träume hinein, oder sie lenken mit einer Problemkonstellation zu der Bewältigung bevorstehender Entwicklungsschritte hin. Beides ist hier nicht gegeben. Die aufgezeigte Kindnähe und kindliche Perspektive, bezogen auf ein Vorschulkind, bedeutet nicht, daß dieses auch Adressat des Buches ist. Die sprachliche Form, der Altersmundart erster und zweiter Schuljahre teils entsprechend, aber auch über deren aktiven Wortschatz hinausführend, insbesondere die differenziertere Syntax, die neben den klassischen reihenden Elementen auch deutlich elaboriertere, eher schriftsprachlichem Duktus entsprechende aufweist, zielen neben den diffizileren Ausprägungen der literarischen Komik und der weiter gespannten Figurenkonstellation auf ein höheres Lesealter, etwa zweite, eher dritte und vierte Schuljahre. Karin Richter vermerkt, daß in *Nella Propella*, „eher auf leichte Art mit einer 'unvollkommenen' Familie gespielt wird. Der Text eignet sich für die Grundschule, aber auch für Klasse 5" (1998, S. 293). Wie aber gewinnen diese Kinder Zugang zu einer Protagonistin, die einige Jahre jünger und an Erfahrungen und Aufgaben gebunden ist, über die sie bereits hinausgewachsen sind. Dies ist kein Sonderfall, und die Antwort ist leicht zu geben. Sie liegt in der Struktur des Textes begründet.

Lesende Kinder der angesprochenen Altersgruppe zeigen immer wieder Freude am Handeln kleinerer Kinder, wenn es sich um lustige Geschehnisse handelt. Bei den Kinderbüchern Astrid Lindgrens ist dies besonders deutlich. Somit sind die humorträchtigen Situationen, in die Nella verstrickt ist, Leseanreiz, Gesprächsstoff, oft an eigene Erinnerungen gebunden, und Vorlage für Spielszenen (Rollenspiele, kleine Hörspiele, Rollenlesen in spielerischer Form). Sprachspiele unterschiedlichster Art sind ein Faszinosum für Grundschulkinder. Lustige Wörter diagnostizieren und selbst erfinden, ist ihnen unmittelbar zugänglich. Weiterführend ist das Spiel mit Redewendungen, besonders das Wörtlichnehmen. Entsprechende Stellen können gesucht, zusammengestellt, vorgelesen und vor allem weitergespielt werden.

Nella ist eine einprägsame Figur, aber auch die Figurenkonstellation bietet Anlaß zum Vorlesen von Schlüsselbelegen, für Spielszenen, für kleine Schreibaufgaben, z. B. gemaltes Portrait mit kurzem Text, auf Blätter oder größere Bögen.

Wenn auch die Protagonistin jünger ist als die Rezipienten, reichen doch einige ihrer Probleme und Erfahrungen in ihren Alltag hinein. Kinder geschiedener Ehen werden u. U. von ihren vergleichbaren Erfahrungen berichten. Auf den behutsamen Umgang wurde oben aufmerksam gemacht. Ein Kernstück des Romans sind die Kapitel bei der Familie Schlabermiehl, die zu Diskussionen und ausführlichen Spielszenen anregen. Ein wichtiger Schritt literarischen Lernens ist die Strukturierung größerer Texte. Hier bietet sich die Darstellung der vier unterschiedlichen Auffassungen von Erziehung an (s. oben S. 22), deren unmittelbare existentielle Bedeutung für Kinder von heute dynamische Gespräche ermöglicht, zugleich in ihrer Verankerung im Text eine strukturierende Funktion gewinnt. Vergleichbares leistet eine Aufstellung der einzelnen Orte des Geschehens und deren Zuordnung zu den Kapiteln.

Weitere formale Anregungen zum Umgang mit einem Kinderbuch sind bereits zum Abschluß des vorigen literarischen Modells vermerkt. Hier ist ein weiterer Aspekt eines aufbauenden literarischen Lernens anzusprechen, der sich u. U. gegen Ende eines dritten Schuljahrs einbringen läßt. Oben sind zahlreiche Beispiele der Binnensicht der Protagonistin aufgeführt. Diese und zahlreiche andere sind tatsächlich das tragende narrative Element des Romans. Eine große Zahl von Kinderbüchern operiert heute mit vergleichbaren narrativen Instrumenten. Niveauvolle Kinderfilme setzen sie ebenfalls ein. Eigene Unterrichtserfahrungen belegten immer wieder, welche Sensibilität Kinder dafür heute entwickelt haben. Texte, die vor zwei Jahrzehnten noch für viel zu schwierig galten, können deshalb mittlerweile mit Kindern erschlossen werden. Kinderbücher sind in diesem Sinne oft ideale Schreibanlässe (Steffens 1998 b). Hier erkennen die Kinder bei der Lektüre bald, daß Nella manchmal nur wenig sagt, dafür aber viel nachdenkt. Eine prägnante Lernsituationen zur Vertiefung dieser Erkenntnis bietet z. B. ein Arbeitsblatt mit drei ausgewählten Beispielen. Zu entdecken ist, was Nella direkt sagt oder tut, dann aber, was sie nur denkt, was sie wünscht oder was sie ärgert. Die unterschiedlichen Passagen lassen sich mit zwei Farbbuntstiften hervorheben.

Ein Transfer der Erkenntnis kann auf weitere Kapitel oder das ganze Buch erfolgen. In Gruppen suchen die Kindern nach vergleichbaren Stellen, die sie abschreiben, farblich markieren und vorlesen. Ein Verfassen vergleichbarer Szenen, etwa in Weiterführung von Anregungen aus dem Buch oder bezogen auf häusliche Szenen der Kinder ist im Blick auf die Struktur erlebter Rede im Präsens nur indirekt möglich, es sei denn von sprachsensiblen Kindern. Eine Übertragung des Denkens in die Ich-Form, also als inneren Monolog, ist dagegen leicht möglich. Diese Belege schärfen wiederum den Blick auf die im Text vorliegende Form.

4 *Mittwochs darf ich spielen*

Der realistische Kinderroman reiht sich in die Gruppe der für den Grundschulbereich nicht nur zugänglichen, sondern vorzüglich als Klassenlektüre geeigneten Texte ein. Als erstes Modell wurde *Paule ist ein Glücksgriff* vorgestellt. Ihm unter lesedidaktischer Sicht vor- oder nebengeordnet ist ein jüngerer, 15 Jahre später veröffentlichter Text: *Die Kinder aus dem Mövenweg* (2000). Wenn auch in den Rahmen heutigen Kinderalltags gestellt mit Andeutung von Brüchen und Problemen, vermittelt er insgesamt Formen eines unbeschwerten Kinderlebens, zweifellos nicht nur im Titel, sondern im thematischen und sprachlichen Duktus eine Hommage an Astrid Lindgren. Die Geschichte ist in einer Neubausiedlung mit unasphaltierter Straße angesiedelt und bietet deshalb noch Komponenten eines pädagogischen Freiraums, wie ihn Martinus Langeveld als Konstituente gesunder kindlicher Entwicklung begreift (1960). Es gibt z. B. dort nicht „die berühmten Fahrdienste [...], wo Kinder schon in frühem Alter von den Eltern von einer Veranstaltung zur nächsten gekarrt werden" (Kindermann 2000, S. 26). In *Mittwochs darf ich spielen* gibt es im pädagogisch verplanten Kinderleben Freiräume so gut wie nicht mehr.

Unter dem Aspekt des Lesealters sind diesem Roman die Titel *Mit Kindern redet ja keiner* und *Nella Propella* zuzuordnen. Er nimmt in seiner narrativen Struktur dazu eine Mittelstellung ein. Ersterer gilt als Prototyp des psychologischen Romans für Kinder (Steffens 1998 u. 2000). Durch seine auffällige erzählerische Innovation hat er weithin Beachtung gefunden und wurde sowohl literarisch als auch didaktisch umfassend analysiert und dokumentiert (Steffens 1995, S. 40–42, Armbröster-Groh 1999, S. 120–126 und Gansel 1999, S. 73–77 u. 78–82). Aus diesem Grunde wird er trotz seiner Bedeutung in dieser Veröffentlichung ausgespart. *Nella Propella*, das zuvor dargestellte Modell, ist Prototyp des komischen Familienromans für Kinder (Daubert 1995, S. 68 ff., Steffens 1998 a). Vor diesem Hintergrund wird die narrative Grundstruktur von *Mittwochs darf ich spielen* besonders deutlich. Er umschließt ein virulentes gesellschaftliches Problemfeld, aber nicht in der Schärfe wie in *Mit Kindern redet ja keiner*. Er eröffnet auch die Binnensicht der Protagonistin, aber in gemilderter Form und flankiert durch Außenperspektive. Er umschließt eine Reihe humoristischer Details und ironische Züge, aber nicht in der Dichte wie in *Nella Propella*.

4.1 Inhalt

Fabia, die Protagonistin, ist sieben Jahre alt. Ihr Alltag ist bereits völlig verplant. Montags wird sie zum Ballettunterricht gefahren, dienstags zum Flötenspielen, donnerstags zum Tennistraining und freitags zum Schwimmen. Ein „Freiraum" zum Spielen ist auf einen Nachmittag eingeschränkt, mittwochs. Aber auch dieser wird von Fabias Mutter in Absprache mit anderen Eltern organisiert. „Fabias

Leben vollzieht sich in einem pädagogischen Kontrollraum: Alles scheint einer erzieherischen Zielsetzung zu unterliegen." (Armbröster-Groh 1995, S. 128). Die Bevormundung geht aber noch weiter und umfaßt regelmäßiges Üben im Lesen, das Packen des Ranzens und Hausaufgabenhilfe und -kontrolle. Neben die schulische Reglementierung tritt ein Geflecht von Verhaltensvorschriften wie: fremde Leute nicht anstarren, sich nicht auf den blanken Rasen setzen, nicht mit jüngeren Kindern spielen (von denen kann man nichts lernen!) usw.

Da die Mutter den Vater auf einer Geschäftsreise nach Mailand begleiten will und die „Oma Frankfurt" wegen einer Erkrankung Fabias Betreuung während der fünftägigen Abwesenheit nicht übernehmen kann, wird Tante Pia, Mutters jüngere Schwester, zum Einhüten engagiert. Dies geschieht trotz einiger Bedenken der Eltern. Fabia selbst ist der Meinung, daß „sie nicht mit Kindern umgehen kann". (S. 7)

Tante Pia kommt, und die Eltern reisen ab. Die lange Liste der Verpflichtungen, die Fabias Mutter ihr hinterlassen hat, kümmert sie nicht. Sie widmet sich ihrer Vorbereitung für eine Prüfung. Fabia ist plötzlich auf sich allein gestellt. Sie steht der neuen Freiheit hilflos gegenüber: keine Hilfe bei den Hausaufgaben, kein Ranzenpacken, keine Transporte, denn Pia hält nicht viel von den zahlreichen Aktivitäten Fabias. Eine Organisation bzw. Absprache für den freien Nachmittag übernimmt sie ebenfalls nicht. Fabia grollt und denkt an die hundert Mark, die Pia für jeden Tag bekommt. Sie wird dies den Eltern berichten.

Zunächst weiß sie nichts mit ihrer neuen Freiheit anzufangen, zumal ihre Freundinnen auch für den Mittwochnachmittag verplant sind. So geht sie zu dem von allen gemiedenen Domröse-Hof. Hier wohnen deutsche Aussiedler. Sie lernt dort ein jüngeres Mädchen kennen, Brunhilde, genannt Bruno, die ein befremdliches Deutsch spricht, aber schon etwas lesen kann. Sie gerät hier in eine andere Welt: Obstgarten, weite Flächen, Häuser, Ställe und Nebengebäude und ein Mädchen, für das viele Dinge, die Fabia verboten werden, selbstverständlich sind. Sie wirtschaftet am Herd, um Tee zu kochen, sie darf sich mit den Kaninchen beschäftigen und hält eine kleine Rennmaus. Die Wohnung ist ärmlich. Bruno hat nur ein paar alte Spielsachen, ihre Kleider sind abgetragen.

Zu Hause wehrt Pia alles ab, was Fabias Unselbständigkeit zuzuschreiben ist. Am Dienstag beginnt Fabia deshalb, erstmals ihre Hausaufgaben allein zu machen. Da sie auch jetzt nicht zu ihrem Nachmittagsprogramm gefahren wird, geht sie wieder zu Bruno. Der ist die Rennmaus entlaufen. Bruno verdächtigt die Katze. Fabia tippt auf Tierfänger und schlägt vor, diese ausfindig zu machen. Ein offen stehendes Lieferauto und ein Erdloch davor kommt ihnen verdächtig vor. Sie melden das der Polizei und werden aufgeklärt, daß von der Bundespost Kabel verlegt werden. Sie treffen auf Pia und gehen mit ihr zum Einkaufen. In der Nacht weckt diese Fabia und lädt sie zum Schneckenessen ein, ein „unmöglicher" Vorgang.

Am Mittwoch geht Fabia wieder zu Bruno und stößt auf eine Schar Kinder, die ein Baumhaus bauen. Alle, auch Bruno und Fabia, vergnügen sich damit. – Am Donnerstag freut sich Fabia auf die Rückkehr der Eltern. In der Schule gibt es leichten Ärger wegen fehlender Hausaufgaben und schlechten Lesens. Bei Tisch entschuldigt sich Pia bei ihr, daß sie wohl nicht alles so gemacht habe, wie Fabia sich das gewünscht hätte. Dann erzählt sie ihr, daß sie die Maus gefunden hat, und will sie ihr zeigen. Da klingelt es. Die Eltern sind zurück. Fabia freut sich, kürzt aber die Begrüßung zum Erstaunen der Mutter ab. Diese erinnert sogleich an das Tennisspielen. Aber für Fabia ist die Maus im Augenblick wichtiger. Sie holt sie sich aus dem Zimmer und rennt nach draußen, zum Domröse-Hof, und klopft an die Tür. Der letzte Satz ist eine Korrektur eines Vorhabens nach der Rückkehr der Eltern: „Ich glaube nicht, daß ich Tante Pia verpetze."

4.2   Literarische Analyse

4.2.1 Zeitliche, räumliche, figurale Konstellation und aktuelle thematische Bezüge

Die erzählte Geschichte erstreckt sich von Sonntag bis Donnerstag, dem entspricht die Gliederung in fünf große Abschnitte mit den Namen der Tage als Überschriften. Jeder Abschnitt umfaßt mehrere mit Ziffern markierte Kapitel, insgesamt sind es zwanzig. Ebenso klar überschaubar ist die räumliche Erstreckung: Fabias Zuhause, die Freundinnen in der Nachbarschaft, die Schule und der nahe gelegene Domröse-Hof. Von gleicher Überschaubarkeit ist die Figurenkonstellation: Fabia selbst als Protagonistin, ihre Mutter, der Vater als Randfigur, und Tante Pia sind vorrangig Träger der Handlung. Hinzu kommt Bruno (Brunhilde) als eine gewichtige Bezugsperson für einen Selbstfindungsprozeß Fabias und die Öffnung ihrer engen, verplanten Welt. Die Schulfreundinnen, deren Mütter und die Lehrerin sind eher randständige Figuren. Die zeitliche, räumliche und figurale Konstellation entspricht der Mehrzahl der Geschichten für jüngere Schulkinder. Dies wird verstärkt durch die sprachlich-stilistische Gestaltung.

Die zentrale Thematik, Kinder in einer pädagogisch verplanten Welt, und die Erzählsituation weisen K. B. s Buch jedoch als einen modernen Kinderroman aus. Tatsächlich exponiert die Autorin ein Phänomen moderner Kindheit, vorrangig auf das (bildungs)bürgerliche Milieu bezogen. Fabias Mutter bewahrheitet gleichsam die These, die Preuß-Lausitz formuliert: „Moderne Kindheit und Jugend ist fast ausschließlich Schulzeit geworden." (1995, S. 18). Sie dehnt das Lernen eines Kindes bereits im ersten Schuljahr über den Schulunterricht hinaus, indem sie das Üben und Trainieren von in sich sinnvollen körperlichen und musischen Aktivitäten in weitere schulähnliche Kurse mit Lehrprogrammen einbindet, und dies in massiver Form. Helga Zeiher ist diesem verbreiteten Phänomen in einer soziologischen Studie nachgegangen: „Kinderalltage: inszeniert, kollektiviert, vereinzelt?" (1995). Sie spricht von einem „verinselten" Lebensraum. „Eltern transportieren sie (die Kinder) zu den Inseln: zu Wohnungen von Freunden und Verwandten, zum Spielplatz, zum Kindergarten, zum Ort des Sporttrainings, zu Einkaufsorten in der Innenstadt, zum Wochenend- und Urlaubsort" (ebd. S.26). In keinem dieser verinselten Räume ist das Kind ganz zu Hause, in seiner Ganzheit auf andere Kinder bezogen. „Der Partikularisierung des Raums entspricht eine Partikularisierung der sozialen Beziehungen." (Ebd. S. 27) Das Gewicht der klassischen Sozialisationsinstanzen Familie, Nachbarschaft, spezielle Einrichtungen für Kinder hat sich in den letzten Jahrzehnten deutlich zu Gunsten des dritten Bereichs verschoben. Eine Reaktion vieler Eltern darauf ist „die vermehrte Inszenierung des Kinderalltags durch Erwachsene" (ebd. S. 23 f.). Die Ein-Kind-Familie, in der die Sozialisations- und Erziehungseinflüsse der Geschwister, zumeist auch von Großeltern und anderen Verwandten fehlen, ist durch eine Überzahl von direkten Verhaltensregeln für das Einzelkind charakterisiert, die das Kontrollverhalten verstärken. Diese Regeln bestimmen nicht nur das Verhalten Fabias, sondern sind ein zentrales Gestaltungsmerkmal der Erzählstruktur, das auf subtile Weise eine Ironisierung einschließt. Im Mittelpunkt steht der Problemkomplex „reglementierte Freizeit", nicht ohne Gewicht sind jedoch weitere thematische Schwerpunkte:

- das an die Reglementierung gebundene Verhalten Fabias, welches sich vor allem im „Kindermund" spiegelt, oft ironisch gebrochen,
- das konträre Erziehungsmodell Pias, an dem sich die Protagonistin, unbewußt ganz Sprachrohr ihrer Mutter, zunächst reibt, das ihr aber eine Brücke zu einem freieren, selbstorganisierten Spielen und insgesamt einem freieren Kinderleben baut,
- das konträre Lebensmodell des Domröse-Hofs als Bedingungsfeld einer anderen Kindheit mit zu gestaltenden Freiräumen, mit geringen ökonomischen Ressourcen, aber zu Selbständigkeit (Teekochen) und pragmatischer Weltsicht (Schlachttiere) herausfordernd.

4.2.2 Die Form des Erzählens

Bereits der Erzähleingang, wie zumeist bei K. B., dokumentiert wichtige Aspekte der Erzählstruktur.

> Nun kommt Tante Pia bei mir einhüten, und dabei ist sie noch nie meine Lieblingstante gewesen. Obwohl ich nur die eine habe. Aber ich finde nicht, daß sie deswegen gleich meine Lieblingstante sein muß. Weil ich sie nämlich wirklich nicht mag. (S. 6)

Der erste Satz ist Erzählbericht der Ich-Erzählerin, der zweite gleitet dann sofort in die Bewußtseinslage Fabias, ihre Einstellung wird deutlich. „Obwohl ich nur die eine habe" ist Feststellung in Außensicht, aber wieder schließen sich Begründung und Kommentar an, die auf den psychischen Zustand Fabias verweisen. Die Leserwirkung, die diese und die folgenden Textkomponenten entfalten, sind in dem der Autorin eigenen, unverwechselbaren Kolorit, in ihrer spezifischen Form des Erzählens verankert. Es handelt sich um eine moderne Form der Ich-

Erzählung mit einer Mischung von erzählendem, erlebendem, reflektierendem und vor allem kommentierendem Ich. Die Begebenheiten erfährt der Rezipient durch das Blickfeld der Protagonistin, in zwar perspektivischer Sichtweise, aber durch die zahlreichen Bezüge auf Handeln und insbesondere Reden der figuralen Mitspieler in gleichsam gemilderter Subjektivität. Erzähltheoretisch gesehen, ist Fabia nahezu ausschließlich Erlebniszentrum, liegt der Erzählerstandort jedoch nicht durchgehend in der Protagonistin, weshalb auch erlebte Rede und innerer Monolog i. e. Sinne nur vereinzelt auftreten. Gewichtiger sind Rede- und Gedankenwiedergabe in Form direkter und indirekter Rede. Dieses typische narrative Muster wird durch das Spiel mit Tempusformen verstärkt. Bei aller Einbindung in erlebendes Hier und Jetzt im Präsens überwiegen doch die Passagen im Perfekt, bei denen hinzutretende Verben im Präteritum die Komponenten des erinnernden und damit leicht distanzierten Erzählens verstärken. Weitere Aspekte sollen anhand eines Textausschnitts verdeutlicht werden.

> Ich weiß nicht genau, warum Mama Tante Pia nicht mag, mir erzählt sie das nicht. Nur zu ihrer Freundin Beeke sagt sie manchmal was, am Telefon.
> „Ach Gott, Beeke!" sagt Mama. „Natürlich seh ich die Pia nicht oft! Wir verkehren doch in verschiedenen Kreisen!" Und dann schluckt sie schnell und sagt: „In verschiedenen Welten! Pias Welt ist wirklich nicht meine Welt."
> Das ist natürlich Blödsinn, weil es nur eine Welt gibt, und das sollte Mama schon wissen. Aber wahrscheinlich ist das nur wieder Gerede.
> Mit mir redet Mama normaler. „Zieh den Anorak aus" und „wasch dir die Hände" und „wenn jetzt hier nicht gleich das Licht aus ist, gibt es aber Ärger". Also alles ganz vernünftig.
> Warum *ich* Tante Pia nicht mag, weiß ich aber genau. Weil sie nicht mit Kindern umgehen kann, darum. (S. 6f.)

Diese Passagen des Erzähleingangs, im Präsens erzählt, sind auf die Erzählgegenwart Fabias bezogen: sie soll wegen der Abwesenheit der Eltern von Mutters jüngerer Schwester betreut werden. Zunächst berichtet die Erzählerin von einem beobachteten Sachverhalt, dann präzisiert sie diesen durch erinnerte direkte Rede der Mutter. Die figürliche Wendung „in verschiedenen Welten" greift sie auf, nimmt sie wörtlich und bezeichnet sie als Blödsinn. Durch die entstehende semantische Differenz, Grundmuster zahlreicher Sprachspiele, wie sie der Kindermund dieser Altersstufe im Zugriff auf Erwachsenenausdrücke häufig produziert, kommt eine humoristische Erzählkomponente ins Spiel. Köstlich ist, wie dieses „unnormale" Sprechen der Mutter am Telefon mit ihren „normalen" Redehandlungen Fabia gegenüber konfrontiert wird. Damit werden nicht zuletzt Erziehungsvorgänge ironisiert. In einer anschließenden Passage begründet die Ich-Erzählerin ihre Abwehrhaltung Pia gegenüber und führt aus, was es ihrer Meinung nach heißt, nicht mit Kindern umgehen zu können. Damit offenbart sie weitere ihr vermittelte Verhaltensaspekte einer bürgerlichen Wohlerzogenheit. Die korrespondiert dann mit dem ge-. und verplanten Alltagsverhalten und den verordneten Freizeitaktivitäten.

Tante Pia verzichtet radikal auf die von der Protagonistin gewohnten „liebevollen" Zuwendungen und die (über-)fürsorglichen Hilfestellungen. Daran reibt sich Fabia, zunächst immer Sprachrohr ihrer Eltern. Der Leser aber registriert bereits hier schmunzelnd, wie sie trotz ihrer Abwehr in die Freiheits- und Freizeitspielräume hineingleitet und Spaß an einem immer größeren Maß an Selbständigkeit gewinnt.

Unter narrativer Perspektive ist faszinierend, daß die aufgedeckten Zwänge eines „behüteten" Kinderlebens innerhalb einer intakten Familie nicht dozierend oder auktorial kommentierend dargestellt, sondern im Erzählakt durch die Ich-Erzählsituation sinnenhaft transparent werden. Die Geschichte durchziehen z. B. zahlreiche Belege, die aufdecken, wie stark Fabia die Verhaltensregeln ihrer Mutter internalisiert hat. Indem sie jedoch immer realen Situationen zugeordnet sind, die die Maximen oft als unsinnig entlarven, entsteht eine humoristisch gewürzte Differenz. Dies umschließt zugleich eine subtile, aber sich schrittweise verstärkende Lösung Fabias aus einem kindlichen Bedürfnissen entgegenstehenden und auch einem echter kindlicher Lebenswelt widersprechenden Erziehungsdruck.

Tante Pia bringt Fabia eine Muschel mit, die sie auf dem Flohmarkt gekauft hat.

> Ich hab gedacht, daß Mama das nun um Himmels willen nicht erfahren darf und daß ich Bella purgensis deshalb lieber gleich in meinem Zimmer verschwinden lassen muß. Mama findet nämlich Sachen vom Flohmarkt unappetitlich, weil man da nie weiß, wer die schon alles in der Hand gehabt hat und was die damit gemacht haben. (S. 16)

Das Stichwort „Flohmarkt" löst unmittelbar eine Assoziation aus. Fabia denkt an Mamas Einstellung und die Begründung ihrer Abwehrhaltung, die Fabia sich zu eigen gemacht hat – als sich erinnerndes Ich.

> Beim Mittagessen hat Tante Pia nicht gelesen. Sie hat im Essen herumgestochert, wie man es bei fremden Leuten nicht tun soll, weil es sich nicht gehört. (S. 24)

Der Beobachtung beim Essen folgt die Passage eines kommentierenden Ichs, zweifelsohne wieder eine mütterliche Verhaltensregel betreffend. Zu dem sich erinnernden und dem kommentierenden Ich tritt das erzählende Ich, oft als Form einer distanzierteren Außenbeobachtung bzw. Außenperspektive. Zumeist jedoch verschränken sich diese drei Differenzierungen der Ich-Erzählsituation innerhalb eines Absatzes, ja sogar eines längeren Satzes.

In einigen Passagen ist der Erzählerstandort nicht nur an die Protagonistin nahe herangerückt, sondern in ihre Gedanken und Gefühle verlagert, sie wird Reflektorfigur und im Hier und Jetzt erlebendes Ich. Auf dem Weg zum Domröse-Hof fällt ihr z. B. Mamas Verbot ein. In Gedanken wiederholt sie deren Begründungen. Dann fährt sie fort:

> Aber jetzt war ihr Kind gerade auf dem Weg zum Domröse-Hof, und ich hätte wirklich gerne gewußt, was Mama dazu gesagt hätte. Bestimmt hätte Tante Pia ziemlich viel Ärger gekriegt. (S. 35)

Der erste Halbsatz ist eine Form der erlebten Rede, also einer Gedankenwiedergabe zwischen wörtlicher und indirekter Rede. In Form direkter Rede wäre es ein innerer Monolog (Da bin ich nun also auf dem Weg zum Domröse-Hof, wenn Mama das wüßte.).

Fabia wundert sich darüber, wie selbstverständlich die jüngere Bruno ihr Alleinsein während der Arbeit ihrer Mutter findet. „Mama würde sich zu Tode ängstigen, wenn ich so lange alleine zu Hause wäre." (S. 52) Auch diese Gedankenwiedergabe nähert sich erlebter Rede an und ist Binnensicht. Die genannten Belege sind keine Einzelerscheinung, die Abschattierung der Ich-Erzählsituation nach erlebendem, erzählendem, erinnerndem und kommentierendem Ich mit partieller Verlagerung des Erzählerstandorts in die komplette Binnensicht der Protagonistin ist konstituierndes Element der narrativen Struktur.

Im Fortgang der Geschichte gewinnen Fabias kritische Kommentare zur Tante Pia und ihre Konfrontationen dessen,was sie tut, mit Mamas Verhaltensregeln mehr und mehr die Form eines kommunikativen Spiels. Der Oberflächenstruktur gehören dann die im bisherigen Erziehungskonzept verankerten Aussagen Fabias an, der widersprechen jedoch immer stärker die sich hinter den Aussagen verbergenden, also in der Tiefenstruktur angelegten Sympathiegefühle – „ein eindrucksvolles Beispiel literarischer Ironie" (Dahrendorf 2000, S. 6). Ein erstes Signal im Text vermittelt Fabia, als sie auf dem Domröse-Hof ein „gutes Gefühl" empfindet, „wie ich noch nie eins gehabt hatte …" (S. 37) Im letzten Satz des Buches verschmelzen gleichsam beide Textebenen: „Ich glaube nicht, daß ich Tante Pia verpetze."

Die Ironisierung des Über-Behütetseins und der Verhaltensregeln umschließt auch ein Element des Zeitgeistes und seiner unreflektierten Niederschläge in der KJL, wogegen sich K. B., wie im Eingangskapitel belegt, wendet. Hier geht es um die forcierte Umstrukturierung der Jungen- und Mädchenrollen. Bruno, in einer vor allem ökonomischen und nach ethnischer Prägung anderen Lebensart, dokumentiert eine herkömmliche Mädchenrolle – und wird von Fabia bewundert, allerdings wegen des freiheitlichen Spielraums. Im Spiel um das Baumhaus kochen die Mädchen, als „Weiber" apostrophiert, Tee für die Jungen und bedienen sie. Dabei hat Fabia „so ein glückliches Gefühl gehabt wie eine richtige Hausfrau". Dann aber drängen sich ihr die Gedanken auf, daß ihre Mama das nicht erfahren darf.

> Weil doch Mädchen Jungs nicht immer bedienen sollen, das ist ganz fürchterlich falsch. Die Jungs hätten den Tee kochen müssen und die Mädchen das Baumhaus bauen, sonst sind wir ganz schlimm unterdrückt. Da hab ich mich geschämt, daß ich so gerne Tee kochen wollte, aber leider nur ein bißchen, doller schämen ging irgendwie nicht. (S. 97)

Das internalisierte starre Rollenklischee der Mutter läßt hier nicht einmal mehr ein unbekümmertes Spiel zu. Diese einseitige Auffassung von Emanzipation ist ein weiteres komisches Element des Kinderromans. Gewiß um Mißverständnissen vorzubeugen relativiert die Autorin Fabias Spielvergnügen auf eine ebenso humorvolle Art. Als die Jungs den Mädchen, die zwar mit klettern durften, auch das Geschirrspülen allein überlassen, findet Fabia doch, daß dies Mädchenausnutzung war (S. 99).

4.2.3 Sprache und Stil

Von der Erzählstruktur, insbesondere den subtilen ironischen Komponenten her, stellt die Lektüre keinen geringen Anspruch dar (vgl. Dahrendorf 2000, S. 6f.). Dies relativiert sich jedoch durch die sprachlich-stilistische Dimension. Zunächst fallen leichte sprechsprachliche Elemente auf, einige wenige im Wortbestand (machen, tun, kriegen, ganz dolle), vor allem aber in Syntax und Stil. Dies gilt für die deiktischen Partikel als Zeichen einer situationseingebundenen Sprechsprache, nach Pregel Indizes des sogenannten Frescostils der 7- bis 8/ (9)jährigen Kinder (1970, S. 163 ff.), hier vorrangig „so" und „da". Fabia spricht z. B. über die höfliche Form des Sich-Vorstellens: „... sagen wir mal bei Papas vierzigstem Geburtstag oder so Festen, wo viele Gäste kommen" (S. 6). Sie beobachtet die Mutter, als diese beim Telefonieren über ihre Schwester spricht: „... und sie kriegt einen komischen Mund dabei, die Mundwinkel zieht sie so ein" (ebd.). Auf S. 55 finden sich Beispiele für „da".

Demgegenüber ist die Syntax überraschend differenziert, eindeutig dem Reliefstil nach Pregel zuzuordnen (ebd.). Die Texte gewinnen zeitliche sowie räumliche Tiefe und logische Bezüge, allerdings an die mehr konkrete Gruppe von Konjunktionen gebunden. Dominant sind wenn-, weil-, als- und daß-Sätze, letztere, sog. Inhaltssätze, breiten im Nebensatz aus, was das Verb im Hauptsatz signalisiert: „... man hat richtig gemerkt, daß es jetzt schon bald Frühling wird ..." (S. 37).

Häufig treten mehrgliedrige Sätze auf, zum Teil von beachtenswerter Länge. Sie bilden für die Altersstufe des Reliefstils, also 9/10(11)jährige Leserinnen und Leser keine zu hohe Lese- und Verstehensbarriere. Sie werden leichter zugänglich durch Wiederholungen von Satzteilen oder -gliedern, durch „und" verbundene Reihungen (parataktischer Stil), durch parallele Konstruktionen und die eben genannten Haupt- und Nebensatztypen, nicht zuletzt durch auffälligen Satzrhythmus. Dennoch bieten sie herausfordernde Sprachanreize, nicht zuletzt durch ihre Länge und logischen Bezüge, indem sie über das schriftsprachliche Niveau der Mehrzahl der Kinder hinausreichen, ein lernpsychologisch gewichtiges Element einer angemessenen „Mehrdarbietung", wie es die ältere Sprachdidaktik fomulierte. Dazu seien zwei Beispiele aufgeführt.

Da hab ich begriffen, daß es Tante Pia ganz egal ist, was ich mache, und daß sie immer nur an sich und an sich und an sich denkt und sich überhaupt keine Gedanken macht, wie ein Kind seinen Tag am sinnvollsten gestalten kann. (S. 32 – deiktisches Partikel „da", 3 NS mit „daß", beim dritten als Leerstelle, parallele Nebensatzkonstruktion, Wiederholung von Satzteilen, hier als Ausdruck innerer Erregung).

Ich hab genickt und bin einfach gegangen, und erst, als ich schon fast bei unserem Stein war, ist mir eingefallen, daß ich nicht auf Wiedersehen gesagt hatte, und das ist wirklich sehr unhöflich. (S. 34 – Nebenordnung durch „und" als Reihung, daß- und weil-Satz).

Die Sprache Brunos bildet einen reizvollen Nebeneffekt, den nicht nur die Protagonistin lustig findet.

„Rechte Seite vorne ist uns", hat Bruno gesagt, und das hat so lustig geklungen. (S. 47)

Nicht nur das stilistisch-syntaktische Konzept zeigt große Nähe zum Sprachvermögen der Rezipienten dieser Altersstufe, diese Nähe gilt auch für das Fühlen und Denken, insgesamt für die Weltsicht. Was erzählt eine 9jährige über Italien von ihren Informationen her, die sie aus Gesprächen der Erwachsenen gewinnt, was davon spiegelt sich in ihrem Bewußtsein? K. B. gibt ein treffendes Beispiel des „Kindermunds".

Aber Papa will Mama unbedingt mit auf seine Dienstreise nehmen, und da brauchen sie einen für mich. Papas Dienstreise geht nach Mailand, das heißt in echt Milano und liegt in Italien. Wo es die Zitronenbäume gibt und manchmal Palmen, und Mama kauft sich da immer Schuhe. Deshalb will sie diesmal auch mitfliegen, Schuhe kaufen und Sachen, und für mich bringen sie dann auch irgendwas mit. Papa hat mir mal rote Lackschuhe mitgebracht aus Rom, das heißt in echt Roma und liegt auch in Italien, und solche roten Lackschuhe hatte sonst keiner. (S. 8)

4.3 Didaktisch-methodische Aspekte

Die didaktische Dimension des vorliegenden Kinderromans zeichnete sich bereits mehrfach im vorausgehenden Kapitel ab. Daß die literarische Struktur eine der wichtigsten Vorgaben für unterrichtliches Handeln darstellt, ist angemessenes und zugleich unabdingbares Postulat im Umgang mit literar-ästhetischen Texten. Darauf liegt im Folgenden der Schwerpunkt. Dies schließt die Vereinnahmung als Gebrauchstexte aus und verhindert die hier und da zu beobachtende Beliebigkeit. Ein gewichtiges motivierendes Element sind bei angemessener textlicher Ausrichtung produktionsorientierte, kreative Umgangsformen (vgl. Spinner 1999). Im Blick auf den Anspruch besonders der modernen Texte der KJL, worauf K. B. mehrfach verweist, und auf die Perspektive literarischen Lernens, die in jüngster Zeit wieder mehr Beachtung findet (Spinner 2000, S. 18–20), sind sie durch reflektierend-analytische Formen der Auseinandersetzung zu ergänzen bzw. zu flankieren. Aufgrund der Ergebnisse der PISA-Studie wird zu klären sein, ob die belegte mangelnde Textkompetenz nicht zumindest teilweise

mit der Beliebigkeit im Umgang mit Texten und der kritischen Ablehnung kognitiver Zugriffe, die zu beobachten waren, zusammenhängt. Wie beide Aspekte
unter Wahrung von Kreativität und Motivation zu verbinden sind, ist in einer
Studie *Projektorientierte Arbeit mit Kindern im Leseunterricht* als ein Modell
für Kinderbücher als Klassenlektüre zu belegen versucht, und zwar mit konkre-
tem Bezug auf mehrere Kinderromane (Steffens 1997, S. 66–90).

Gleichrangig stehen daneben die situativen Bedingungen der einzelnen Klasse:
Altersbezug, soziales Milieu, Lerngeschichte und Lernniveau besonders im literarischen Bereich, anthropologische und lernpsychologische Faktoren. Deren
allgemeine Standards werden in den Grundwissenschaften Pädagogik einschließlich Unterrichtstheorie, Psychologie und Soziologie formuliert. Zu letzterer wurde unter dem Gesichtspunkt von gewandelter Kindheit und zentraler
Thematik des Romans oben ein Bezug hergestellt. Die Konkretisierung für unterrichtliches Handeln kann jedoch nur von der je spezifischen Konstellation der
einzelnen Klasse her erfolgen und ist der Professionalität der Lehrerinnen und
Lehrer überantwortet.

Thematischer Mittelpunkt sind die oben ausgewiesenen Problemfelder, vorab
der Komplex „reglementierte Freizeit". Die Frage des Altersbezugs wurde mit
Blick auf die thematische, erzählerische und sprachlich-stilistische Konzeption
geklärt und die Eignung des Textes für Kinder des 3./4. Schuljahrs im Detail begründet. Einige Faktoren berühren unmittelbar die Zugangsmöglichkeiten für
Kinder der genannten Altersstufe. Der Zugang wird insbesondere erleichtert
durch:

- die Aktualität der Thematik gerade für diese Altersstufe,
- die Gliederung in fünf Hauptteile gemäß der zeitlichen Erstreckung der Geschichte und die Untergliederung in überschaubare Kapitel,
- das große, leserfreundliche Schriftbild,
- den Textumfang des Romans,
- die auf Schlüsselszenen bezogenen Illustrationen.

Zu letzteren einige Details: Das Titelbild zeigt im rechten oberen Eck neben der Schrift ein ver-
schmitzt zuschauendes und zugleich nachdenkliches Mädchen. Die Titelseite füllen, auf gut ³/₄ der
Fläche, vier in Kästchen gerahmte farbige Bilder, die Freizeitaktivitäten darstellen: Ballett, Flöten-
spiel, Tennis und Hockey. Jeder der fünf Hauptteile wird durch eine ganzseitige Illustration in
Schwarz-Weiß (Bleistiftzeichnung) eingeleitet. In die Kapitel sind 17 etwa halbseitige Illustrationen
eingezogen, und die Mehrzahl der Kapitel wird durch eine Vignette abgeschlossen. Zum Teil verstärken die Illustrationen den Grundzug von Komik und Ironie des Textes, vor allem vertiefen sie Schlüsselszenen der Geschichte.

Vor diesem Hintergrund zeichnen sich unterrichtliche Möglichkeiten ab.

- Einstieg: Titelbild, die dargestellten Aktivitäten. Gespräch mit Einbezug der eigenen außerschu-
  lischen Situation, Sammeln unterschiedlicher Freizeitgestaltungen. – Vorlesen des ersten Kapitels, Gespräch zu der Situation und den Personen Fabia, Mutter, Vater, Tante Pia. Bildbetrach-
  tung der S. 11: Was wird dargestellt, was verraten die Gesichter? Was denkt Fabia, was der Vater
  (Monologe formulieren). Was berichtet die Mutter nach dem Telefongespräch? (Ich-Erzählung).

- Häusliche Lektüre (je nach Lesefertigkeit): das Buch oder die beiden ersten Kapitel: Tante Pia kommt, Mutters Anweisungen, Vorlesen des Textabschnitts, der zu der Illustration S. 15 paßt. Vertiefte Betrachtung der Muschelgeschichte, die Herkunft vom Flohmarkt und Fabias Reaktion, durch die Mutter beeinflußt. Hervorheben von Fabias Gedanken, umformen als inneren Monolog (Textstück als Anstoß: Eine Muschel vom Flohmarkt! Das darf Mama um Himmels willen nicht erfahren. Ich bringe sie …) Hausaufgabe: Lektüre weiterer Kapitel.

- Vertiefende Textarbeit, nachdem alle das Buch gelesen haben (in einem Zug oder jeweils einige Kapitel, auch im Klassenverband):
  - Gespräche zu den zentralen Problemfeldern: Fabias Nachmittage, unterschiedliche Erziehungsprogramme von Mutter und Tante Pia,
  - Fabias Schwierigkeiten, selbst etwas zu planen, und der Domröse-Hof als eine andere Kinderwelt,
  - Brunos Zuhause, ihre Kleidung, ihre Spielsachen, deutsche Aussiedler aus Osteuropa,
  - die Freundschaft der beiden Mädchen und warum sich Fabia hier wohlfühlt,
  - Vorlesen frei gewählter Schlüsselszenen, Darstellung als Rollenlesen oder als Rollenspiele,
  - Erzählen zu frei gewählten Illustrationen,
  - Fabia als Sprachrohr der Mutter, Aufsuchen entsprechender Textstellen: sie sieht oder tut etwas und erinnert sich an Mutters Verhaltensregeln, z.B. Bruno hantiert mit Herd und Kessel; Tante Pia stochert im Essen herum (Vorlesen, innere Monologe Fabias formulieren, einige Szenen bildlich darstellen, Fabias Monologe als Denkblase zuordnen),
  - Gespräch zu den Hauptpersonen, kritische Stellungnahmen; je eine Person auf Papptafel malen, Text zuordnen (sie stellen sich selber vor oder ihnen werden Äußerungen, die sie als wörtliche Rede formuliert haben, hinzugefügt),
  - Den offenen Schluß ausfüllen: Wie geht es für Fabia am Freitag weiter. Was schreibt Tante Pia in ihr Tagebuch. Die Eltern unterhalten sich über Fabias Veränderungen. Was denkt Mutter über Fabias Wunsch, mit Bruno im Domröse-Hof spielen zu wollen.

- Ergänzende Möglichkeiten:
  - Einrichten einiger Rollenspiele als Hörszenen auf Tonbandgerät,
  - Aufsuchen einiger spaßiger Stellen, über die man lachen kann,
  - Mädchen und Jungenrollen beim Spiel im Baumhaus: Diskussion, szenisches Spiel,
  - Was Fabias Mitschülerinnen über das Spielen im Domröse-Hof denken (Monolog, szenisches Spiel),
  - Brunos Tiere, Fabias Tierliebe,
  - Das Detektivspiel: Gespräch; ausladendes szenisches Spiel, in Gruppenarbeit vorbereitet.

Der vertiefende Umgang mit K. B.s *Mittwochs darf ich spielen* vermag einen „Beitrag zur Persönlichkeitsentwicklung und zur ästhetischen Bildung der Schülerinnen und Schüler" zu leisten, was Kaspar Spinner als übergeordnetes Ziel der KJL zuordnet (2000, S. 16). Die Identifizierung mit Fabias Prozeß der Selbstfindung und des wachsenden Selbstbewußtseins ist ein Anstoß zur eigenen Identitätsentwicklung. Das Spannungsfeld zwischen dem normativen Anspruch der Mutter und dem Anstoß Tante Pias zu einigen „Unbotmäßigkeiten" und der Weg, den Fabia darin zu finden versucht mit dem Ergebnis erster Ansätze einer Autonomie, ist nicht mit moralischem Zeigefinger dokumentiert, sondern wird im Akt des Erzählens sinnhaft transparent, umschließt aber gleichwohl moralische Grundfragen. Perspektivwechsel, der in den Figuren der Mutter und Tante Pia angestoßen wird, vertieft sich durch das Hineinschlüpfen in andere Rollen (Spiele, Monologe, Tagebucheintragung) und leistet damit Fremdverstehen, nicht zuletzt im Erfassen und Durchdenken der Lebenssituation Brunos. Diesen drei von Kaspar Spinner formulierten Zielkategorien fügt er als vierte literarisches Lernen hinzu. Im Nachspüren der Komposition des Textes und der Text-Bild-Bezüge, in dem Erfassen von inwendig sich vollziehenden Vorgängen (Fühlen, Denken, Urteilen, Kommentieren) und damit einem der gewichtigen Gestaltungselemente des vorliegenden Romans, aber auch in dem Transparentmachen der Figuren und ihrer Rollen, in der Gewichtung des offenen Schlusses, in dem lesenden und lesend gestaltenden Aufnehmen der komplexen Satzstrukturen handelt es sich um wichtige Bausteine literarischen Lernens.

5 *Das Ausgleichskind*

5.1 Inhalt und Figurenkonstellation

Protagonistin ist die Ich-Erzählerin Margret. Ihre Mutter projiziert eigene unerfüllte Lebenserwartungen auf die Tochter. Sie vereinnahmt sie auf massive Art. Damit sie die Erste in einem Klavierwettbewerb wird, treibt sie sie zum täglichen ausgedehnten Klavierspielen an. Die zwölfjährige Margret leidet unter diesem hohen Erwartungsdruck. Parallel dazu soll der gesellschaftliche Ehrgeiz der Mutter durch eine Beförderung ihres Mannes zum Abteilungsleiter gestillt werden. Der Vater Margrets selbst gibt sich zurückhaltend.

Die Protagonistin stellt sich als eine überdurchschnittliche Schülerin vor, der das Lernen leicht fällt und die Schule Spaß macht. Unterrichtsstoff ist zur Zeit das Thema Umweltverschmutzung und Umweltschutz. Eine zu diesem Thema anstehende Klassenarbeit lehnen die Schüler/innen ab, so daß der Lehrer angesichts des offenen Widerstandes ihnen freistellt, auf andere Art zu beweisen, daß sie das Thema begriffen haben. Zwei in der Klasse, Eleonor und Akki, Margrets Freund, nehmen das Heft in die Hand und planen eine den Möglichkeiten der Klasse entsprechende Aktion, der sie den Titel „Kampagne Penetranski" geben. Die Protagonistin nimmt dabei eine Randstellung ein. Die Bedeutung dieses thematischen Akzents unterstreicht B. Simon: „Eine gute Portion ökologischer Ökonomie kann man sich einverleiben." (1990, S. 7)

Inzwischen feiert Margrets Familie Vaters Geburtstag. Dessen Bruder und seine Familie einschließlich der Oma kommen zu Besuch. Geprägt ist die Feier durch verwandtschaftliche Sticheleien und kleine Bosheiten: scheinheilige Fragen nach Margrets verschwundener Schwester Marthe und Margrets Vorspiel auf dem Klavier, das ihr über alle Maßen verhaßt ist. – Marthes Geschichte trägt die Protagonistin im folgenden Kapitel nach. Die Schwester ist wegen heftiger Auseinandersetzung mit den Eltern als Aupair-Mädchen nach England gegangen und hat alle Beziehungen abgebrochen.

Mit Akki, dem Klassenkameraden, verbindet Margret eine herzliche Freundschaft. Akki, von der Klasse wegen seines psychologischen Interesses als Psychofreak bezeichnet, klärt Margret über ihren Status als „Ausgleichskind" in der Familie auf, dessen Funktion es sei, die zu kurz gekommenen Erwartungen und Wünsche der Mutter zu erfüllen. Wenn sie solche „altklugen" Reden auch immer heftig zurückweist, beginnt sie doch, über sich und ihre Familie nachzudenken.

Das Klassenprojekt gewinnt Form, eine Flugblattaktion und eine Aktion in einem Supermarkt gegen das aufwendige Verpackungsmaterial werden gestartet. Margret gerät dabei zunehmend in Konflikt wegen der zeitlichen Überschneidungen der Aktionen mit ihrem Klavierüben.

Beim Vorspielen übertrumpft sie ein kleiner, unansehnlicher Junge. Bei der Aktion im Supermarkt wird sie photographiert und in einem Zeitungsartikel abgebildet. Die immer wieder aufgeschobene Beichte ihres Mißerfolgs beim Wettbewerb und ihrer Teilnahme an der Umweltaktion erübrigt sich schließlich, auch deshalb, weil die Beförderung des Vaters geplatzt ist. Anläßlich der Feier zu Mutters Geburtstag, als die Spannung zwischen Mutter und Tochter einen Höhepunkt erreicht hat, bringen die Gäste den Zeitungsartikel mit Photo und den verlorenen Wettkampf zur Sprache.

Auf Anraten Akkis schenkt Margret der Mutter einen Gutschein für fünf Klavierstunden. Eine Kontaktaufnahme der Schwester läßt hoffen, daß diese zurückkommen und den Schulbesuch wieder aufnehmen wird. Margret selbst hat an Selbständigkeit gewonnen und wagt Entscheidungen auch gegen den Widerstand der Mutter.

5.2 Literarische Analyse

Die geleistete Inhaltsangabe informiert über den Verlauf, die Figuren und die wichtigsten thematischen Details. Das Eigentliche, die Kernaussagen, das Sinngefüge und das Wirkungspotential werden dabei noch kaum erfaßt. So sind z. B. die bedeutsame Verschränkung der thematischen Bezüge bzw. Erzählstränge, die spezifische narrative Rolle der Ich-Erzählerin auf diese Weise nicht zu vermitteln. Das Gleiche gilt für den Stellenwert dieses Romans im Gesamtwerk der Autorin und der Entwicklung der Kinder- und Jugendliteratur allgemein. Diesen und anderen literarischen Aspekten soll im Folgenden nachgegangen werden.

5.2.1 Stellung im Gesamtwerk, Gliederung und Komposition

Wie die Mehrzahl der Werke Kisten Boies kann *Das Ausgleichskind* als moderner realistischer Jugendroman angesprochen werden. Die Vereinnahmung und Verplanung von Kindern durch Eltern ist eine häufige pädagogische und gesellschaftliche Erscheinung. Diese thematische Komponente verbindet sich mit der des bereits vorgestellten früheren Romans *Mittwochs darf ich spielen*. Der zweite thematische Schwerpunkt, Aktionen von Jugendlichen zum Umweltschutz, sind unmittelbar verzahnt mit dem 3 Jahre später erscheinenden Jugendbuch *Jeden Tag ein Happening*. Zugleich stehen die Romane im Zusammenhang mit der großen Gruppe der gesellschafts- bzw. sozialkritischen Texte der 60er und 70er Jahre. Dies berührt auch den bisher selten thematisierten Einfluß der Medien. Die Autorin greift diese Perspektive mehrfach auf: die Rolle der Zeitung bei der Umweltaktion, die nivellierende Bewußtseinsbildung durch Illustrierte, das Fernsehen im familiären Rahmen (S. 83 f. und 87 f.) sowie divergierende Anspruchsniveaus des Lesens (S. 87), allerdings nicht anklagend, sondern leicht ironisierend. Andere und wesentlichere Gestaltungselemente weisen jedoch deutlich über die frühere Epoche der Entwicklung der KJL hinaus. Dies sind die zahlreichen humoristischen Textpassagen, teilweise ironisch zugespitzt, und die Verlagerung des Geschehens nach innen in eine der handelnden Figuren. Diese Aspekte sind im einzelnen zu entfalten, doch bereits hier läßt sich der Text als komischer Familienroman für Jugendliche mit einer tragikomischen Randschicht im Blick auf die Mutter und mit Anteilen am psychologischen und gesellschaftskritischen Kinder- bzw. Jugendroman definieren. Die psychologische Komponente ist in *Mit Kindern redet ja keiner* und die komische in *Nella Propella* jeweils stärker ausgeprägt (s. Modell 3).

Der Roman ist in 18 Kapitel gegliedert. Sie sind nicht numeriert und haben keine Überschriften. Gekennzeichnet sind sie lediglich typographisch durch einen herausgehobenen Anfangsbuchstaben in Fettdruck. Jedes Kapitel beginnt mit einer neuen Seite. Die Notizen und Zitate beziehen sich hier auf die gebundene Ausgabe von 1990.

Die Geschichte ist zwar chronologisch erzählt, einige Rückblenden differenzieren jedoch das Zeitgerüst. Unterabschnitte, durch Leerzeilen markiert, gliedern entweder thematisch einheitliche längere Kapitel oder sie verdeutlichen szenischen Wechsel von Thematik, Raum und Zeit. Ein Beispiel für das erste, eine Handlung strukturierende Element ist Kapitel 4, die in Abschnitte gegliederte Geburtstagsfeier für den Vater. Kapitel 5 ist ein Beispiel für die zweite Giederungsvariante. Angestoßen durch die (scheinheilige) Frage der Verwandten nach Marthe, der verschwundenen Schwester, beginnt es mit einer ausladenden Rückblende (S. 31). Der zweite Abschnitt des Kapitels handelt von dem Klassentreffen zur Vorbereitung der Umweltaktion. Die aufgezeigte Binnengliederung der Kapitel und die zahlreichen Rückblenden sind für den erzählerischen Aufbau von besonderer Bedeutung. Der Zeitrahmen der erzählten Geschichte umfaßt etwas über eine Woche. Die Rückblenden, besonders die umfangreicheren, weiten den Zeitrahmen jedoch deutlich aus, dies gilt für die Kindheitserinnerungen der Ich-Erzählerin, vor allem aber für die Nachträge wichtiger, das Geschehen, die Handlung und das Verhalten der Figuren bestimmender Faktoren. So wird z. B. Akki, der Freund, unmittelbar in die Handlung eingeführt (S. 5). Auf S. 7 stellt ihn die Protagonistin dann erst in einer Rückblende vor.

> Akki und ich kennen uns schon ewig. Als seine Eltern noch nicht geschieden waren und bevor er zu seinem Vater zog, waren wir Nachbarn gewesen. Unsere Mütter hatten uns gemeinsam in der Karre geschoben, wir hatten zusammen Krabbeln und Laufen gelernt und waren zuerst zusammen in den Kindergarten gekommen und dann in die Schule.

Die Schwester Marthe wird zunächst nur erwähnt. Die Rezipienten ahnen jedoch, daß mit ihr ein wunder Punkt der bürgerlichen Familie Margrets berührt wird (S. 27). Im folgenden Kapitel trägt die Protagonistin in einer weiteren Rückblende nach, was es mit der Schwester auf sich hat.

> Marthe wohnt seit dem Frühjahr nicht mehr bei uns, und ich weiß nicht so recht, ob ich mich darüber freuen soll oder nicht. […] Marthe ist gegangen, weil sie Mama nicht verziehen hat, daß sie wollte, Martha sollte abtreiben. Obwohl Marthe nacher gar nicht schwanger war. (S. 31).

Die Untergliederung der Kapitel bewirkt in ihrer Abfolge eine Verflechtung der thematischen Erzählstränge, kompositorisch mit den Rückblenden verwoben. Der oft schnelle Wechsel an Schlüsselstellen der Handlungsführung ist einmal ein besonderes Element der Schürzung von Spannung, dann aber, im Kontrast zu der (relativen) Chronologie des Erzählten, ein Element szenischer Brechungen, in denen sich die Nöte und Diskrepanzen des Verhaltens der Protagonistin spiegeln. Die Autorin spielt mit dieser Gestaltungskomponente auf virtuose Weise.

Den Blick auf die Makrostruktur ergänzen einige gestalterische Details. K. B. ist bekannt für die treffende Wahl der Titel ihrer Bücher und besonders für den Erzähleingang. Dahrendorf verweist „auf die außerordentlich einfallsreich formulierten Titel und die gelungenen Romananfänge, die die Leserinnen und Leser sofort gefangen nehmen" (2000, S. 30). Dies gilt auch für *Das Ausgleichskind*.

> Ich bin in unserer Familie das Ausgleichskind. Natürlich bin ich da nicht selber draufgekommen, Akki hat es mir gesagt, als ich ihm zum erstenmal von Papas Beförderung erzählt habe, oben auf Akkis Balkon. (S. 5)

Die Diktion des ersten Satzes erinnert an die moderne Kurzgeschichte. Auf lakonische Art wird die Aussage in den Raum gestellt, ohne erklärenden Vorspann oder nähere Angaben. Gerade dadurch reißt sie mitten in das Geschehen hinein. Zugleich markiert sie das Hier und Jetzt der Erzählerin. Der zweite Satz leitet unmittelbar in die Vergangenheit über, von der nun erzählt wird.

Der differenzierten Binnengliederung entspricht eine diffizile Schichtung der Zeitebenen. Fünf Schichten lassen sich unterscheiden:

● das eben erwähnte Hier und Jetzt des Erzählens der Protagonistin,
● die zeitliche Verankerung der Hauptgeschichte in ihrem chronologischen Ablauf,
● wie es zu dem Namen „Ausgleichskind" kam, vor der Hauptgeschichte liegend,
● die zeitlich gestuften Rückblenden bis zu Kindheitserinnerungen hin,
● die Zeitstufe des letzten Kapitels (S. 142), nach der Haupthandlung liegend, „Inzwischen ist Mama schon zweimal zum Unterricht gewesen", aber weiterführend bis zur Einmündung in das Hier und Jetzt der Erzählerin: „Manchmal denke ich, ich sollte ihr einfach alles erklären."

5.2.2 Die Erzählsituation

Die Autorin wählt die Ich-Erzählsituation. Das Geschehen spiegelt sich im Gefühls-, Erfahrungs- und Wissenshorizont einer Zwölfjährigen. Die berichteten Vorgänge mit allen Details, insbesondere aber die Kommentare der Ich-Erzählerin, die einen breiten Raum einnehmen, die Selbst- und Fremdeinschätzung, die Gefühlsäußerungen und die Gedanken sind folglich aus den Möglichkeiten dieser Altersgruppe heraus zu werten – in ihrer Reichweite und in ihren Grenzen.

Die Ich-Erzählsituation – wie auch das auktoriale oder personale Erzählen – deckt eine große Bandbreite ab: vom Bewußtseinsstrom auf der einen, ganz an das erlebende Ich gebunden, bis hin zu einem Erzählen als Chronist, distanziert, aus zeitlichem Abstand heraus, als relativ objektiv erzählendes Ich auf der anderen Seite. In *Mit Kindern redet ja keiner* neigt sich die Erzählsituation mehr der absoluten Innensicht zu, tatsächlich bis in Grenzbereiche eines Bewußtseinsstroms (Steffens 1995, S. 36–45, bes. S. 40–42; Gansel 1999, S. 70 ff.). Der vorliegende Roman bewegt sich in einem Mittelfeld der gewählten Form des Erzählens. Der „Blick ins Innere" (Lypp 1989) hält sich in etwa die Waage mit den von der Protagonistin berichteten Vorgängen außerhalb ihrer selbst. Doch haftet auch diesen durchgehend eine subjektive Färbung an. Eine Konsequenz der gewählten Erzählsituation ist, daß alle anderen Personen nur in Außensicht erscheinen. Der Rezipient erfährt von ihnen zunächst nur das, was Margret von ihnen berichtet, für berichtenswert hält. Die Figuren können sich aber in Grenzen gleichsam selbst inszenieren, nämlich durch ihre Handlungen und vor allem ihr Sprechen in wörtlicher Rede. Dieses Mittel setzt die Autorin, und zwar sehr markant, in einer Zahl von dynamischen und den Handlungsverlauf strukturierenden Dialogen ein. Alig / Daubert formulieren in ihrer Textanalyse zum vorliegenden Roman: „Der Leser erfährt die Geschehnisse über Erzählerberichte, die Dialogszenen […] geben einen Einblick in die Sichtweisen, Gedanken und Gefühle der anderen handelnden Figuren und ermöglicht so, über die begrenzte Perspektive der Ich-Erzählerin hinaus sich selbst zu charakterisieren" (1999, S. 99). Die Selbstcharakterisierung ist zu unterstreichen. Eine detaillierte Analyse aller Sprechhandlungen belegt, daß Gedanken und Gefühle von den anderen Personen kaum geäußert werden, sie sind allerdings hier und da aus dem berichteten Verhalten indirekt zu erschließen. Der Vater bleibt sogar eigenartig blaß. Wie verarbeitet er z. B. seine berufliche Niederlage? Dies ist aber eine Leerstelle, die die Rezipienten füllen können. Beate Simon nennt die Rolle der Mutter „sarkastisch überzeichnet" (1990, S. 7). Dahrendorf geht in seiner Kurzanalyse ebenfalls auf die Darstellung der Mutter ein. Für ihn „wird das Problem der Mutter reichlich monokausal, um nicht zu sagen: rational behandelt und wirkt die 'Lösung' allzu einfach und schnell" (2000, S. 16). Dies ist jedoch unmittelbar ein Funktionselement der Ich-Erzählsituation, so daß von einer schnellen Lösung, wie unten noch darzustellen, nicht gesprochen werden kann. Der Hinweis unterstreicht aber zugleich die eben vertretene Auffassung, daß für diese Figur jedwede Innensicht fehlt.

Die oben vermerkte Mittellage der Erzählung spiegelt sich vornehmlich in den Akten des Berichtens, des Sprechens und vor allem des kommentierenden Denkens der Ich-Erzählerin.

Der Veranschaulichung dienen die folgenden Belege.

Nach dem abgedruckten Texteingang entfaltet sich im ersten Kapitel ein interessanter Dialog zwischen Margret und Akki. Er beginnt: „'Vielleicht wird mein Vater Abteilungsleiter', sagte ich." Dieser wörtlichen Rede folgt zunächst ein Einschub:

> Unten rauschte der Verkehr vorbei, und am Balkongeländer hingen Kästen mit leuchtendroten Geranien. In der Ecke, in einem girlandengeschmückten Topf aus Terrakotta, blühte ein Margaritenbaum. (S. 5)

Diese nahezu „poetische" Beschreibung ist ein Erzählelement, das quantitativ nicht ins Gewicht fällt, im Blick auf die Einordnung des Romans in die jugendliterarische Entwicklung aber Signalcharakter hat, denn erst in den späten achtziger Jahren lockerte sich die Fixierung auf rein gesellschaftliche Bezüge. So fiel z.B. ein vergleichbares Erzählelement in Renate Welshs Roman *Drachenflügel* (1988) geradezu auf und deutete auf einen Paradigmenwechsel hin (Steffens 1998, S. 12; vgl auch Dorst 1996, S. 66ff.). Entsprechende, außerhalb einer subjektiven Tönung liegende Passagen sind die raffenden Erzählerberichte in den zahlreichen Rückblenden. Der oben, S. 41, zitierte Auszug, Akki betreffend, ist dafür ein Beispiel.

Näher an die Protagonistin rückt die Leser der Blick auf ihr Äußeres heran. Eine Beschreibung neutraler Art wäre gleichsam ein Stilbruch. So nutzt die Autorin den in psychologischen Romanen häufig verwendeten Blick in den Spiegel. Die Protagonistin kommt nach Hause.

> „Margret?" rief meine Mama aus der Küche.
> Ich warf einen kurzen Blick in den Flurspiegel. Konnte ja sein, daß Akki nur von napoleonischer Statur war, aber ich war ganz einfach langweilig. Ich hatte vielleicht die richtige Größe, ich hatte vielleicht sogar die richtige Figur, aber was mir fehlte, war ganz einfach die Ausstrahlung. An mir war alles normal, die Haare, die Augen, die Nase. Meine Haare waren nicht blond und nicht braun, meine Augen waren langweilig blau, ohne zu strahlen, und meine Nase war weder edel geformt noch besonders stupsig. Nichts, weswegen jemand ein zweites Mal hingucken würde. (S. 9)

Das „Konnte ja sein" oder das „aber ich war ganz einfach langweilig" signalisieren die Innenperspektive, die Gedanken der Protagonistin zu ihrem Äußeren und ihre Kommentare dazu. Die Selbsteinschätzung einer Zwölfjährigen wird ein aufmerksamer Rezipient nicht als eine reine objektive Gegebenheit nehmen. Sowohl das entwicklungspsychologische Faktum, 12 Jahre und (Vor-)Pubertät, als auch die Spezifika der Ich-Erzählsituation lassen eher eine subjektive Färbung des Gedachten vermuten. Gegen Ende dieses ersten Kapitels stoßen die Rezipienten dann auf eines der dominanten Merkmale der Erzählsituation dieses Buchs. Nach einem Disput über Umweltfragen, bei der Margret ihren Wissensvorsprung ausspielt – auch dies ein Beleg dafür, wie die Autorin Zeitbezüge, die moderne Kindheit und Jugend prägen, trifft – lesen wir:

„Was ist mit Klavierüben?" fragte Mama böse. „Oder rotten wir damit auch die Bevölkerung der dritten Welt aus, indirekt?"
Ich stand auf und stellte das Apfelsaftpaket zurück in den Kühlschrank. Ich hasse es,
wenn Mama immer gleich so unsachlich wird. Kein Mensch kann jemals eine ver-
nünftige Diskussion mit ihr führen, auch der sachlichste nicht, auch der sanfteste
nicht. Was ihr nicht paßt, macht sie wütend, und dann wird sie unsachlich. (S. 11)

Wir erfahren, daß Mama böse reagiert und wütend ist, aber nicht aus ihrer Sicht,
sondern von außen berichtet, wir erfassen keine Gedanken, keine Überlegung
ihrerseits. Margrets Gedanken aber liegen offen. Ihre Innen- und Außenperspektive nehmen wir wechselweise wahr. Solche Szenen durchziehen den ganzen
Roman. Sie sind das zentrale Gestaltungselement im Rahmen der Ich-Erzählung. Auch hier spiegelt sich jedoch wiederum die gewählte Mittellage der Erzählsituation. Denn eine Verschärfung der Innensicht in Form eines inneren
Monologs liegt nicht vor. Er hätte kaum die hier vorliegende elaborierte Syntax.
Diese aber, und das zeigt die feinfühlige Verflechtung aller gewählter
Komponenten der Erzählung, korrespondiert unmittelbar mit dem Milieu einer
bildungsbeflissenen Mittelstandsfamilie.

Die Protagonistin rebelliert gegen den ihr verhaßten Zwang des Klavierspielens
anfangs nur in ihren Gedanken, im Gegensatz zu ihrer Schwester Marthe, die
den Konflikt mit den Eltern offen austrug und sogar einen Bruch riskierte. Angestoßen durch Akkis Stichwort, sie sei ein Ausgleichskind, beginnt sie innerlich intensiver ihre Situation zu bedenken. Ein eingehendes Gespräch mit Akki führt,
wenn auch in äußerst humoristischer Form, zu klärenden Gedanken, ein erster
Schritt auf dem Wege der Gewinnung einer Ich-Identität und Selbstbestimmung.
Die Frage, wie und wann sich die Protagonistin endlich aus der sie bedrückenden
Klammer löst – hier der Zwang zum Klavierspielen und dort der Druck auf ihr
Mittun bei der Aktion ihrer Klasse – macht die Grundspannung des Romans aus,
denn die so nahe liegende Lösung läßt weiter auf sich warten. Ein ihr heimlich
überbrachter Brief der Schwester gibt dann einen wichtigen Anstoß. „Ich be-
schloß, Mama heute knallhart die Wahrheit zu sagen, ohne alle Beschönigun-
gen." (S. 119 f.) Die Autorin vermeidet jedoch die unumgänglich erscheinende
unmittelbare Konfrontation, zweifelsohne, um die Glaubwürdigkeit der Lösung
zu erhöhen. Sie vermeidet einen glatten und idealisierten Schluß und unterstreicht somit die Schwere einer solchen Entscheidung auf dem Wege der zu er-
ringenden Selbständigkeit einer Heranwachsenden im familiären und schulischen Rahmen. Margret zögert immer wieder den entscheidenden Schritt hinaus, teilweise motiviert durch Rücksichtnahme, um der Mutter, nachdem sie er-
fuhr, daß Vater nicht befördert wurde, nicht gleich einen zweiten Schlag zu versetzen.

Das zu offenbarende Scheitern beim Vorspiel und die durch einen Zeitungsartikel mit Photo dokumentierte Teilnahme an der Umweltaktion werden auf Mutters Geburtstag von Nachbarn mit guter Absicht zur Sprache gebracht und damit

verraten. Dann erst redet Margret selbst. Die Protagonistin geht also nicht als „strahlende Heldin" und überlegen aus der Geschichte hervor. Der Schluß ist dafür aber glaubwürdig, realistisch im Sinne des Realismusbegriffs, den die Autorin vertritt. Margret empfindet, daß das, was als Höhepunkt der berichteten Familiengeschichte gelten könnte, für die Mutter einen Tiefpunkt bedeutet.

Ein wichtiges narratives und für die Einschätzung der Entwirrung des Familienkonflikts bedeutendes Gestaltungselement ist nachzutragen. Daß Margret nach der Enthüllung der von ihr verschwiegenen Tatsachen durch Dritte redet, erfolgt nicht unmittelbar in Anwesenheit aller Geburtstagsgäste, sondern erst am anderen Morgen, als sie den Eltern Kaffee ans Bett bringt und der Mutter den Gutschein für 5 Klavierstunden dazu legt. Ein zusätzliches narratives Mittel bewirkt, daß eine mögliche zu große Härte bei direkter Beschreibung des Zusammenpralls von Mutter und Tochter vermieden wird. Denn was an dem anderen Morgen geschah, berichtet Margret ihren Mitschülerinnen und Akki – zeitlich versetzt, also bereits etwas distanzierter, zugleich durch die dialogische Form der Präsentation mit teils spöttischen, teils altklugen Kommentaren in ihrem Ernst gemildert. K. B. kann hier ein gelungener, sensibel eingesetzter Kunstgriff bescheinigt werden. Der sich abzeichnende Spannungsbogen setzt mit Akkis Hinweis auf Margrets Rolle als Ausgleichskind ein. Er „verpaßt seiner Freundin eine schonungslose Deutung ihres Daseins" (Simon 1990, S. 7). Dies geschieht bereits zu Beginn der Geschichte, und erst jetzt, und zwar behutsam, deutet sich eine Lösung an und zeigt Margrets Hinterfragen ihrer eigenen Situation Wirkung. Diese auch von Fehlern und Schwächen begleitete Selbstvergewisserung der Protagonistin verstärkt gerade durch den sich bis zum Romanende ausdehnenden Prozeß des persönlichen Ringens den Realitätsbezug und die Darstellung des multiplen Charakters Margrets. (Bertrand-Rettig 1995, S. 324)

In dem nachgetragenen Kapitel 18 wird in offener Form angedeutet, daß die Mutter mit dem eignen Klavierspiel neue Erfahrungen macht, aber auch, daß Spannungen bleiben werden. „Manche Dinge kann man Mama nicht sagen." Zwei hoffnungsvoll stimmende Belege sind hinzugefügt: Zwischen den Eltern und der älteren Tochter Marthe deutet sich eine Entspannung an, und die Protagonistin ist selbständiger geworden.

> Ich glaube nicht, daß Akki recht hat, wenn er sagt, einmal Ausgleichskind, immer Ausgleichskind. Am letzten Sonntag bin ich zum Beispiel auch nicht mit nach Elmshorn gefahren. Ganz ohne Ausrede. Ich habe einfach gesagt, ich hätte keine Lust. Und Mama hat ein bißchen geseufzt, aber dann hat sie gesagt, verstehen könnte sie das schon. (S. 142)

5.2.3 Komik und Ironie

Das alle thematischen und narrativen Details überformende Gestaltungselement ist die bereits mehrfach erwähnte humoristisch-ironische Tönung. Dies berührt besonders die sprachlich-stilistische Ebene. Die Entwicklung und Ausformung des komischen Familienromans für Kinder und Jugendliche „mit einer Wiederentdeckung literarischer Komik" ist nach Ewers vorrangig von drei Autorinnen getragen: neben Christine Nöstlinger und der Engländerin Anne Fine nennt er K. B. Sie „dürfen gegenwärtig als Meisterinnen dieses Genres angesehen werden" (1995, S. 45).

Im vorliegenden Roman bilden die beiden Geburtstagskapitel einen Höhepunkt komischer Zuspitzung. Darauf verweist auch Beate Simon: „Aus der Distanz erhcitcrnd wirken die Grabenkämpfe der Verwandtschaft." (1990, S. 7) Eine Mischung aus Sprach- und Situationskomik ist die Verwechslung der Namen Eichenbaum und Weidemann durch die schwerhörige und die familiäre Entwicklung oft nicht mehr durchschauende Oma (S. 21). Während der zweiten Geburtstagsfeier fallen die ironisch-sarkastischen Kommentare des Cousins Alfons über das Lob der Erwachsenen über die „Aktion Penetranski" auf.

> Neben mir saß Alfons und schaufelte still das zweite Stück Philadelphiatorte in sich hinein. „Ja, ja, alle Achtung", murmelte er. Ich glaube nicht, daß ihn außer mir irgendwer hören konnte. „Und sofort kaufen sie begeistert die neuen, umweltfreundlichen Waschmittel, und wenn der erste Eifleck auf Papas Krawatte damit nicht rausgeht, nehmen sie ganz schnell wieder das beste Persil, das es je gab", und er nahm sich das dritte Stück Torte, ohne daß ihn jemand dazu aufgefordert hatte. (S. 133)

Entsprechend sarkastisch äußert sich Elenor, die neben Akki zweite Aktivistin der Umweltaktion, zu dem Konsumverhalten bereits der Kleinsten.

> Elenor hatte die ganze Zeit an einem der Tischchen gestanden und sich mit einem teuer gekleideten Ehepaar mit zwei völlig eisverschmierten Kindern unterhalten. Als sie zurückkam, rollte sie mit den Augen.
> „Unsere Nachbarn", sagte sie. „When I'm grown up, keine Blagen für mich, ich schwör's euch. Meine Fresse! Die ganze Zeit immer nur: „Mami, Mami, noch ein Eis! Nur ein ganz kleines! Mami, bitte!" Und dabei sauen die sich dermaßen ein, daß nicht mal das neue Dash die Flecken aus den Krokodil-Polos mehr rauswäscht. Nee, vielen Dank! No children for Elli. (S. 77)

Elenor ist die einzige Person, die einen jugendlichen Jargon, durchsetzt mit englischen Ausdrücken, spricht.

Ironische Züge tragen die von der Protagonistin zitierten Artikel der Zeitschrift *Brigitte*, indem Vorstellungen von Kreativität durch Situationskomik und entsprechend übertreibende Werbesprache als unsinnig entlarvt werden (S. 69 f.). – Humoristische Elemente tragen die Figurenzeichnung der Oma und die Zuspitzung verwandtschaftlicher Spitzeleien. Skurril-komische Elemente umschließen die Zeichnung der Figur des Freundes Akki. „Für den Humor sorgt hauptsächlich Freund Akki mit seinen weisen Sprüchen aus dem Lehrbuch der Psychologie." (Maria Frisé 1990, S. 27) Er geriert sich als ein Original, mit altklugen Reden, mit dem Fachjargon eines angehenden Psychologen, in distanzierter (cooler) Art, aber äußerst treffsicher Margrets familiäre Situation

analysierend. Dies führt hin bis zu dem Vorschlag, der Mutter einen Gutschein
über fünf Klavierstunden zum Geburtstag zu schenken. Malte Dahrendorf allerdings hält es für mißlich, daß „einer Kinderfigur – Akki – derart ‚reife' Einsichten
zugeschrieben werden" (2000, S. 16). Der Einwand ist bedenkenswert, sollte
aber einmal empirisch überprüft werden. Zumindest lassen sich solche „Speziali-
sierungen" angesichts heutiger medialer Einflüsse bei 12/13jährigen beobachten. Offen bleibt dabei der Grad des Verständnisses der angelesenen Fachwörter.
U. E. ist K. B. mit dem Freund der Protagonistin die Zeichnung einer faszinierenden und einprägsamen Figur gelungen. Nicht zuletzt ist auch die Protagonistin neben den bereits aufgezeigten Merkmalen in das Konzept von Sprach- und
Situationskomik eingebunden. Ulli Schubert findet „besonders beeindruckend
den trocknen Humor, mit dem Kirsten Boie ihre Margret beschreibt" (1990,
S. 15). – Außer den genannten Würdigungen in den Rezensionen der Zeitungen
wurde der Roman ausgezeichnet durch die Aufnahme in „Der Leselotse. Empfehlungsliste der Zeitschrift Buchjournal 1/1991".

5.3 Didaktisch-methodische Aspekte

Im Mittelpunkt unterrichtlicher Erschließung des Textes stehen die aufgezeigten
thematischen Schwerpunkte, und hier vorrangig der Prozeß des Sich-Bewußt-
werdens der eigenen Situation im familiären, aber auch im schulischen und au-
ßerschulischen Beziehungsgeflecht, den die Protagonistin vollzieht, mit dem
Ziel eines schrittweise sich ausweitenden selbständigen Gestaltens des eigenen
Lebens. Wesentlichen Zugang dafür bieten die Figurenkonstellation des Romans und die Charakterisierung der einzelnen Personen. Die Schicht der textli-
chen Tiefenstruktur öffnet sich im letzten jedoch nicht ohne die Verankerung der
Analyse zugleich in der narrativen und sprachlich-stilistischen Dimension. Über-
geordnet sind Aspekte der Gegenwarts- und Zukunftsbedeutung. K. B.s Roman
ist von großer Aktualität, mit der leichten Einschränkung, daß er auf eine spezifische Milieustruktur ausgerichtet ist, nämlich die einer bildungsbürgerlichen
Mittelschicht. Im Blick auf Gegebenheiten der einzelnen Klasse werden sich dadurch Akzentverschiebungen ergeben. Zentral ist der Altersbezug zur Protagonistin. Mit Recht wird der Text vorrangig dem 6./7. Schuljahr zugeordnet, wobei
die Grenzen um ein Schuljahr nach unten oder oben verschoben werden können.

Angesichts des „griffigen" Titels, ergänzt durch das Titelbild, beide Elemente berühren einen zentralen thematischen Aspekt, aber auch durch den Altersbezug
der Protagonistin und zahlreiche thematische Details mit unmittelbarem Gegenwartsbezug bietet sich eine Palette von Einstiegsmöglichkeiten an. Sie sind nach
den Gegebenheiten der Klasse und den didaktischen Intentionen auszuwählen.

- Nennung des Titels und Gespräch auf der Basis von Vermutungen, ergänzt durch Betrachten und
  Analyse des Titelbilds, besonders des Gesichtsausdrucks von Tochter und Mutter: Klavierspiel
  und allgemein Spielen von Instrumenten, projiziert auf den Erfahrungshorizont der Rezipienten.

- Einführendes Gespräch zu einem oder zu zwei Problemfeldern, z. B. häusliche Geburtstagsfeiern mit Verwandten, Aktionen zum Schutz der Umwelt, häusliche Auseinandersetzungen wegen Freizeitplanung und -gestaltung.

- Bei entsprechenden Voraussetzungen vorbereitende häusliche Lektüre. Spontanes Gespräch oder gelenkt durch vorstrukturierende Aufgabenstellung, z. B. Notieren von Problemen, die sich Margret stellen oder Liste der Hauptfiguren mit kurzer Charakterisierung.

- Gemeinsames Einlesen in das erste Kapitel. Freies Gespräch, dann strukturiert nach Gesichtspunkten: wie werden die drei Personen Margret, Akki und die Mutter eingeführt? – Akki als Psychofreak, seine familiäre „Rollentheorie", die Reaktion Margrets. Die Geschichte ihrer Freundschaft. Margret und ihre Mutter, Versuch einer ersten Charakterisierung von Margrets häuslichem Umfeld, die Streitpunkte. – Bewußtes Erfassen der Untergliederung des Kapitels: thematisch, zeitlich, räumlich (Tafelübersicht oder Folie). Erster Blick auf die Form des Erzählens, Margret als Ich-Erzählerin. Wie sie sich vorstellt: Spiegelszene Anhand einer Kopie der S. 10 f.: Farbig unterstreichen, was Mutter und Margret sprechen – was Margret denkt. Erfahren wir auch, was die Mutter denkt und wie ihr zumute ist? (nur durch Margrets Außenbeobachtung indirekt vermittelt, z. B. „Und sie hackt so wütend auf ihrem Rindfleisch herum ...")

(Anm.: Der Blick auf die narrative Struktur in dieser Einführungsszene ist in besonderer Weise von Lernvoraussetzungen abhängig. Die Anbahnung von narrativen Einsichten kann auch an späterer Stelle erfolgen. – Die Bedeutung literarischen Lernens und literarischen Wissens für die Texterschließung generell hebt deutlicher als anderenorts Betrand-Rettig (1995, S. 347) hervor.

- Häusliche Lektüre der weiteren Kapitel ganz oder in Teilschritten.

Schwerpunkte einer vertiefenden Erschließung, die durch die intensive Beschäftigung mit dem ersten Kapitel bereits angebahnt wurde:

- Auflistung und Kurzcharakterisierung der wichtigsten thematischen Schwerpunkte: Mutters Ehrgeiz, Klavierwettbewerb und Vaters Beförderung; Margrets häusliche Situation als Ausgleichskind; familiäre Spannungen vor dem Hintergrund bürgerlicher Prestigeobjekte: Schule, Schulnoten, berufliche Stellung, kulturelle Interessen, Lektüre, besonders gespiegelt in den beiden Geburtstagsfeiern; die Umweltaktion der Klasse: Planung, Durchführung, Ergebnis.

- Gesonderte Analyse der Geburtstagsfeiern. Die Probleme hinter der Oberfläche: Konkurrenzdenken, Nadelstiche, Taktlosigkeiten, kulturelle Differenzen, Andeuten wunder Punkte (Margrets Schwester). Besondere Beachtung der humoristischen Darstellung, der ironischen (inneren) Kommentare Margrets und der halblauten Bemerkungen Alfons'.

- Marthes nachgetragene Geschichte, ihr Ausbruch aus Bevormundung und Einengung gegenüber Margrets Unterordnung, jedoch innerlich rebellierend. Dafür in Partnerarbeit Textbelege sammeln.

- Margrets Weg zu mehr Selbständigkeit, schrittweise und mühsam, aber nicht wie ihre Schwester mit einem Bruch mit der Familie: Aufsuchen einzelner Signale im Text, z. B. Margrets Monologe S. 95 und S. 119 f. – Akkis Rolle dabei, die Funktion der Freikarten für Klavierunterricht der Mutter.

- Diskussion zu dem offenen Schluß, Projektieren zukünftigen Verhaltens. Die Ambivalenz des Ausgangs: für Margret ein Höhepunkt, für die Mutter Tiefpunkt und Niederlage, für beide ein Wendepunkt? – Die Bedeutung des offenen Schlusses gerade für diesen Roman hebt Bertrand-Rettig (1995, S. 232) hervor, er rege Rezipienten in besonderer Weise zu Formen emanzipierten Lesens (leture emancipée) an.

Wichtig ist, die aufgelisteten Aspekte über die kurzen Hinweise hinaus durch angemessene produktive und reflexive Umgangsformen mit dem Text transparent zu machen, wobei einige vertiefende Einsichten in die Form des Erzählens einzuschließen sind. Dazu einige Möglichkeiten:

• Zusammenstellen des Figurenarsenals des Romans, gegliedert nach Haupt- und Nebenfiguren. Plakate der Figuren malen und beschriften: als Selbstportrait, als Kommentar der Rezipienten, als Collage charakteristischer Äußerungen und Handlungen. – Übernahme einer Rolle durch Rezipienten, vor der Klasse ein Selbstportrait formulieren.

• Aufbau und Gliederung des Romans, in Gruppenarbeit: Überschriften zu den Kapiteln und deren Untergliederung. Gemeinsame Zusammenstellung einer Verlaufsskizze und damit des Baugerüsts des Romans (Tafel, Folie, Arbeitsblatt), u. U. besondere Markierung von Rückblenden und Zeitsprüngen (Schnitttechnik).

• Verdeutlichung der Erzählsituation des Romans durch Perspektivwechsel: innere Monologe zu Schlüsselszenen formulieren als Mutter, als Vater, Akki, Elenor, Tante Erdmuthe, Cousin Alfons. Entsprechende Verdeutlichung der Ich-Erzählsituation leistet auch die oben vermerkte Zusammenstellung der Belege von Margrets innerer Rebellion: ihre Gefühle, ihre zum Teil bissigen und ironischen Kommentare.

• Rollenspiele zu den beiden Geburtstagskapiteln: Vorbereitendes gestaltendes und vertiefendes Lesen, Herausarbeiten der Situationskomik, z. B. das Mißverstehen der Großmutter durch Hörschwäche, Nadelstiche wegen der entflohenen Schwester, wegen des Schulwechsels der Cousine oder wegen Margrets Haaren – Signale von Neid und Mißgunst.

• Rollenspiele zu der Aktion Verpackungsmüll, besonders das Verhalten der einzelnen Figuren, auch des Lehrers (hier die Diskrepanz zwischen Theorie und Praxis).

• Die Rolle der Medien, ergänzend die Kommentare zum Bücher- und Illustriertenlesen, die Bedeutung von Werbepraktiken – Entwerfen eigener Werbeplakate für die Umweltaktion.

• Die Anglizismen Elenors und das bereits Kindern angewöhnte Konsumverhalten: gestaltendes Vorlesen und Diskussion der Szene S. 76 f.

• Als gesondertes Detail: die Verkrampftheit Margrets beim Vorspiel und die spielerisch lockere Art des Gewinners, die Diskrepanz zwischen Aussehen und Können des „Kleinen" (Aspekte von Neigung und Begabung).

6 *Lisas Geschichte, Jasims Geschichte*

Die Autorin, die ihr Schreiben tiefgründig reflektiert, wie im Eingangskapitel belegt, setzt sich mehrfach mit kinderliterarischen Trends und den Erwartungen der Rezensenten und Rezipienten auseinander. Das überaus positive Echo auf ihre ersten Bücher freute sie naturgemäß, aber dabei bleibt sie nicht stehen.

> Ganz offensichtlich nämlich hatte ich das Glück, daß die Wertvorstellungen, das Menschen- und Weltbild, wie sie in meinen Büchern zum Ausdruck kamen, mit denen der meisten Rezensenten übereinstimmten … (1995a, S. 14)

Bereits dieses Profitieren „von der Übereinstimmung mit dem Trend" (ebd.) erzeugte ein vages Unbehagen. In *Lisas Geschichte, Jasims Geschichte* nun weicht sie erstmals von der Leser- und Rezipientenerwartung ab. Sowohl die Protagonistin Lisa als auch deren Mutter sind keine durchgängigen Sympathieträger. Durfte man denn gegen feministische Trends Frauengestalten negativ zeichnen und als den Repräsentanten des Lebensgefühls breiter Teile der Jugendlichen einen Jungen wählen? Durch die gewählte Perspektive kommen jedoch gesellschaftliche Aspekte ins Spiel, die die Tiefenstruktur der literarischen Botschaft transparent machen, die nicht auf „naiv-didaktischen Überzeugungen" (ebd., S. 15) beruht oder Anpassung an aktuelle Trends, sondern Reibungswiderstände bewirkt, die zur Grundstruktur ästhetischer Texte gehören und nicht an das Geschlecht der handelnden Figuren gebunden werden müssen. Ein zweites Mal wagt K. B. gesellschaftliche Realität, wie sie ist und nicht wie sie als utopische Erwartung wünschenswert wäre, literarisch zu gestalten, und zwar in *Eine wunderbare Liebe* (1996), federt aber einen „negativen" Ausgang in einem Nachwort ab. Auf Spannungen, die dadurch zwischen Lesern und Autorinnen und Autoren entstehen – „das leidige Problem mit dem Happy-End" – geht sie gesondert ein (1999). Widerständiger Text mit widerständigen Figuren ist einer der Faktoren, der den Unterschied von Heile-Welt- oder verharmlosender Gebrauchsdichtung einerseits und anspruchsvoller kritisch-realistischer Literatur andererseits mitbedingt.

Für den Roman wurden zwei Auszeichnungen vergeben:

Buch des Monats 1990 der Deutschen Akademie für Kinder- und Jugendliteratur e. V. Volkach sowie Kinder- und Jugendbuchliste des Saarländischen Rundfunks Nr. 26, Oktober 1990.

6.1 Inhalt

Lisas Familie ist umgezogen, vom Lande in die Großstadt. Der Vater ist befördert worden, und ihnen wird eine Villa in einer vornehmen Wohngegend zur Verfügung gestellt, später zum Ankauf angeboten. Lisas Mutter richtet das Wohnzimmer nach ihrem extravaganten Geschmack ein. Der Bruder Theo, der sich darüber mokiert, findet schnell neue Kontakte. Die Eltern fühlen sich sofort wohl, nur Lisa fällt die Trennung schwer und wehrt sich vehement gegen den Wechsel. Sie verzehrt sich in Sehnsucht nach ihrem Freund Maik und ihren ehemaligen Mitschülerinnen Kathrin und Christine. In der neuen Schule verbaut sie sich durch ihr abweisendes Verhalten Kontakte, verstärkt durch ihre aufdringliche supermodische Kleidung. So erntet sie Spott und Abwehr. Auf einem Klassenfest, bei dem sie sich den Vorbereitungen entzieht, wird sie nicht zuletzt wegen ihres unpassenden Äußeren – Kleidungsstücke ihrer Mutter nach dem letzten Schrei und unpassend zum Wetter – mit einem inszenierten drastischen Scherz bloßgestellt.

Der zunächst überaus emotional geprägte Briefkontakt zwischen ihr und dem Freund Maik kühlt mit der Zeit immer mehr ab, bis sie bei einem Besuch am alten Ort feststellen muß, daß sein Interesse jetzt fast ausschließlich der Musik und den Auftritten in einer Band gilt. Enttäuscht und verletzt fährt sie zurück.

Der Vater gerät über nachbarschaftliche Kontakte in ein Bürgerbegehren gegen ein Asylantenheim in ihrem Wohnviertel, weil eine Wertminderung der Immobilien befürchtet wird. Zum Schluß wird er, wenn auch nicht ohne Skrupel als ehemaliger 68er und mit fadenscheinigen Begründungsversuchen seiner Familie gegenüber, in den Vorstand gewählt. Lisas Bruder Theo dagegen engagiert sich mit einigen Klassenkameradinnen, besonders Lisas Banknachbarin Elisabeth, in einer Initiative, die für die Asylanten eintritt. Dies führt zu heftigen Kontroversen zwischen Vater und Sohn. Die Mutter und Lisa halten sich heraus. Diese tritt auch der Initiative nicht bei.

Lisa, von dem Besuch und der erkalteten ersten großen Liebe enttäuscht, beginnt, sich schulisch schrittweise zu aktivieren, um aus dem Leistungstal herauszufinden. Zögernd öffnet sie sich neuen Kontakten in ihrem jetzigen und zukünftigen Umfeld. Zum Schluß nimmt sie, wenn auch als passive Beobachterin, an einem von der Initiative, besonders von Elisabeth und Theo organisierten Fest im Asylantenheim teil.

In das Geschehen um Lisa und ihre Familie ist die Geschichte Jasims, eines Asylanten, eingeflochten. In kurzen Abschnitten, über das Buch verteilt, wird von ihm berichtet: von seinen Träumen und Hoffnungen, von seiner Situation im Heim, seinem Hilfeersuchen bei einem Rechtsanwalt, seinem unerlaubten Besuch bei einem Bekannten in einer anderen Stadt, von der Geldstrafe und seiner heimlichen Arbeit als Blumenverkäufer, schließlich von der Ablehnung seines Antrags auf Aufenthalt und seinem Abtauchen in die Illegalität.

6.2 Literarische Analyse

6.2.1 Lisas Geschichte

Die Inhaltsangabe berührt, stärker als bei anderen Büchern, nur die Oberfläche des Romans, der den problemorientierten Texten zuzuordnen ist. Die Autorin wählt die Form eines Brief- und Tagebuchromans, eine dominante Ich-Perspektive mit ihren Abschattierungen, und die Integration eines zweiten Erzählstrangs, der Geschichte des Asylanten Jasim. Diese Erzählung erfolgt in einer Ausprägung des klassischen personalen Erzählens, bei dem gleichsam zwei Stimmen deutlich werden: die des Erzählers bzw. einer Erzählinstanz mit Außenperspektive und die des Protagonisten mit Binnenperspektive. Letzeres geschieht mit dem Mittel der erlebten Rede (s. Stanzel 1991, Kap. 7, S. 241 ff. und Vogt 1990, S. 162–179), die es den Rezipienten ermöglicht, Einblick in das Denken und Fühlen der erzählten Figur zu gewinnen.

„Dieser Roman erzählt zwei Geschichten, jedoch auf völlig unterschiedliche Weise – sowie ineinander montiert." (Dahrendorf 2000, S. 21 f.) Diese narrative Doppelstruktur ist von auffälligem literarischen Reiz. Das Formgefüge eröffnet vor allem auch die Möglichkeit, mit Lisa eine Art „negativer" Heldin glaubwürdig, aber auch mit kritischer Distanz zu gestalten. Neben der Zweisträngigkeit ist die Vielgliedrigkeit zu nennen, die Abfolge relativ kurzer Texteinheiten: Briefe, Tagebuchnotizen, raffende Erzählabschnitte. Lisa schreibt 19 Briefe, davon 9 an Maik (Telegramm und Postkarte eingerechnet), 5 an Kathrin, 5 an Christine, und sie tätigt 23 Tagebucheinträge. Eingefügt sind 13 kurze Abschnitte über Jasim. Die 55 Textteile mit den Überschriften „Lisa" (jeweils für mehrere Belege) und „Jasim" und die Fülle der Details ohne unmittelbaren handlungslogischen Erzählzusammenhang können eine Übersicht erschweren. Dies relativiert sich jedoch durch den Wechsel der Erzählsituation, das überschaubare Figurenarsenal, die Zweiteilung des Geschehens vor und nach dem Besuch Lisas in ihrer früheren Heimat, insbesondere aber durch ausladendere Passagen eines eher erzählenden Ichs gegenüber dem unmittelbar sich ausdrückenden erlebenden Ich in den Briefen. Lisa schreibt alle Briefe, reagiert aber in ihren auf die Antworten der Partner, so daß die Rezipienten auch (knappen) Einblick in deren Verhalten gewinnen. Ihre Charaktere zeichnen sich zwar nur in Grenzen ab, gewinnen aber durch die Art, wie Lisa mit ihnen kommuniziert, und weiterhin durch ihre Urteile und Kommentare in den Tagebucheintragungen an Kontur, jedoch sehr subjektiv gefärbt. Es handelt sich um ein monoperspektivisches Erzählen, gekennzeichnet durch die Situierung im Hier und Jetzt mit Zentralstellung der Ich-Erzählerin (Vogt 1990, S. 81–94). Die Briefe sind durch ihre Emotionalität, durch die Thematisierung der eigenen Person, also der Selbstdarstellung Lisas bestimmt. Das umschließt thematisch die Erregtheit, die Träume und dann die Nöte des ersten Verliebtseins einer 14jährigen Pubertierenden, deren Orientierungslosigkeit nach dem Umzug in eine Großstadt mit dem Problem des Sich-Eingewöhnens in eine neue Schule, in ein großstädtisches Umfeld und eine gewandelte familiäre Situation. Charakteristisch für den Tagebuchroman ist seine stärkere Privatheit, oft gekennzeichnet durch Diskontinuität und Unabgeschlossenheit. Für beide Romantypen gilt, daß der Wissens- und Wahr-

nehmungshorizont des erlebenden Ichs eingeschränkt ist. Es wird nicht auf ein
bewußtes Ziel oder Ende hin erzählt. Kritisch ist zu fragen, ob Rezensenten und
Rezipienten die neueren, progressiven und innovativen Erzählformen der KJL
immer hinreichend in Ansatz bringen, hier also eine gesteigerte Subjektivität mit
Verhaltensweisen, die an diese Figur gebunden sind und nicht dem Wertsystem
der Autorin zugeordnet werden dürfen. Ein Schlüsselerlebnis war für den Verf.,
welche Wirkung bereits in einem dritten Schuljahr ein Wechsel der Erzählperspektive auf die Kinder ausübte. Jan als Reflektorfigur in Peter Petersons „*Jan
Jansson, ein Junge mit Glück*", d. h. aus seiner subjektiven Sicht angesichts des
ersten Schultags in einer neuen Schule und seiner Unsicherheiten sowie Schwierigkeiten, zeichnet in seinen Gedanken die Lehrerin äußerst negativ. Im Gespräch übernahmen einige Kinder dieses Urteil ungefiltert. Nach dem Wechsel
der Perspektive – die Gedanken der Lehrerin über den Neuen in ihrer Klasse
wurden schriftlich formuliert – änderte sich das Bild schlagartig. Die Kinder wurden sich bewußt, daß Jan die (vermeintliche) Realität subjektiv zeichnet und daß
man deshalb sein Urteil über die Lehrerin als seine Befindlichkeit werten muß
und nicht einfach als eigenes Urteil übernehmen darf.

Was die Tagebucheinträge Lisas betrifft, vermerkt Dahrendorf (2000, S. 22) mit
Recht, daß diese teilweise mehr leserbezogen und szenisch gestaltet sind. Dann
aber fragt er, warum neben den Briefen noch die Tagebuchform gewählt wird,
dies wirke insgesamt „vorgeschoben" (ebd.). M. E. sind beide Formgefüge nicht
austauschbar, sondern von der Autorin wegen ihrer spezifischen Funktion gewählt. Zunächst einmal alternieren die Einträge zwischen einem expressiven
und durch und durch subjektiv erlebenden Ich und einer mehr erzählenden oder
berichtenden Erzählinstanz. Dies fällt zunächst durch die längeren Textstücke
auf, dann aber auch durch eine differenziertere zeitliche Schichtung, thematisch
durch Urteile, besonders über Maik, über Kathrin und über Mom, Dad und
Theo (S. 24), auch die negativen Ergüsse über Christine und deren Eltern
(S. 43) und die Kette von negativen Auslassungen über Nachbarn (S. 53 f.), alles
Details, die man den Betroffenen gegenüber und auch Dritten kaum in Briefen
erwähnen würde. Weiterhin berichtet Lisa hier teilweise ausführlicher und ausla-
dender über Vorfälle in der Familie, besonders die Streitigkeiten zwischen Vater
und Bruder, ihren Besuchsverlauf in F. und das Klassenfest. Diese Erzählberichte würden den Charakter der Briefe verändern. Schließlich, und das ist besonders auffällig, präsentieren sich diese Passagen in einer elaborierteren Sprache,
wie sie distanzierteres Erzählen verlangt. Ausdrücke des Jugendlichenjargons
treten zurück, insgesamt stellen die Tagebucheinträge partiell einen „offizielle-
ren" Anspruch dar. Dies zeigt sich im Eintrag vom 7. 3., der über 10 Seiten lang
ist, den Charakter einer normalen Ich-Erzählung annimmt und in dem die Grenze zwischen erlebendem und erzählendem Ich zugunsten letzterer Form über-
schritten wird. Thematisch werden hier ausgebreitet: der erste Schultag nach der

Erkältungskrankheit, Titel der Klassenlektüre wie *Andorra, Wilhelm Tell* und *Schimmelreiter* (S. 95), Details des Meetings in der Nachbarschaft gegen das Asylantenheim mit der „Störung" durch Theo und seine Mitstreiter, die Wahl des Vaters in den Vorstand. Gleiches gilt für die Einträge vom 15.3. und 17.3., der erste umfaßt wieder 10 Seiten. Dieser stellt zunächst einen Höhepunkt der Spannung dar. Die Mutter fragt Lisa über ihren Besuch in F. aus, bekommt nur spärliche Auskunft, eben wie es Lisa ihr gegenüber opportun erscheint. Ausführlich berichtet sie dann über ihre Abfahrt, die Reise, die Ankunft, das Fehlen Maiks, die Übernachtung bei Christinas Eltern, das Treffen mit der Clique, die befremdend distanzierte Begrüßung durch Maik, die Enttäuschung und die überstürzte Rückfahrt. Besonders auffällig ist die zeitliche Schichtung des hier Erzählten:

- Rückgriff – Mutter fragte Lisa aus (vorher, heute morgen beim Frühstück)
- Erzählergegenwart – „Natürlich hat sie Verdacht geschöpft" (Bemerkung aus dem Hier und Jetzt)
- Rückblende – Erzählbericht vom Besuch, erster Teil
- Rückgriff 2. Grades – vom Erzählbericht aus, in diesen eingeschoben (Einrichtung und Funktion des Cafes, in das sie sich begeben – „Im „H" war es voll. Sie haben das erst ganz neu eingerichtet …" (S. 112)
- Erzählergegenwart – Theo unterbricht die Schreiberin, versucht sie zu trösten
- Rückblende – Erzählbericht vom Besuch, zweiter Teil („Also in F. Als ich an den Tisch gekommen bin …"

Wieder wäre ein entsprechender literarischer Text mit differenzierten Zeitebenen in der Briefform nicht denkbar. Die besondere Bedeutung der Differenzierung der Ich-Erzählsituaion in Form von Briefen und Tagebucheintragungen hebt Bertrand-Rettig (1995, S. 332) unter einem anderen Aspekt hervor: der Leser könne einige Ursachen von Lisas destruktivem Verhalten (comportement autodestructif) besser wahrnehmen.

Der Brief- und Tagebuchroman stellt sich als ein komplexes Textgebilde dar. Zugleich ist er Träger einer interessanten Figurenkonstellation und zahlreicher, auch brisanter thematischer Aspekte und Probleme.

Lisa stellt sich selbst in einer Krisensituation dar. Der Umzug in die Großstadt bedeutet eine schmerzhafte Trennung von ihrem Freund Maik. Zunächst trägt die Hoffnung, daß er nach sechs Monaten nachkommt und eine Ausbildung in der Nähe beginnt. Dann jedoch zeigen die spärlichen Reaktionen auf ihre sehnsüchtigen Briefe eine beginnende Entfremdung, in den Anrede- und Schlußformeln gespiegelt:

Hallo, Du alter blöder Kuddelmaik […] Ich liebe Dich. Lisa – PS: Noch 1000 Küsse; Ach Mensch, Maik, Du alte schnuckelige Obernuß! […] In Sehnsucht. Deine Lisa; Hey there! […] Trotzdem tausend (wütende) Küsse. Lisa; Hey there, Maik, Du altes faules Stück […] Deine immer noch böse Lisa.

Dies reicht hin bis zu einem „kurzen, müden Brief", kurz vor dem Wiedersehen. Dann bricht der Kontakt ab. In ihrer rückwärts gewandten Sehnsucht hat sie keine Kraft, neue Kontakte aufzunehmen. Eine Kette negativer Reaktionen und Urteile über andere reicht bis nahe an den Schluß des Buches. „Insgesamt gewinnen die Leser und Leserinnen ein sehr negatives Bild von der unsympathisch-kratzbürstigen, ja aggressiven und mehr auf Äußerlichkeiten bedachten Lisa." (Dahrendorf 2000, S. 22) In ihrer Arroganz ist sie sich selbst nicht gut. Hier ist sie allerdings ganz und gar Produkt ihrer wohlstandsbürgerlichen Familie, der Etikette mehr gilt als alles andere. In dem bildungsbürgerlichen Touch beider Eltern bestimmen Schulnoten den Status eines Kindes, für tiefgreifende Gespräche über das Eigentliche des Lebens bleibt keine Zeit. Zur Mutter vermerkt Beate Simon, „Die Mutter grenzt schon an eine Karikatur, wie sie das Wohnzimmer einrichtet: Schwarzweiß mit einem ʼirren Tomatenrotʼ." (1989, S. 26)

Dem steht der Bruder Theo gegenüber, wie unten noch ausgeführt wird. Die Entlarvung der in Äußerlichkeiten und in Egoismus erstarrten Familie erfolgt partiell durch ihn, in einem umfassenden Sinn aber durch die einmontierte Geschichte Jasims – ein bewundernswerter Kunstgriff und eine bewegende literatur-ästhetische Gestaltung.

6.2.2 Jasims Geschichte

Ohne ein Wort der Anklage, ohne direkten Fingerzeig, ohne eine ausformulierte moralische Sentenz wirft dieser einmontierte Text ein grelles Licht auf gesellschaftliche Bewußtseinslagen, wie sie sich in Lisa, ihrer Familie, mit Ausnahme Theos, und den Nachbarn des „besseren" Wohnviertels spiegeln. In 13 kurzen Abschnitten wird Jasims Geschichte erzählt, knapp und nahezu dokumentarisch. Die Er-Erzählung ist eine Form personalen Erzählens mit Stilelementen einer knappen, lakonischen, zwingenden Diktion, die an die moderne Kurzgeschichte erinnert und später eine Fortsetzung in dem Vor- und Nachspann des Romans *Nicht Chicago. Nicht hier* (s. S. 95f.) findet. Erzählt wird aus Beobachtung und Distanz, die Fremdheit, die Jasim empfindet, verstärkend. Zugleich aber ermöglicht die gewählte Erzählsituation den Blick ins Innere der Figur, dies ebenfalls sparsam, jedoch Gefühle und Gedanken des Protagonisten offenbarend. Bereits der Vorspann, der die Brücke zum Ausgang der Geschichte Jasims schlägt, kennzeichnet die narrativen und stilistischen Spezifika.

> Es heißt, man soll sich nicht umdrehen, wenn man geht.
> Jasims Hände waren feucht. Er spürte den Griff der Reisetasche, schwer und fremd, und obwohl es ihm fast das Herz brach, sah er nicht zurück. Obwohl es ihm fast das Herz brach, dachte er an das, was vor ihm lag, und zwang sich zur Hoffnung. (S. 5)

Nach einer allgemeinen Sentenz des ersten Satzes, in der sowohl die Stimme der Erzählinstanz als auch die der Reflektorfigur Jasim anklingt („Doppelstimme" der erlebten Rede, s. Vogt 1990, S. 162ff.) folgt ein knapper Bericht, als ein Vorgang isoliert in den Raum gestellt, Entscheidung und Aufbruch, kein Woher und Wohin, keine Einführung der Person, aber durch die syntaktische Parallelität der beiden „obwohl"-Sätze eingängig: ein Zurück und ein Vorausblicken, beides fast das Herz zerbrechend. So steht neben dem apodiktisch vermittelten Geschehen (Anklang an auktoriales Erzählen) zugleich ein Signal seines inneren Zustandes.

Auf diese Weise werden alle anderen Kapitel, die von Jasim berichten, erzählt, nach dem ersten Vorspann S. 17 zum ersten Mal.

> Dies also war das gepriesene Land.
> Sie hatten seine Papiere geprüft. Sie hatten ihn Formulare ausfüllen lassen, unterschreiben.
> Dann hatten sie ihn in ein Haus gebracht zwischen Rasenflächen und Bäumen. Die neue Heimat! hatte Jasim gedacht. Meine neue Heimat im Regen. Einen Augenblick lang hatte er sein Herz gespürt, fast etwas wie Glück. (S. 5)

Wenige Zeilen später endet der erste Text.

> Der Mann hatte ihm eine Küche gezeigt, sicherlich zehn Herde, aber es waren dreihundert Menschen. Er hatte ihm seinen Waschraum gezeigt: keine Dusche, kein Bad.
> Er hatte ihn in sein Zimmer geführt: vier Betten, vier Spinde, ein Tisch und ein Stuhl.
> Ein Mensch muß seine Würde bewahren.
> Dies also war das gepriesene Land.
> Ein Mensch muß seine Würde bewahren. (S. 17)

Die Anonymität der Bediensteten, denen Jasim begegnet, und die extreme Aussparung von Details oder Motivationen sind das zentrale Stilelement. Wer sind „sie", die die Papiere prüfen, wer ist „er", der Mann, der ihm die Räumlichkeiten zeigt? Woher kommt Jasim, wie sieht er aus? Im nächsten Abschnitt kommen die anderen Asylanten, die Mitbewohner im Zimmer, ins Spiel, aus Polen, aus Ghana und aus Sri Lanka. Im folgenden Text werden die Lebensbedingungen eines Asylanten mit kurzen Strichen skizziert. Jasim bekommt 60 Mark im Monat. Wie er davon leben soll?

> „Sie sollen nicht davon leben", sagte der Mann. Er sprach Englisch, das ja. „Sie haben ein Bett. Sie haben ihr Essen jeden Tag. Sie haben alle vier Jahre einen Wintermantel und jedes Jahr eine neue Hose und eine Wäschegarnitur. Die sechzig Mark sind einfach so. Noch dazu. Ein Luxus! Sie können damit machen, was sie wollen." (S. 31)

Daraufhin folgt eine Liste von Verboten. – Wiederum steht Jasim nur unpersönlichen Instanzen gegenüber. Der Mitbewohner George aus Ghana klärt ihn über einige Dinge auf, vor allem, daß er ohne Rechtsanwalt es nicht schafft, eine Aufenthaltsgenehmigung zu erhalten. So zahlt Jasim jeden Monat 50 Mark für den Rechtsbeistand. Bitter, ironisch bis sarkastisch faßt George sein Erfahrungen zusammen.

„Nicht jeder, der geflohen ist, ist für sie auch ein Flüchtling", sagte er. „Vielleicht bist du nur aus niederen Beweggründen gekommen? Vielleicht bist du nur gekommen, weil du zu Hause deine Familie nicht ernähren konntest? Vielleicht mochtest du nur den Hunger deiner Kinder nicht mehr mit ansehen und die tägliche Angst deiner Frau? Dann bist du kein Flüchtling, dann bist du ein Asylschmarotzer, ein Scheinasylant, ein Wirtschaftsflüchtling, niedere Beweggründe!" (S. 55)

In weiteren Textabschnitten wird der Behördenweg Jasims berichtet. Dann wird sein Antrag als unbegründet abgelehnt. Noch gibt es Aufschub durch den Einspruch des Rechtsanwalts. Jasim bekommt Post von einem Landsmann und besucht diesen verbotener Weise. Dabei wird er ohne Fahrschein ertappt. Um die Strafe bezahlen zu können, arbeitet er heimlich und verkauft abends Rosen in Lokalen. Inzwischen ist George fort, abgeholt, zum Flugplatz gebracht. Warum ist er nicht untergetaucht? Schimpfworte gehen Jasim durch den Kopf: Asylschmarotzer, Scheinasylant, Wirtschaftsflüchtling. Dann kommt auch sein zweiter Bescheid: Der Antrag ist endgültig abgelehnt. Jasim packt. An dem Tag, als die im Heim das Fest feiern, geht er. Beim Hinausgehen stößt er fast mit einem Mädchen zusammen. Er will untertauchen.

> Er würde Rosen verkaufen, abends, er würde Arbeit finden, irgendwo. Man konnte auch ohne Paß leben, und er würde sich nicht noch einmal erwischen lassen. (S. 135 f.)

Jasims Geschichte hat zwei zentrale Funktionen. Erstens berichtet sie von einem Asylantenschicksal. Erzählsituation und Sprachstil vermitteln ohne erklärende Worte auf literarisch subtile Art die Härte und Kälte, die Ohnmacht eines einzelnen in einer bürokratischen Maschinerie. In der Tiefenstruktur ist ein Appellcharakter verankert, der auf eine intendierte moralische Wertung zu verweisen vermag, die jedoch in keiner Formulierung der Oberfläche anklingt. Die Leserwirkung ist dagegen unübersehbar.

Die zweite Funktion umschließt die Frage nach den zwei parallelen Geschichten, die sich nicht zu berühren scheinen. Nur einmal verkauft Jasim in einem Lokal Rosen an ein Ehepaar, offensichtlich an Lisas Eltern. Und als Lisa das Heim betritt, das Jasim gerade verläßt, erfolgt eine flüchtige Berührung. Der eigentliche, innere Zusammenhang ist subtiler Art. Die existentiellen Bedingungen Jasims als Asylant werfen gleichsam ein grelles Licht auf die Lebensweise Lisas und ihrer Familie, auf die Oberflächlichkeit ihres materiellen Strebens. Die abstoßenden Allüren Lisas über weite Strecken hin, besonders ihr modisches Gehabe, und der Kampf der Bewohner des Villenviertels gegen das Heim stellen sich jetzt plötzlich als ein potenzierter und zugleich blinder Egoismus dar, den tausend- und millionenfache Schicksale dieser Erde kaum erreichen. Die parallelen Geschichte sind voller Kontraste, deren Elemente aufeinander verweisen.

6.3 Didaktisch-methodische Aspekte

Der zweisträngige Text berührt von beiden thematischen Komplexen her nahezu unmittelbar die Lebenssituation der Mehrzahl der Kinder bzw. Jugendlichen im Alter der Protagonistin Lisa, obwohl die Erstveröffentlichung mehr als 1 3/4 Jahrzehnte zurückliegt. Die besondere Form des Alltags- und des Adressatenbezugs ist generell zu den Romanen der Autorin zu konstatieren.

> In allen Geschichten findet der jüngere und der ältere Leser die Situationen wieder, die er kennt, die er schon erlebt hat oder die dem Feld seiner Erfahrungen (domaines d'expériences) angehören, die also sein Alltagsleben widerspiegeln. (Bertrand-Rettig 1995, S. 316, Übers. vom Verf.).

Dies gilt für den privaten Bereich und gleichermaßen für die gesellschaftspolitisch virulente Aufgabe, den Umgang mit Asylanten immer wieder zu reflektieren, zu diskutieren und zu lösen versuchen. Das Buch ist als häusliche Lektüre interessierten und aktiven Leserinnen und Lesern zugänglich. Durch Vermittlung und Lektüreanstöße läßt sich diese Basis erweitern – sei es durch Vorstellung im Lesekreis der Klasse, sei es durch Bereitstellung in der Klassen- oder Schulbücherei, vielleicht mit dem Vermerk „diese Woche / diesen Monat zur Lektüre empfohlen", sei es eine über Eltern im Elternabend lancierte Empfehlung. Seiner thematischen Brisanz, seiner literarischen Qualität, seiner Gegenwarts- und Zukunftsbedeutung nach gehört er zu der Gruppe von Büchern, die als Klassenlektüre in Form umfassender literarischer Projekte geeignet sind. Bezogen auf das Alter der Protagonistin Lisa und das thematische, kompositorische und sprachlich-stilistische Niveau ergibt sich eine gewisse Bandbreite der Hereinnahme in den Literaturunterricht vom 7.–9. Schuljahr, wobei mit aufsteigendem Alter und dem Lernniveau der Klasse die Perspektive eines literarischen Lernens i. e. Sinne gewichtiger wird bzw. umfangreichere Möglichkeiten bietet.

Der Einstieg ist offen und hängt neben der Art des Textes von den literarischen Lernbedingungen der Klasse ab. Sofern ein anderer Roman der Autorin oder der Asylantenthematik bekannt ist, kann von diesen her ein Brückenschlag zur neuen Lektüre erfolgen. Unter der Perspektive fächerübergreifender Planung kann von dem Themenfeld „Asylanten" her eine Diskussion die Lektüre vorbereiten, besonders motivierend durch die vorausgehende Sammlung einschlägiger Zeitungsartikel. Dies findet, ohne daß damit die Gefahr der Vereinnahme eines literarischen Textes als Sach- und Gebrauchstext zu befürchten ist, sogar eine unmittelbare Begründung. Die Autorin erwähnt, daß sie gerade für dieses Buch intensive Recherchen zum Problemfeld „Asylanten" betrieb (Boie 1997, S. 14). Der zweite Schritt ist durch die Grundkomposition des Buches vorgegeben. Ein einführendes Lesen in der Klasse sollte sich auf mindestens zwei Texte beider Erzählstränge beziehen. Das Nebeneinander der Geschichten ist unmittelbarer Anreiz zum Gespräch. Dem Einstieg folgt die häusliche Lektüre des ganzen Buches oder eines ersten Teils. In lesegeübten Klassen bietet sich der direkte Einstieg durch vorbereitende häusliche Lektüre an.

Anm: Die folgenden, der Anregung dienenden Blöcke möglicher Umgangsformen mit dem Text stellen keine zwingende Reihenfolge dar und zielen vor allem nicht auf komplette Übernahme ab, sondern auf Auswahl nach den situativen Bedingungen und den didaktischen Intentionen.

- Freies Gespräch, Vorlesen einiger Szenen nach Wahl, im zweiten Schritt jeweils Einengen auf eine der beiden Geschichten.

- Zentrierung der Gespräche und das Vorlesen einiger Szenen auf die Figuren.

  1) Lisas augenblickliche Situation, ihre Briefe an den Freund Maik und dessen Reaktionen, Sammeln der Briefeingänge und -ausgänge, einen Tagebucheintrag Theos aufgrund seiner Beobachtungen über den Verlauf der Freundschaft (Perspektivwechsel, distanziertere Form als bei Lisa); ihre Briefe an die Freundinnen (welches Bild gewinnen wir von ihnen?). – Lisas familiäres Umfeld, ihr schulisches Umfeld. – Spezielle Verhaltensweisen Lisas: ihre Aggressionen der Mutter, ihren neuen Mitschülerinnen, den Lehrern gegenüber. Lisas Verhalten auf dem Klassenfest – die Reaktion der Klasse. Lisas Tagebuchbericht darüber, die „Verfälschung" ihrer Mutter gegenüber. – Tagebucheintrag Elisabeths über das Fest verfassen, und einen Denkmonolog der Lehrerin (gewichtige Perspektivwechsel, die Lisas subjektive Darstellung aufdecken: das Brief-Ich als unzuverlässige, nicht objektive Erzählerin!). – Sammeln von Textstellen mit negativen Urteilen über andere: die Eltern, die Mitschüler und Mitschülerinnen, die Nachbarn, die Lehrer und Lehrerinnen (bes. Tagebucheintrag vom 15.2.). – Erstellen einer Textcollage: Lisa als Figur im Mittelpunkt, als Bild gemalt oder als Applikation geklebt, die gesammelten Äußerungen ringsum eingeschrieben oder eingeklebt. – Lisas Ausdrücke des Jugendlichenjargons, als kleines Lexikon anlegen, eigene mit anderer Farbe hinzufügen. – Lisas Schallplatten, wie sie das Hören zelebriert, eigene Erfahrungen einbringen. Die Texte in englischer Sprache als Ausdruck ihres Verliebtseins. – Die Ansätze einer Wandlung zum Schluß, Textstellen ausfindig machen (z. T. nur subtile Andeutungen).

  2) Lisas Vater: Grund des Umzugs, Kontakte zu den Nachbarn, des Vaters „wilde Jahre", seine Ideale als 68er (hier zeitgeschichtliche Informationen durch Lehrer oder Schüler). Sein „Eiertanz", seine Unsicherheit gegenüber der Initiative gegen das Asylantenheim. Seine Äußerung im Streit mit seinem Sohn: „Heute ist mir klar, daß ich einfach idealistisch über die ganze Asylfrage gedacht habe, ohne die praktischen Konsequenzen zu überdenken. Das gebe ich gerne zu, da wußte ich einfach zu wenig." (S. 128) Seinen Sohn nennt er einen „spätpubertierenden Motzer" (ebd.).

  3) Theo: als Gegenbild des Vaters, seine Einstellungen, sein Handeln, besonders die Demonstration in der Mitgliederversammlung, seine heftigen Auseinandersetzungen mit dem Vater (Rollenlesen, szenisches Spiel in Gruppen, Erstellen von Hör- oder Videoszenen). – Planung und Durchführung der Initiative für die Asylanten. – Erstellen eines Werbeplakats mit Aufforderung zur Teilnahme.

  4) Lisas Mutter: ihre Interessen, ihre Wohnungseinrichtung (auch im Urteil der Nachbarn). Das Verhältnis zu ihrer Tochter, ihr zentrales Augenmerk auf die Schulnoten. Ihre Einstellung zu dem Asylantenproblem. Die Erziehungsphasen, die die Familie durchläuft, was wäre bei einem dritten Kind dran? Diskussion, Sammlung von Textbelegen. Collage: links auf einer Tafel der Vater, rechts die Mutter, jedem der beiden typische Aussagen zuordnen.

  5) Jasim: die Stationen seines Aufenthalts als übersichtliche Notizen; die speziellen Bedingungen, denen er unterworfen ist als Arbeit am Text; Textstellen suchen, die etwas von seinen Gedanken, Wünschen und Hoffnungen verraten: Figur mit Sprech- oder Denkblasen; Brief Jasims an einen Freund zu Hause, der auch die Absicht hat, nach Deutschland zu kommen. – Gespräch über die Aussparungen; Interview mit Jasim über seine Heimat. – Fortsetzung der Geschichte in Form eines knappen schriftlichen Statements.

- Theo, nach einer Besuchserlaubnis im Heim, schreibt einen Brief an einen früheren Mitschüler in F.: Gruppenarbeit, dafür weitere Themen: Elisabeth beschreibt den Verlauf des Festes und seinen Erfolg in ihrem Tagebuch, Lisa schreibt einen Brief darüber an Kathrin.

- Große Bildcollage zu den Hauptfiguren, bildliche Darstellung, Text in der Ich-Form (sie stellen sich selbst vor) oder in der Er-Form (eine Charakterisierung durch die Schüler mit kritischen Vermerken).

- Die Funktion der kontrastierenden Geschichten, vorrangig durch Gegenüberstellung der Lebensbedingungen Jasims und Lisas, der unterschiedlichen Verhaltensweisen, der Zukunftsperspektiven: verschärfter Blick auf die Lebenssituation Lisas als Repräsentantin der (gehobenen) Mittelschicht, vorrangig als Gespräch / Diskussion.

- Zusammenfassung des Ertrags der Lektüre in Form eines Lesetagebuchs, schriftlich oder als abschließendes Gespräch oder als Vorstellung im Lesekreis einer Parallelklasse.

- (eher fakultativ oder für höhere Klassen) Gespräch über den Unterschied zwischen Tagebucheintrag und Brief, Dokumentation im Verfassen je eines Textes der beiden Formen zu einem Ereignis des Buchs oder aus dem eigenen Erfahrungshorizont.

- Reflexion des Er- und des Ich-Erzählens, entsprechende Schreibversuche, z. B. die Stellungnahme des Vaters zu der Störung der Mitgliederversammlung der Anti-Asylanten-Initiative (Ichform) gegenüber der Einstellung dazu des Nachbarn Kröger (Er-Form). – Genaues Erfassen der zeitlichen Schichtung einiger Textstellen im Tagebuch Lisas (s. obiges Beispiel S. 55), entweder am Buchtext selbst oder anhand eines Textausschnitts (Arbeitsblatt mit breiterem Rand für Einträge).

- (abhängig vom Stand des bisherigen literarischen Lernens) Einführung einiger literarischer Fachbegriffe mit kurzer Charakterisierung: Briefroman, Tagebuchroman, Außenperspektive, Innenperspektive, Erzähler, Erzählgegenwart, Erzählvergangenheit, Rückgriff (auf kurz zuvor Geschehenes), Rückblende (längere Darstellung weiter zurückliegender Ereignisse), Vergleich zu filmischer Gestaltung von Vergangenem, die dafür gebräuchlichen filmischen Mittel.

7 *Monis Jahr*

2003 legt Kirsten Boie einen neuen Jugendroman vor, den die Kritik einhellig begrüßt. Zwei Auszeichnungen werden ihm im Erscheinungsjahr zuteil: Die sieben
besten Bücher für junge Leser. Bestenliste von DeutschlandRadio / Focus No-
vember 2003. – Buch der Woche. Die WELT 29.11.2003. Lobend werden eine
Zahl von gestalterischen Details hervorgehoben. Der erste Eindruck ist, daß die
Autorin mit diesem Werk wieder zu ihrer ganz eigenen Domaine zurückgekehrt
ist, dem in kindlichen resp. jugendlichen Horizont verankerten Realismus, all-
tagsbezogen, sachlich präzise und sprachlich-stilistisch flüssig und eingängig,
transparent und doch vielschichtig geformt. Zugleich verdichtet sich von Kapitel
zu Kapitel die Vermutung zur Gewißheit, daß eine neue literarische Akzentuie-
rung hinzutritt, einmal, indem sie einen historischen Jugendroman, ein Stück
Zeitgeschichte, vorlegt, zum anderen, indem sie im Erzählduktus und in der thematischen Ausgestaltung nicht mehr vorrangig innovativ oder experimentell ver-
fährt, sondern sich der Form klassischen Erzählens, allerdings auf einem beacht-
lichen erzählerischen Niveau, nähert. Dies ist im Folgenden zu belegen.

7.1 Literarische Analyse

7.1.1 Inhalt

Moni, die Protagonistin, ist zehn Jahre alt. Sie, ihr Freund Harald und die jüngere Hildegard aus der Nachbarschaft, genannt Hilli, sprechen über den bevorstehenden Sylvesterabend. Harald und Moni gehen Rummelpott laufen, ein Hamburger Brauch. Die häusliche Feier mit ihrer Oma, ihrer Mutter und deren
Freundin Jenny ist trotz der kleinen Wohnküche und den eingeschränkten Möglichkeiten der Nachkriegszeit ausgelassen. Beim Glückwünschen zum Neuen
Jahr prostet Moni auch dem großen Jungen auf dem Photo zu, dem Bild ihres
vermißten Vaters, das auf dem Küchenschrank steht. Monis Wünsche für das
neue Jahr sind charakteristisch für die Zeit und ihre persönliche Situation.

> Einen Hamster, denkt Moni. Und dass ich die Prüfung schaffe. Und dass sie nett sind
> in der neuen Schule. Und dass ich schlau genug bin.
> „Moni!", sagt Oma wieder.
> Und ein Kleid, wie es in Giselas Paket aus Amerika war. So was Schönes. Und dass
> wir im Sommer wieder an die Elbe zum Baden fahren, sonntags. (S. 17)

Moni geht auf Vorschlag ihrer Lehrerin zu einer Aufnahmeprüfung für die Oberschule, zu Fuß, während die meisten anderen fahren. Alles ist fremd für sie. Aus
der ganzen Familie und Verwandtschaft ist noch nie jemand einen solchen Weg
gegangen. Oma putzt im Krankenhaus, ihre Mutter arbeitet in einer Fabrik. Moni hat den festen Willen, es zu schaffen. In der Klasse sitzt sie neben Heike, der
Tochter eines Chefarztes, und Moni wird sich der sozialen Differenzen schritt-

weise bewußt. Sie sagt Heike, daß ihr Vater vermißt ist. Heike hat einen Onkel, der auch vermißt ist, aber ihre Tante hat ihn für tot erklären lassen. Das ist für Moni ein schrecklicher Gedanke, und ihr fallen die häuslichen Dispute zwischen Oma und Mutter ein.

Die Prüfung dauert eine Woche. In den freien Stunden trägt sie mit Harald Wäsche aus. Sie berichtet ihm von der Schule. Am Abend schwärmt Mutter von dem bevorstehenden Besuch von Soraya und dem Schah von Persien. Moni erfährt von den Nöten Hillis wegen ihrer Mutter, die politische Versammlungen besucht. Das Kind fürchtet, daß die Polizei sie eingesperrt habe, wie Hitler ihren Vater. Omas Reaktionen sind abwehrend und abfällig. Von Hillis Berichten angestoßen, beginnt Moni über die politischen Auseinandersetzungen nachzudenken. Mit Oma unterhält sie sich über Spätfolgen, an denen Hillis Vater gestorben ist. Sie spricht mit Harald darüber und stößt auf eine gegensätzliche Meinung über Kommunismus. Er urteilt aus der Sicht seiner Familie als Vertriebene aus Stolpe, die alles verloren hat, Übergriffe der Russen erdulden und eine beschwerliche Flucht überstehen mußte.

Die Prüfungswoche ist zu Ende. Moni hat die Aufnahmeprüfung bestanden. Die Mutter will mit Jenny zum Tanzen gehen. Oma wirft ihr vor, daß sie noch verheiratet sei. Die Argumente prallen in der folgenden Auseinandersetzung aufeinander.

Bei einem Besuch bei Harald zu Hause stößt Moni auf ein weiteres soziales Milieu. Die Familie wohnt in einer Wellblechbaracke. Sie begreift mehr von einem Flüchtlingsschicksal und erfährt von dem Wunsch, nach Australien auszuwandern. Sie wird mit in eine Kneipe zum Fernsehen eingeladen und begegnet so zum ersten Mal diesem neuen Medium. Darüber berichtet sie Oma. Mutter, Jenny, Moni und Hilli fahren zu einem Hotel, um die Kaiserin Soraya zu sehen. Von Hilli erfährt sie dabei von der beabsichtigten Unterzeichnung der Pariser Verträge.

Am nächsten Sonntag geht Mutter wieder aus. Omas Zorn wächst, ihr Vorwürfe verschärfen sich, zumal sie Monis Mutter mit einem Mann gesehen hat. Sie nimmt das Bild ihres Jungen vom Küchenschrank fort. Moni spricht mit Harald darüber. Im Gespräch der beiden tauchen Argumente und Gegenargumente auf. Harald betont, daß „gefallen" besser sei als „vermißt".

Moni ist nun in der neuen Schule und verarbeitet ihre ersten Eindrücke. Heike ist auch in ihrer Klasse und sitzt neben ihr. Moni spürt, daß sich zwischen ihr und Harald etwas ändert, eine leichte Verfremdung bemerkbar macht. Sie wird von Heike nach Hause eingeladen, für Moni eine neue und fremde Welt. Bei der Frage nach ihrer Oma rutscht ihr heraus, daß sie im Krankenhaus arbeite und Krankenschwester sei. Als Heike später bei ihr zu Hause auftaucht, läuft trotz der ärmlichen Wohnung alles besser ab, als Moni befürchtete. Abends wird sie von ihrem Vater abgeholt. Die Oma kennt ihn, sie putzt in seiner Abteilung. Heike

erfährt somit von Monis Lüge. Diese kleine Schwäche Monis führt zu einem
Bruch zwischen den Mädchen.

Mehr und mehr bedrücken Moni die Spannungen zwischen Mutter und Oma. Sie
wird in ihren Gefühlen und Gedanken hin und her gerissen. Mutter bekennt sich
jetzt zu ihrem neuen Freund, Helmut. Eine Heimkehrergeschichte in der Zeitung gibt Oma wieder Hoffnung. Berichte von verschiedenen Nachkriegsschick-
salen reißen die Wunde immer wieder auf. Es kommt zu einem offenen Bruch.
Oma spricht nicht mehr mit Mutter. – Die Entfremdung zu Harald vertieft sich
mit Monis Berichten von ihren Besuchen bei Heike. Haralds Familie wandert
nach Australien aus. Die beiden Heranwachsenden tauschen zum Abschied kleine Geschenke aus.

Moni schlägt sich in der Schule durch. Sie begreift aber, welche häuslichen Hilfen
andere Mädchen haben, vor allem in Mathematik. Heide nähert sich Moni wieder an. Doch die Kontakte erzeugen eine ambivalente Stimmung bei ihr.

Um die Familie Monis herum mehren sich die Anzeichen eines bescheidenen
wachsenden Wohlstands. Der Freund der Mutter kauft ein kleines Auto und
führt seine beiden „Damen" aus, zum Elbstrand und ins Kino. Moni erfährt von
seinem schweren Schicksal im und nach dem Krieg. Schritt für Schritt baut sie ihre Abwehrhaltung ab. Eine Neubauwohnung steht in Aussicht, und die Hochzeit
wird beschlossen.

Die Freilassung von 10 000 Kriegsgefangenen aus Rußland weckt in Oma neue
Hoffnung auf die Rückkehr des vermißten Sohnes. Mutter und Helmut lassen ihre Pläne fallen. Oma fährt nach Friedland und kehrt nach einigen Tagen traurig
zurück. Für alle ist es eine erschütternde Rückkehr. Moni ist jetzt besonders lieb
und fürsorglich zu ihrer Oma. Langsam lösen sich deren Verkrampfung und
Schmerz. Sie nimmt Helmut schließlich an, wenn auch distanziert. Moni erhält
einen Brief von Harald aus Australien, einer für sie fremden Welt. Mit Helmut
und Mutter erlebt sie einen beeindruckenden Opernabend in dem neu eröffne-
ten Haus. Zu Weihnachten ist das Warenangebot gewachsen. Der wirtschaftliche
Aufschwung beginnt, erste deutliche Veränderungen hervorzurufen. Heilig
Abend feiern Mutter, Oma und Moni allein. Am ersten Feiertag kommt Onkel
Helmut, so nennt ihn Moni jetzt, zu ihnen. Die Versöhnung spiegelt sich in Omas
Reaktion.

> Oma dreht sich um und guckt Mutti an, wie sie da in ihrem schwarzen Taftkleid steht
> und leuchtet und weihnachtlich aussieht.
> „Schmuck süchst du ut, Deern", sagt Oma. „Das hätte Heine auch gefallen."
> (S. 243)

Monis Jahr rundet sich, wie es begann, mit einer fröhlichen Sylversterfeier, zu
der auch Jenny und ihr Freund eingeladen sind.

7.1.2 Problem- und Figurenkonstellation

Die dominanten thematischen Elemente sind einmal ein überzeugend gezeichnet Zeitgemälde der Nachkriegszeit in Deutschland, genauer des Jahres 1955, dann aber die Meisterung des Alltags dieser Epoche durch die 10jährige Protagonistin Moni, in deren Erleben, Denken und Fühlen sich diese Welt spiegelt. Die Bedeutung dieses Kernstücks des Romans wird in den Rezensionen besonders gewürdigt. Andrea Huber z. B. belegt detailreich die subtile Verankerung des Romans in der Lebenswelt, der wirtschaftlichen und politischen Situation der 50er Jahre, vor allem im Denken, Fühlen und Handeln der Nachkriegsgeneration. „Reich und komplex ist das Innenleben von Boies Figuren, und sie läßt uns auf ihre unnachahmliche Weise daran teilnehmen – indem sie ihre Geschichte konsequent aus der kindlich-naiven Warte erzählt und reflektiert." (Huber 2003, S. 3) Zugleich ist es ein Stück Lebensweg einer Heranwachsenden, die sich in einem Familienkonflikt, bedingt durch ein typisches Nachkriegsschicksal, nicht nur orientieren, sondern aktiv teilnehmend und innere Nöte durchstehend behaupten muß. Unmittelbar auf die Protagonistin selbst bezogen ist, daß sie als erste ihrer Familie in eine Oberschule eintritt und einen von sozialen Spannungen geprägten Start bestehen muß. Dies geschieht nicht dramatisch zugespitzt, sondern auf eine stille, zurückhaltende Art, die aber nicht Elemente der Spannung entbehrt. Die Herausforderung führt die Protagonistin, eher unbemerkt, zu größerer Selbstbewußtheit und Selbstsicherheit. In feinen, zum Teil versteckten literarischen Signalen vollzieht sich ein Reifeprozeß von der Kindheit zum beginnenden Jugendalter. Hier nähert sich K. B. s Buch dem Genre Entwicklungsroman. Wie eingangs vermerkt, sind die Urteile der Kritik einhellig positiv. In *DIE ZEIT* hebt die Rezensentin die historische Einbettung der erzählten Geschichte hervor und nennt das Buch ein wertvolles Dokument dieser Zeit (Dankert 2004, S. 44). Angelika Ohland spricht von der Unaufdringlichkeit des Romans, der eine ganze Menge über das Leben und die sozialen Beziehungen der Nachkriegszeit vermittele (2004, S. VI). Cathrin Kahlweit ist der Auffassung, daß mit dem Kindheitsroman der Autorin ein „erstaunliches", wenn nicht „eines ihrer besten Bücher" gelungen sei (2003, S. 40), wobei der Terminus „Kindheitsroman" auf das Genre Entwicklunsroman verweist, dem sich *Monis Jahr* tatsächlich annähert. Nach Ansicht von Monika Osberghaus stattet die Autorin das Hamburger Kleine-Leute-Milieu mit den Merkmalen der 50er Jahre aus. Sie könne darin den Kinderalltag dieser Zeit förmlich einatmen (2003, SL 23). Tatsächlich ist die Fülle der zeitgemäßen Bezüge in ihrer exakten Beschreibung kaum im einzelnen aufzulisten. Der Begriff „Beschreibung" muß sogleich relativiert werden, denn die historischen Fakten und Details sind in das Erzählgeschehen eingebunden, zumeist direkt den Figuren zugeordnet und entweder im Redehandeln oder, bei Moni, auch in deren Denkvorgängen und inneren Kommentaren (erlebte Rede) dokumentiert.

Moni lebt mit ihrer Mutter und ihrer Oma in einer kleinen Zwei-Zimmer-Wohnung, die dürftig möbliert ist. Das Essen, das die Oma auf den Tisch bringt, ist karg und wenig abwechlungsreich.

> Moni löffelt ihre Haferflockensuppe. Morgens hat sie immer überhaupt keinen Appetit. Aber Oma sagt, essen muss der Mensch, und Moni muss was auf die Rippen kriegen. Sie ist ja sowieso nur ein Strich in der Landschaft […] Moni legt den Löffel neben den Teller. Die süße Insel hat sie aufgegessen, jetzt reicht es aber auch. Die süße Insel ist in der Mitte, wo Oma immer einen Löffel Zucker über die Suppe streut. Wenn man den Löffel ganz flach hält, kann man den Zucker abheben, fast ohne Haferflocken. „Ich mag nicht mehr", sagt Moni.
> Oma schüttelt den Kopf. „Weißt du, wie undankbar du bist, Deern?", sagt sie. „Kannst du dich gar nicht mehr erinnern, was für dollen Hunger du immer gehabt hast, als du lütt warst? Geweint hast du vor Hunger! Und jetzt lässt du deine Suppe stehen." (S. 19 f)

Für die Verweise auf Krieg, auf Entbehrung und Hunger ist Oma das Sprachrohr. Sie selbst läuft fast nur in einer Kittelschürze umher. Eine halbwegs passende Kleidung für Monis ersten Prüfungstag und überhaupt für die Oberschule oder für Besuche bei „feinen" Leuten ist kaum zu beschaffen. Eine weiße Bluse wird bei Mutters Arbeitskollegin ausgeborgt. Die Oma strickt Pullover von aufgeribbelter Wolle.

Neben die materiellen Einschränkungen treten belastende ideelle Probleme. Wer kann Moni die neue Schulwelt nahebringen, wer durchschaut deren Strukturen, Anforderungen und die Spielregeln in der Oberschule, wer kann Moni zu dem ersten Prüfungstag begleiten? Schmerzlich erfährt Moni die sozialen Diskrepanzen bei ihren Besuchen bei Heike, der Tochter eines Chefarztes, später schmerzlich die fehlende Hilfestellung bei schwierigeren Mathematikaufgaben, bei denen den meisten Schülerinnen zu Hause geholfen wird, und ebenso, gleichsam als Gegenstück, eine wachsende Entfremdung von Harald, ihrem ehemaligen Schulkameraden und Freund. Er wäre auch fähig, zur Oberschule zu gehen, aber ihn binden Milieuschranken und eine spezifische Situation. Die Flüchtlingsfamilie ist aus Stolpe geflohen, hat alles verloren, der Vater seinen Handwerksbetrieb. Sie wohnen in einer Wellblechbaracke in einer Siedlung für Vertriebene.

Weitere Problemfelder können nur mehr kurz erwähnt werden. Insgesamt sind sie Teil des Erfahrungs- und Blickfelds Monis. Wie die eben angesprochenen stellen sie keine thematischen Blöcke, etwa nach Kapiteln geordnet und abgegrenzt dar, sondern sind in unterschiedliche Situationen und figurale Konstellationen eingebunden und ziehen sich sporadisch über mehrere Kapitel oder das ganze Buch hin.

Über Hilli und Harald erfährt Moni erstmals etwas über die politischen Auseinandersetzungen des Jahres 1955, besonders entfacht durch die intendierte Integration Westdeutschlands in ein westliches Bündnissystem, von der kommunistischen Partei heftig kritisiert. Für die Rezipienten sind dazu gut informierende Sacherklärungen im Anhang zu finden (z. B. zu S. 42, 43, 63). Omas abfällige Bemerkungen über die politischen Aktivitäten von Hillis Mutter, deren Mann wegen seiner politischen Auffassung im Konzentrationslager war und an den Spätfolgen starb, und Haralds harte Urteile über Russen und Kommunisten aufgrund des Flüchtlingsschicksals der Familie, verunsichern Moni. Ebenso vorurteilsvoll spricht Oma über die Vertriebenen als Polackenpack, was Moni wegen ihrer freundschaftlichen Beziehung zu Harald nicht verstehen kann.

Von großem Gewicht und ein thematisch prägendes Element ist das Schicksal von Monis Familie. Ihr Vater, Omas Sohn, gilt seit 10 Jahren als vermißt. Oma glaubt noch immer an seine Rückkehr und will ihre Schwiegertochter weiterhin an strenge Ehepflichten, d. h. Verzichte vielfältiger Art binden. Monis Mutter jedoch löst sich schrittweise aus der Bindung an eine flüchtige Bekanntschaft, die wegen der folgenden Schwangerschaft mit einer Kriegshochzeit endete. Jetzt steht ihr Sinn nach Tanzvergnügen, Kinobesuch und nach einer neuen Bindung an einen Mann. Als Symbolfigur für diese Wünsche steht ihre Freundin Jenny, mit der sie die neuen Wege beschreitet. Umrankt wird dieses Problemfeld von mehreren erzählten Nachkriegsgeschichten vergleichbarer Art in einer Zeitung oder von Bekannten aus der Nachbarschaft: von glücklicher Heimkehr, von tragischen Vorfällen anläßlich unerwarteter und nicht mehr gewünschter Heimkehr für tot erklärter Soldaten und von völliger Entfremdung nach der Heimkehr, besonders zwischen dem fremdem Mann und einem Kind, das nun Vater sagen soll. – In das Leben der Familie tritt nun im Laufe dieser Entwicklung Mutters neuer Freund Helmut. Oma verurteilt diese Bindung und wehrt sich heftig dagegen. Monis Gefühle sind ambivalent. Sie wird hin und her gerissen zwischen ihrer Mutter und ihrer Oma. Sie quält sich mit Argumenten und Gegenargumenten (s. das Zitat unten, S. 70).

Eines der großen Ereignisse des Jahres, die Entlassung von 10 000 Kriegsgefangenen aus Rußland, berührt die Familie unmittelbar. Mit Omas enttäuschter Hoffnung bahnt sich nach ihrer Rückkehr aus Friedland eine Lösung für ein neues Leben an, für Moni mit Mutter und Onkel Helmut, aber auch für ihre Oma. Eine Besserung der wirtschaftlichen Situation, die sich zu Weihnachten deutlich abzeichnet, überformt gleichsam einige der aufgelisteten Problemfelder, dies betrifft ein neues Warenangebot, eine rege Bautätigkeit und die Räumung der Flüchtlingsbaracken.

> Moni kriegt eine neue Trainingshose und von Oma einen roten Pullover, den hat Oma aus ganz neuer Wolle selbst gestrickt, und eine Spielesammlung und drei Bücher. Und auch noch ein Paar Schlittschuhe, die hat Hillis Mutter im Alsterhaus günstiger gekriegt. (S. 242)

Alle aufgezeigten Problemaspekte berühren nicht nur die Protagonistin, sie sind in ihr geradezu gebündelt. In diesem Spannungsfeld geht sie ihren Weg. Sie kämpft sich in der neuen Schule durch und überwindet manche Schwierigkeiten, wenn auch nicht spielend oder strahlend, sondern in alltäglichen und nicht linear aufzulösenden Situationen. Immer wieder wird ihr die Komplexität der Geschehnisse bewußt, etwa bei dem Bruch mit Heike wegen ihrer aus Scham geborenen kleinen Lüge. Dies gilt aber auch für freudige Ereignisse. Ihre Oma weint vor Freude über die Nachricht von der Entlassung der letzten Kriegsgefangenen. Hillis Mutter dagegen weint, weil sie Angst hat, daß die Teilung Deutschlands damit zementiert wird, weil die Russen jetzt kein Druckmittel mehr hätten (S. 216).

Angesicht dieser Erfahrungen und der sie berührenden Fakten spürt Moni erstmals, daß sich etwas in ihr ändert. Ein kleines Signal während der Sylvesterfeier am Ende von *Monis Jahr* zeigt, daß sie um ihre Entwicklung und um den Beginn eines neuen Lebensabschnitts weiß, obwohl sie es nach außen dann eigentlich nicht wahrhaben will.

> „Weißt du was, Oma?", sagt Moni, als sie die Luftschlangen über die Küchenlampe hängt und über die Türknöpfe vom Küchenschrank. „Nun bin ich gar nicht Rummelpott gelaufen in diesem Jahr."
> „Da bist du auch fast zu groß zu", sagt Oma und schneidet Zwiebeln für den Kartoffelsalat. (S. 243f.)

Jede der Figuren ist trotz der in breiten Passagen subjektiven Sicht Monis deutlich konturiert. Dies gilt besonders für Mutter und Oma. Der vermißte Vater, nur auf einem verblaßten Bild gegenwärtig, bleibt als Figur schemenhaft, beeinflußt aber das Denken und Handeln aller in der Familie unmittelbar. Von Nachbarn und Freunden treten Harald und seine Familie, Hilli und ihre Mutter, Heike und ihre Eltern deutlich hervor. Eine Mittelstellung nimmt der neue Freund der Mutter, Onkel Helmut, ein. Als Randfiguren sind einige Klassenkameraden Monis, eine Lehrerin und Mutters Freundin Jenny zu nennen. Alle gewinnen sie jedoch eine zeitgeschichtliche Funktion und tragen Details zu den aufgezeigten Problemfeldern bei.

7.1.3 Aufbau, Erzählsituation und sprachlich-stilistische Aspekte

Das Buch ist in drei Teile und 20 durchlaufende Kapitel gegliedert. Ein kurzer Nachtrag rundet den Text ab. In einem Anhang werden Sachverhalte geklärt und die zahlreichen dialektalen Einsprengsel, insbesondere von der Oma geäußert, übersetzt. Die Geschichte ist chronologisch erzählt, in ihrer Feinstruktur jedoch nicht linear, sondern äußerst vielschichtig. Zahlreiche Zeitsprünge schaffen Leerstellen, die von Rezipienten nicht nur überbrückt, sondern auch teilweise rückschließend ausgefüllt werden müssen. Quantitativ gesehen sind Monis als erlebte Rede, also inwendig ablaufende Gedanken und Gefühle dominant. Hinzu kommen zahlreiche Redehandlungen als wörtliche Rede. Sie fügen sich zwar oft zu Dialogen, die aber nicht als gesprochene durchlaufende Textstücke dokumentiert, sondern immer wieder durch Gedanken, Gefühle, Erklärungen oder Kommentare unterbrochen bzw. kurz ausgesetzt sind. Einen geringen Anteil haben kurze Erzählberichte raffender Art oder Ansätze beschreibender Passagen, besonders an Kapitelanfängen (vgl. S. 88 und 207).

Quantitativ zwar nicht ausladend, aber in die Tiefenstruktur des Textes führend, sind intertextuelle Komponenten. Dies klingt an, wenn Heike negative Kommentare zu dem Buch *Nesthäkchen* abgibt, als sie Moni dieses ausleiht (S. 29). Es verdichtet sich mit den Fernseherfahrungen Monis mit Nennung und Charakterisierung von Sendungen, in dem zitierten Zeitungsroman über ein Nachkriegsschicksal sowie in der Beobachtung, daß Harald das Cowboyheft *Bill Jenkins* liest . Sie kommentiert „[…] das lesen die Jungs ja alle. Bestimmt hat er es sich ausgeliehen". (S.56) Einen Höhepunkt erreicht die Intertextualität durch die wörtlichen Zitate aus Thomas Manns Roman *Tonio Kröger*. Mutter und Moni hören ihn vom Autor im Radio lesen, allerdings von Omas Kommentaren bissig begleitet, indem sie Thomas Mann einen Vaterlandsverräter nennt. (S. 116) Die genannten zeitgeschichtlichen Details und vor allem Monis Weg durch das Jahr mit seinen familiären Spannungen, der Bewältigung der neuen Schulsituation, mit ihrem erwachenden Interesse an allem, was das Leben über ihren bisherigen engen Wissenshorizont ausmacht, insbesondere ihre Erfahrungen mit sich selbst, gewinnen an Dichte und Authentizität vorrangig durch die gewählte Erzählsituation. Moni ist Reflektorfigur. In den breiten und überaus zahlreichen Passagen erlebter Rede, dem Kernstück personalen Erzählens, spiegelt sich aber nicht nur Monis innere Bewegung, wie dies in einem psychologischen Jugendroman der Fall wäre, sondern auch kaleidoskopartig das Jahr 1955 der Nachkriegszeit. Auf diese Doppelfunktion der von K. B. gewählten Weise des Erzählens verweist auch Cathrin Kahlweit (2003, S. 40): die Autorin habe sich nicht nur „tief in die Gefühlswelt" der Protagonistin eingefühlt, sondern die Geschichte zugleich „historisch präzise" erzählt. Diese Doppelschichtigkeit, Innen- und Außenwelt gleichrangig umfassend, zeigt sich in nahezu allen erzählten Details.

> „So Deern, ich geh dann jetzt", sagt Oma. „Abwaschen brauchst du nicht, das machen wir nachher. Ruh dich man aus für all die Denkerei morgen wieder", und sie zieht sich ihren Kittel aus und den Wintermantel an: „Leg Briketts nach", sagt Oma. „Nicht vergessen."
> Moni nickt und denkt an den langen, langen Nachmittag, an dem sie gar nichts, gar nichts tun muss. Wenn sie jetzt schon das Buch von Heike hätte, könnte sie sich einfach auf dem Küchensofa einkuscheln und lesen. Das macht sie morgen. Moni merkt, wie sie sich auf die Gemütlichkeit freut.
> „Wo bist du da eigentlich immer, da im Krankenhaus?", fragt Moni. „Auch auf der Inneren?"
> Oma gibt ihr einen Abschiedskuss, wie jeden Tag. (S. 34)

Einmal zeigt sich hier die typische Unterbrechung der Dialoge (Außenwelt) durch Gedanken der Protagonistin (Innenwelt). Diese sind in der Form erlebter

Rede präsentiert, aber doch, und das ist für das Textverständnis der Adressaten bedeutsam, mit Verben der Denkeinleitung (denken, merken) versehen. In einer literarischen Feinanalyse wäre deshalb noch zwischen der sogenannten Psychonarration „Gedanken werden von außen her erzählt, und der erlebten Rede, Gedanken bewegen innen die Protagonistin, zu unterscheiden (zu dem Begriff Psychonarration vgl. Vogt 1990, S. 157–162). Daß die Waage jedoch deutlich zu der Innensicht neigt, zeigt ein weiteres Element dieser Passage. Da Oma bereits den Mantel anhat und Moni gleich einen Abschiedskuß geben wird, sind offensichtlich Gedanken im Erzählfluß ausgebreitet, die blitzschnell im Kopf ablaufen – dies ist die erzählte Zeit –, aber eine längere Erzählzeit benötigen, etwa die Lesezeit der fünf Zeilen. Dies ist ein Beispiel für ein zeitdehnendes Erzählen, charakteristisch für Innensicht.

Der nächste Beleg, wieder eine Dialogunterbrechung, ist ein Beispiel für ausladendere Innensicht, in ein Gespräch mit ihrem Freund Harald eingeflochten. Thematisch verdeutlicht diese Textpassage Monis inneres Ringen um den familiären Konflikt, der sie zwischen Omas und Mutters Argumenten hin und her reißt und sie mit der Komplexität menschlicher Spannungen konfrontiert, die sich eben nicht wie eine Rechenaufgabe lösen lassen.

> Aber jetzt hat Oma Flittchen zu Mutti gesagt, und wenn Moni richtig verstanden hat, warum, dann hat Oma ja vielleicht auch Recht. Wenn ein Mann Mutti nach Hause gebracht hat, ein fremder Mann, und dabei ist doch irgendwo noch ihr Vati vermisst und wartet, dass er endlich zu ihnen nach Hause darf. Da kann Mutti doch nicht mit fremden Männern tanzen gehen.
> Aber vielleicht ist er ja auch tot, und dann kann Mutti das natürlich doch. Sie sieht so hübsch aus, wenn sie sich die Haare aufrollt und die Lippen schminkt. Man kann es nicht richtig sagen, denkt Moni. Ob Mutti das darf oder nicht. Darum ist ja Rechnen so schön. Alles ist immer entweder richtig oder falsch. (S. 72 – s. auch den längeren Auszug Anlage 3)

Gegenüber der vorhergehenden zitierten Passage ist diese noch vielschichtiger, indem sich Moni auf Äußerungen ihrer Oma bezieht. Durch die Aufnahme der von Dritten geäußerten Daten und Einstellungen relativiert sich wiederum die Innensicht. Die jetzt noch gesteigerte Vielschichtigkeit des Erzählten erreicht einen Höhepunkt in einem längeren Abschnitt des 9. Kapitels, auf den Seiten 115–117 (s. Anlage 4) deren Erzählelemente hier aufgelistet sind:

> Die Mutter spricht ihre Tochter an, weil sie Radio hören will – eine Redehandlung. Diese liest gerade und gibt in Gedanken die letzten Sätze des Gelesenen wieder und bettelt darum, auch mit Radio hören zu dürfen – Aussetzen einer Handlung, Bitte äußern.
> Mutter verweist auf die späte Stunde – verbale Ablehnung.
> Moni bettelt weiter. Sie denkt an ihre Lektüre und wie gut sie sie versteht, obwohl sie für Erwachsene geschrieben ist – Bitte äußern. Gedankenstrom.
> Oma reagiert verbal mit Ablehnung – Sprechhandlung der Oma.
> Mutter bleibt dabei und sagt, daß Thomas Mann liest – verbale Reaktion der Mutter.

Moni denkt über den Namen Thomas Mann nach – kurzer Gedanke.
Oma äußert sich negativ über die Emigration des Autors – längere Redehandlung.
(Der folgende Teil ist leicht gerafft.)
Dann werden Textstellen der Lesung des Romans *Tonio Kröger* zitiert – medienge-
bundenes Vorlesen. Sie werden unterbrochen durch Monis Gefühle und Gedanken
– mehrmals Innensicht der Protagonistin. Ebenso sind weitere bissige Bemerkungen
Omas wie „Vaterlandsverräter" eingeflochten – Redehandlung. Die Passage
schließt mit einer situativen Information: Omas Ermahnung wegen der Schule, Mutters Geste zum Schweigen, Omas harte Reaktion im Verhalten, sie knallt die Tür zu
– Redehandlung, Erzählbericht zu Verhaltensdetails, z. B. kuscheln, Finger auf Lippen legen.

Die formale Analyse dieser 1 1/2 Seiten umfassenden Szene zeigt die vielschichti-
ge und enge Verwobenheit unterschiedlicher Erzählelemente wie Wiedergabe
von Redehandlungen verschiedener Art mehrerer Personen; Gefühle, Gedanken, Überlegungen Monis; Vorlesen von Zitaten aus einem anderen Text; Außenbeobachtung zum Verhalten mehrerer Personen.

Ein wichtiger Strang der Geschichte sind Monis Gedanken zu ihrem vermißten
Vater und die Versuche, sich selbst in diesem familiären Feld zu orientieren. In
der Regel kommen die Anstöße von außen, z. B. wenn Rosi, eine Klassenkameradin, deren Vater gefallen ist, über ihre wieder verheiratete Mutter spricht, die
ein Kind erwartet. Moni reflektiert daraufhin, was „gefallen" und „vermißt" für
Unterschiede schafft (S. 134f.). Einen anderen Anstoß vermittelt die erste Begegnung mit Helmut, dem Freund der Mutter. Sie verhält sich abweisend. Die
Vorwürfe der Mutter lösen den folgenden Gedankengang bei ihr aus.

Moni kneift die Lippen zusammen. Auf den Küchenschrank steht der fremde Mann
in der Uniform und lächelt freundlich und ernst. Was darf eine Mutter, wenn der
Mann vermisst ist? Einen Freund haben darf sie, doch, das darf sie, denkt Moni, eine
Freundin darf sie ja auch. Aber sich so an ihn rankuscheln darf sie vielleicht nicht.
Und die Oma zu Hause lassen, dass das ganze Pfingsten für sie nicht mehr schön ist,
das darf sie ganz bestimmt nicht. (S. 145)

Rita aus ihrer Klasse berichtet von der Rückkehr ihres Vaters und der gravieren-
den Entfremdung und Abwehr, die dessen eigenartiges Verhalten auslöst.

Warum muß es denn so sein, denkt Moni. Alle freuen sich, daß die Kriegsgefangenen
endlich zurückdürfen, im Radio alle, aber Rita weint und Mutti weint auch, und ich
möchte auch nicht, daß der Junge mit der Strähne wiederkommt und alles durcheinander bringt. Der soll mal schön in seinem Bilderrahmen bleiben, da ist er doch immer gewesen. Aber wer sich so was wünscht, ist ein schlechter Mensch und wird vom
lieben Gott bestraft. (S. 220)

Zu der die Chronologie auflockernden und zugleich die literarische Komplexität
steigernden Mittel zählen auch die Rückgriffe, zumeist an Monis Gedanken und
Erinnerungen gebunden. Über ihren ersten Schultag in der Oberschule unterhält sie sich beim Mittagessen mit ihrer Mutter und der Oma. Sie berichtet von
der Lehrerin, dem Stundenplan, und, daß Heike auch in ihrer Klasse ist. Auf

Mutters Frage „Welche Heike?" wandern Monis Gedanken kurz zurück. Sie er-
innert sich an das Ende des Unterrichts und wie sie mit Heike das Gebäude ver-
läßt, diese von einem Mann herzlich begrüßt und mit dem Auto abgeholt wird.
Sie trägt somit nach, was zuvor ausgespart wurde, also Leerstelle im Text war.
Nach diesem Rückgriff, der wieder eine Form zeitdehnenden Erzählens ist,
knüpft sie an die Frage der Mutter an und informiert: „Sie haben ein Auto", sagt
Moni, Opel, glaube ich. So ein großes." (S. 85) Durch die Verankerung dieser
Passage in Monis Gedankenwelt fließt der Strom des Erzählten flüssig weiter.
Nur die Form des Präteritums signalisiert sprachlich den Rückgriff.

Stilprägend sind weitere Details des sprachlichen Duktus‘, die in den zitierten
Passagen sichtbar werden. Birgit Dankert hebt einen „wunderbar einfachen Er-
zählton" hervor (2004, S. 44). Monika Osberghaus findet einzigartig, wie K.B.
vermag, das Geschehen aus der Kindersicht heraus zu schildern (2003, S. 23).
Wir haben zuvor dargelegt, wie diese Nähe zum Denken, zum Fühlen und Sprechen der Protagonistin in der personalen Erzählsituation mitbegründet ist. Die
zitierten Texte belegen einen flüssigen und oft syntaktisch-rhythmischen Sprachstil, teils syntaktisch reihend, teils elaboriert. Zugleich sind sprechsprachliche
Elemente eingeschlossen, etwa „und dabei ist doch irgendwo noch ihr Vater vermißt", wenn für „bekommen" fast immer „kriegen" steht oder von „dollem
Hunger" gesprochen wird. Durchgehend sind die plattdeutschen Ausdrücke der
Oma hinzuzurechnen. Viele dieser Faktoren bewirken in ihrer Summierung einmal eine unmittelbare Nähe zur Protagonistin, aber auch eine Einbettung in das
soziale Milieu ihrer Familie und der Nachbarschaft. Ebenso meisterlich sind, wie
dies auch für andere Bücher K.B.s gilt, die Erklärungen für schwierige Sachverhalte in den laufenden Text nahtlos eingefügt, z.B. für „Spätfolgen". Hier wird
dies verstärkt durch einen Anhang, dessen Formulierungen den Heranwachsenden unmittelbar verständlich sind. Eine Besonderheit stellen in diesem Roman
die dialektalen Ausdrücke der Oma dar. Sie treten in großer Zahl auf. Zu ihrem
Hamburger Dialekt treten noch drei andere hinzu: ostpreußisch auf Seite 55,
bayerisch auf S. 208 und berlinerisch auf S. 215.

7.2 Didaktische Aspekte

7.2.1 Gegenwarts-, Zukunftsbedeutung und allgemeine Unterrichtsziele

Die Bedeutung der persönlichen Geschichte Monis und des literarischen Zeitdo-
kuments allgemein zeigt sich unmittelbar in der doppelten Adressiertheit des
Romans. Die Rezensentin Monika Osberghaus legt das Buch beiden Zielgrup-
pen, den älteren Kindern und Jugendlichen sowie den Erwachsenen ans Herz
(2003, S. 23). K.B.s Roman reiht sich damit in die große Gruppe der Klassiker
der Kinder- und Jugendliteratur ein, deren doppelte Adressiertheit bezeichnen-

der Weise nicht zuletzt als Beleg ihrer literarischen Qualität gewertet wird, wobei Kümmerling-Meibauer den Begriff „Cross-Writing" benutzt (1999, S. XVf.).

Der Tatbestand verweist auf eine große Altersschere, wenn der Roman auf den Literaturunterricht bezogen wird. Von dem unmittelbaren Bezug auf die Protagonistin ausgehend, sind die Schuljahre 5 und 6 naheliegend. Diesen Schülern ist u. U. der Schulwechsel in die Oberstufe ein Element interessierenden Zugangs. Den Interessenhorizont dieser Altersgruppe berührt auch eine Reihe zeitgeschichtlicher Fakten wie der Beginn des Fernsehens, die frühen Automodelle oder der sich im erzählten Zeitraum entwickelnde Spielzeugmarkt. Monis Ringen um ihre Standortbestimmung in dem nachkriegsbedingten familiären Konflikt kann, textnahe operierend, ebenfalls erschlossen werden, und damit eines der gewichtigen Problemfelder. Eine vertiefende Sicht dieses thematischen Elements mit Einschluß des Bewußtmachens der Erzählweise, besonders der erlebten Rede als Ausdruck von Monis innerem Ringen, bietet sich als Schwerpunkt in den Klassen (6), 7 oder 8 an. Die zu erschließenden zeitgeschichtlichen Bezüge umfassen jetzt nahezu die Ganzheit der ausgebreiteten Fakten, auch der weniger spektakulären, u. U. nach Gesichtspunkten gegliedert: politische Daten, spezifische Nachkriegsschicksale, Monis Besuch der Oberschule unter sozialen Aspekten, materiell und ideell, Flüchtlingsschicksal, wirtschaftlicher Aufschwung. Die Gliederung nach Hauptteilen und Kapiteln kann reflektiert werden, besonders deren Füllung mit jeweils mehreren differierenden sachlichen Aspekten, so daß diese Sachbezüge ein thematisches Netz über mehrere oder gar alle Kapitel spannen (zu einer handlungsadäquaten, schülergerechten Aufgabenstellung dieses und anderer Vorschläge s. den nächsten Abschnitt). Wichtig ist, zahlreiche Details auf die heutige Situation der Schülerinnen und Schüler zu beziehen, so daß deren Selbstverständlichkeit relativiert wird.

Literarisches Lernen im engeren Sinne vollzieht sich u. a. in der Konturierung des Figurenarsenals, besonders der Frage nach den Motiven, um die Authentizität von Sprechen und Handeln abzutasten, und d. h. die subjektive oder objektive Prägung der mitgeteilten Daten. Letzteres kann ein Kernstück des Umgangs mit K. B. s Roman in den Klassen 9 und 10 sein – parallel dazu die Einordnung der gezeichneten Welt des Jahres 1955 in den größeren Zusammenhang der Nachkriegsordnung Deutschlands bis heute.

An dieser Stelle gilt es, noch einmal einen Blick auf die allgemeine Bedeutung des Romans zu werfen. Gegenwartsgeschichten der Kinder- und Jugendliteratur sind im Rahmen realistischer literarischer Zeugnisse in großer Zahl veröffentlicht. Abgesehen von verspätetem Engagement liegen mittlerweile auch zahlreiche Texte vor, die ein Stück Vergangenheitsbewältigung intendieren: Krieg, Judenverfolgung, Holocaust. Entsprechend dokumentiert ist auch die sich unmittelbar anschließende Nachkriegszeit. K. B. s Zeitdokument fügt sich in optimaler Weise, nahezu still, zurückhaltend und behutsam, in die zeitgeschichtliche

Leerstelle zwischen den beiden Polen ein, durch die gewählte Erzählsituation prägnant und authentisch. Diese Zeitspanne scheint neues Interesse bei den Kinder- und Jugendbuchautoren gefunden zu haben. K. B. verweist selbst auf zwei jugendliterarische Veröffentlichungen, die nach Abschluß ihres Buchs erschienen sind: Dagmar Chidolues *Zuckerbrot und Maggisuppe* (2002) und Renate Welshs *Dieda oder Das fremde Kind* (2002) (Boie 2003, S. 25). Zu nennen wäre auch Klaus Kordons *Krokodil im Nacken*. Den Vergleich zieht Angelika Ohland (2004, S. VI).

Literarisches Lernen vollzieht sich vorrangig an Texten. Sie sind, gleichsam als Partitur, immer wieder in den Unterrichtsmittelpunkt zu rücken, im stillen und lauten Lesen, im gestalteten Vorlesen, im Gliedern, im Herauskristallisieren thematischer Schwerpunkte und sprachlicher Bezüge, die diskutiert und in Beziehung gesetzt werden. Rollenlesen, Rollenspiele, szenische Spiele, Inszenierung von Hörspielen greifen zwar weiter aus, besonders bei kreativen Herausforderungen, aber auch sie dürfen den Bezug zum literarischen Text nicht verlieren, sonst gewinnen Erschließungs- und Umgangsformen einen Grad von Beliebigkeit, bei dem literarisches Lernen verfehlt wird. Im methodischen Feld gilt es, die genannten Zugriffe auf Literatur in angemessener Weise mit Formen handlungs- und produktionsorientierter Verfahren einerseits und analytisch-kognitiven andererseits in Übereinstimmung mit den wesentlichen Strukturen des Textes in Einklang zu bringen. Anregungen finden sich bei Spinner (1999) und Gansel (1999). Die folgenden Unterrichtsvorschläge gehen von einem solchen Konzept aus. K. B. s Roman ist eine der Vorlagen, für die ein literarisches Projekt von mehreren Deutschstunden angemessen ist. Die Planung und Durchführung entsprechender literarischer Projekte einschließlich unterrichtlicher Ergebnisse sind anderenorts dokumentiert (Steffens 1995, S. 155–179 und 1997, S. 66–90). Die Textbeschaffung, eine preiswerte Taschenbuchausgabe liegt nicht vor (im Programm dtv für Ende 2005 vorgesehen, allerdings in einer Reihe für Erwachsene!), ist eine Schwierigkeit. Da in der Regel in einem Schuljahr allenfalls zwei der hier intendierten literarischen Projekte, nach einem älteren Begriff Kinderbücher als Klassenlektüre (Krüger 1975), geplant werden können und die Auswahl nicht nur sorgfältig, sondern vor allem im Blick auf die Perspektive der Möglichkeiten von Lesemotivation und literarischen Lernen ausgerichtet sind, sind die Eltern nach entsprechender Information auf einem Elternabend in der Regel bereit, eine solche Anschaffung zu leisten. Die Anschaffung eines Klassensatzes für die Schulbibliothek, vielleicht im Rahmen eines Verbundes mehrerer Schulen und über den Fond der Elternspenden, ist eine weitere Möglichkeit. Ein Doppelexemplar mit häuslichem Reihumlesen, einer einführenden Lesestunde in der Klasse und Konzentration auf mehrere Arbeitsblätter wäre eher Notbehelf und angesichts des Textumfangs ein reduziertes Modell, was die Ziele eines literarischen Projekts betrifft, hat aber mit anderer Zielsetzung gerade bei sehr umfangreichen und teuren Büchern seine Bedeutung.

7.2.2 Unterrichtsvorschläge

Zum Umgang mit Kinder- und Jugendbüchern systematisiert Hannelore Daubert drei Verwendungs- und Funktionszusammenhänge, als „Themenlieferant", als Mittel der Leseförderung im weitesten Sinne und als Mittel zum literarischen Lernen (1999, S. 49, mit Verweis auf Cornelia Rosebrock 1997). Zwei dieser Aspekte sind in der vorausgegangenen Analyse besonders hervorgehoben worden. Leseförderung ist eine allgemeine Aufgabe im Rahmen des Literaturunterrichts, zu der auch K. B.s Roman beiträgt. Spezifische Maßnahmen sind neben eventuellen Lesebarrieren im Text selbst von den Voraussetzungen des Leistungsstandes der Klasse abhängig. Die Nähe des Textes zum Sprachverhalten der Rezipienten, dies gilt besonders für die Altersgruppe der 10–12jährigen, ist oben belegt. Dem Textverstehen stellen sich durch die narrative Vielschichtigkeit eher Schwierigkeiten entgegen. Die Gestaltung prägnanter Situationen ist jedoch vorrangig von den konkret gegebenen Voraussetzungen der Lesekompetenz der einzelnen Klasse oder einzelner Schüler her zu initiieren. Auf das Spezifische der Kategorie Themenlieferant ist durch die Anführungszeichen aufmerksam gemacht. Denn sie kann nicht bedeuten, das Buch als einen Text zur Behandlung der 50er Jahre im Geschichtsunterricht einzusetzen, also als Sach- und nicht als literar-ästhetischen Text zu werten, wohl aber kann er ein eigen geprägtes Element in einem fächerverbindenden Unterricht sein. Auf dieses Spannungsverhältnis verweisen Abraham / Launer bereits im Titel einer einschlägigen Untersuchung: *Weltwissen erlesen. Literarisches Lernen im fächerübergreifenden Unterricht* (2002). In einer Reflektorfigur spiegeln sich nahe, alltagsbezogene, Kinder und Jugendliche berührende Daten. Mit Moni erfahren sie lebensnahe Entwicklungen, die ihnen auch die häufig als langweilig bezeichnete politische Dimension partiell erschließen können. Auf das Identifizierungsangebot, hier in der Reflektorfigur Moni gegeben, verweist auch Hannelore Daubert.

> Über die Identifizierung mit den zumeist gleichaltrigen jugendlichen Protagonisten und in der Auseinandersetzung mit ihrer individuellen Lebensgeschichte in einer besonderen historischen, kulturellen oder sozialen Situation wird auch die Auseinandersetzung mit historischen, politischen und gesellschaftlichen Fragen angeregt und gefördert. (1999, S. 45)

Aspekte literarischen Lernens sind oben mehrfach berührt worden, sie erfahren in dem folgenden Katalog von Möglichkeiten des Umgangs mit dem Roman *Monis Jahr* besondere Beachtung. Je nach den Gegebenheiten des Textes und den Zielvorstellungen wechseln Vorschläge zu handlungsorientierten-produktiven Verfahren mit reflexiv-analytischen ab. Weder eine Ausschöpfung aller Möglichkeiten ist intendiert, noch daß alle Vorschläge umgesetzt werden sollen. Sie gelten als ein offenes Angebot. Die Reihenfolge, von dem Einstieg abgesehen, ist nach den Gegebenheiten der je eigenen Klasse zu ordnen. Einige Tätigkeiten liegen unterhalb des Zeitrahmens einer Unterrichtsstunde, andere überschreiten diese.

Vorbereitende häusliche Lektüre. Freies Gespräch über die eigenen Leseerfahrungen, thematische Schwerpunkte, die auftretenden Personen und besonders interessante Szenen. Vorlesen entsprechender Stellen. U.U. Kurzportrait der Autorin, von Schüler/innen vorbereitet.

Alternative: Vorlesen des ersten Kapitels. Kurzes Gespräch. Notierung der Personen (Tafel, Folie), kurze Einschätzung ihres Verhaltens. Versuch einer Gliederung der gehörten Handlungsfolge (u. U. ein zweites Vorlesen mit Ankündigung der folgenden Aufgabe (mögliche Form s. Anlage 1).

Das Figurenarsenal: Notieren aller Figuren, die auftreten. Kurze charakterisierende Äußerungen. Aufsuchen von Textstellen, in denen eine Figur jeweils eine (typische) Rolle spielt (Partner oder Gruppenarbeit), Vorlesen entsprechender Passagen. Portrait auf Papptafel malen, kurzen charakterisierenden Text hinzufügen, einen Schlüsselsatz aus dem Buch oder eine ausgedachte passende Äußerung. Vorstellen und Aufstellen der Tafeln. Später Anreichern der Plakataufschriften nach neuen Erkenntnissen, auch durch Gegenstände, gemalt, als Photos, Ausschnitte aus Illustrierten.

Die Erzählweise (Erzählsituation): Vorbereitetes Arbeitsblatt mit den Textstellen S. 66 und S. 72 (s. Anlagen 2 und 3). Vorlesen. Gliedern nach den Rede- und Handlungsteilen, Moni jedoch spricht oft nicht. Wie merkt man das? Entsprechende Textteile mit farbigem Stift unterstreichen. Begründen. Rollenlesen: alle wörtlichen Reden, Monis Gedanken – einige Textteile fallen weg, aber ein neutraler Sprecher (Erzähler) kann sie integrieren. Und Monis Gedanken? (Immer wieder zeigt sich hier die Versiertheit der Schüler im medialen Bereich, das Leiser- oder Beiseitesprechen für Hörszenen, bei Umsetzung in Filmszenen das Sprechen aus dem Off kommen in der Regel als spontane Vorschläge.) Rollenlesen in mehreren Durchgängen. Eigenständige Gruppenarbeit zum 2. Text: ihn für das Rollenlesen einrichten und vortragen . – Denkhandlungen Monis von der Er-Form in die Ich-Form übertragen, also als inneren Monolog. Beobachten, wie der Text sich ändert: die Pronomina und der Name Moni werden in ein „Ich" verwandelt, bei einigen Verben gibt es leichte Änderungen, etwa „hat" wird zu „habe". – Ausgestalten der kleinen Szenen jetzt mit innerem Monolog als Hörspiele. – Weiterführende Gruppenarbeit: Eine Textstelle suchen, in der Moni wieder über etwas länger nachdenkt: Einrichten als Rollenspiel oder Hörszene. – Alternative mit dem Ziel einer deutlichen Ertragssicherung: Arbeitsblatt zu der vielschichtigen Szene S. 115 – 117 vorgeben (s. Anlage 4). In Gruppen für ein Hörspiel vorbereiten (s. dazu die Strukturierung des mittleren Textteils als Beleg der Vielschichtigkeit oben, S. 70f.).

Moni am Anfang und an Ende des Buchs: Diskussion, Festhalten wichtiger Stichworte. Bildlich-graphische Darstellung auf der Rückseite einer Tapetenrolle; die wichtigsten Stationen / Probleme ihres Wegs durch das Jahr, einmal als Bildcollage oder als kurzen Text, dann in Rückbindung an den Text die entsprechenden Seitenzahlen zuordnen (Einzel-, Partner- oder Gruppenarbeit). Die Verflochtenheit der einzelnen thematischen Schwerpunkte mit zahlreichen Episoden, über die Kapitel verteilt, wird sichtbar. Im Gespräch Monis äußere und innere Wandlung deutlich herausarbeiten.

Zentrale Problemfelder: Ihre vertiefende Erschließung und Diskussion kann in den vorhergehenden Arbeitsgang eingeschlossen werden. Ein eigener Unterrichtsabschnitt ermöglicht eine noch stärkere Verankerung im Wissens- und Erfahrungshorizont der Schüler, kann besonders häusliche Erfahrungen, z.B. Interviews mit Großeltern, oder geschichtliches Wissen einbinden, oder auch einzelne Aspekte deutlicher hervorheben, z. B. kurze Texte zu den einzelnen Schicksalen der Heimkehrer verfassen oder kleine szenische Spiele zu Schlüsselszenen des Buches inszenieren: Moni und Harald verabschieden sich, Mutters Freund Helmut kommt zum ersten Mal zu Besuch, Harald und Moni laufen Rummelpott. Diese Szenen liegen zunächst in der Linie des Textes, können aber auf kreative Weise extrapoliert werden, d.h. durch plausible Erfindungen angereichert. Ein Beispiel: Moni sucht das Gespräch mit Heike wegen ihrer kleinen Lüge zum Beruf ihrer Oma. Diskussion zu diesem Verhalten Monis.

Wandlung der Lebensverhältnisse im Laufe des Jahres 1955 und bis heute: In einer Bildcollage zunächst Veränderungen innerhalb der erzählten Zeit nachgehen, dann selbst gemalte Bilder, evtl. ergänzt durch Familienphotos der fünfziger Jahre und von heute als Belege des tiefgreifenden Wandels, besonderen Interessen der Schüler im Gespräch oder anhand von Dokumenten nachgehen, z.B. Wandlung der Medienwelt und des Besitzes von Büchern und anderen Medien in der Hand von Kindern und Jugendlichen, des Verkehrs, einer Kücheneinrichtung, der Kleidung usw. Je nach

Altersstufen bieten sich Ergänzungen und Vertiefungen an: Krieg, Bombennächte, Flüchtlinge bzw. Vertriebene und ihr Schicksal, Auswanderung. Verfassen eines Textes: Damals Kind sein – heute Kind sein.

Das Buch als Schreibanlaß, in gebundener und freier kreativer Form, bietet eine Fülle von Möglichkeiten vertiefender Auseinandersetzung mit dem Roman. Neben der zuletzt genannten schriftlichen Auseinandersetzung wurden bereits mehrere Möglichkeiten erwähnt: Figurenportrait, Rollenspiel einrichten, Gedanken Monis ausweiten, in eine Ich-Form übertragen, d. h. erlebte Rede in Monologe umwandeln. Die Übertragung der Gedanken Monis zu zahlreichen Handlungselementen auf andere Personen, in Form innerer Monologe, schärft den Blick für Monis Rolle als Reflektorfigur im Text, dies leistet zugleich weitere Vertiefung sowohl sachlicher als auch sprachlicher Details. Der thematische Rahmen der Handlung sollte dabei nicht gesprengt werden. Die Schüler können aus einer Fülle von Möglichkeiten auswählen, z. B. Was denkt Mutter / Oma am ersten Prüfungstag Monis in der Oberschule – was Harald nach Monis Berichten von ihrer neuen Schulsituation – was Mutters Freund Helmut über Omas Abwehr – was Heikes Mutter, nachdem sie erfahren hat, daß Monis Mutter nicht Krankenschwester, sondern Putzhilfe ist – was Moni nach dem ersten Weihnachtstag mit Mutter, Oma und Helmut usw. – Unmittelbar in der Strukturlinie des Textes liegen weitere Möglichkeiten: Harald hat Moni aus Australien geschrieben, Moni antwortet ihm und berichtet, wie es ihr in der Zwischenzeit ergangen ist. – Die zahlreichen Zeitsprünge bzw. Leerstellen innerhalb der Kapitel können durch kurze Texte überbrückt werden (die Wahl der Form als Erzählbericht, als Dialog oder in der Mischform mit Einschluß erlebter Rede ist ein Indiz für die Leserwirkung der narrativen und sprachlich-stilistischen Komponenten des Romans). – Das Verfassen einer Rezension, etwa für eine andere Klasse, das Ergänzen einer Lektürekartei zum Nachschlagen stellen reale Schreibanlässe dar. Hierzu gehören auch Anfragen an die Autorin oder den Verlag (wobei das Überlastungssyndrom bedacht werden sollte). Anstelle der mündlichen Vorstellung eines Autorenportraits (s. oben) kann dieses auch schriftlich verfaßt werden. – Die Auseinandersetzung mit Omas zahlreichen Vorurteilen bietet weitere Möglichkeiten, etwa eine schriftliche Stellungnahme zu einem der Textbelege, eine besonders herausfordernde Aufgabe für ältere Jahrgänge, bei der Jetztzeiterfahrungen eingefügt werden können.

Von unmittelbarem Interesse ist die Frage der Authentizität der in die Geschichte intregrierten zeitgeschichtlichen Fakten (nicht nur für Schüler, sondern auch für Erwachsene). Dies ist in der Regel an die Frage nach autobiographischen Bezügen gekoppelt. Vorliegende Interviews oder Aufsätze können ausschnittweise als Informationsmaterial bereit gestellt werden, an das sich mündliche und schriftliche Auseinandersetzungen anschließen. Als Beispiel fügen wir Textvorlagen in Anlage 5 an. Sie enthalten einige überraschende Fakten. Auf geradezu klassische Weise erschließen die Ausführungen wesentliche Unterschiede zwischen Gebrauchs- und ästhetischen Texten. Die Verankerung im realen Horizont wird deutlich, aber auch das Maß an Erfindungsreichtum. Und diese erfundenen Szenen könnten sich dennoch so ereignet haben: Literatur als Spiel mit menschlichen Möglichkeiten.

Anlage 1

- Moni, Harald und Hildegard sprechen über Sylvester und über Knallfrösche (Warum Hildegards Mutter etwas gegen die Knallerei hat?) Wie die Kinder feiern wollen.

- Moni verkleidet sich.

- Moni und Harald laufen Rummelpott (Sacherklärung im Anhang S. 247).

- Mutter, Oma, Moni und Jenny feiern Silvester (Was ist mit Monis Vater? Vorlesen des Abschnitts S. 15).

- Moni eilt nach unten und läßt Knallfrösche los.

- Monis Wünsche für das neue Jahr. Lesen des Abschnitts S. 15.

- Moni ist immer dabei, sie ist die Hauptperson. Sammeln von ersten Daten zu den anderen Personen.

Anlage 2

In der Küche steht Oma in ihrem Nachthemd am Herd und legt Briketts auf die Eierkohlen.

„Na, Deern", sagt sie. „Nimm mal die Decke, bis es richtig durchgewärmt ist."

„Mutti schläft noch", sagt Moni und kuschelt sich in die Sofaecke.

Oma antwortet nicht.

„Kann ich ein Ei?", fragt Moni. Sonntags gibt es manchmal ein Ei zum Frühstück. Man muß sich ja auch mal was gönnen, sagt Oma. Da darf man nicht auf den Pfennig gucken.

Oma nimmt einen Ring aus dem Ofenloch und stellt Wasser auf. „Natürlich darfst du ein Ei", sagt Oma. „Und neue Marmelade hab ich auch. Vierfrucht."

Moni seufzt. Sonntagmorgende sind so schön, dass sie es manchmal gar nicht glauben kann. Man kann so lange schlafen, wie man möchte, und dann sitzen sie alle drei gemütlich zusammen am schön gedeckten Frühstückstisch und es gibt ein Frühstücksei, und Moni weiß, dass sie nun den ganzen Tag gar nichts tun muss und Mutti und Oma auch nicht und dass sie vielleicht alle drei zusammen was Schönes machen.

„Soll ich Mutti wecken?", fragt Moni.

„Die lass man schlafen", sagt Oma. „Die hat Schlaf nötig", und dabei legt sie vorsichtig mit einem Esslöffel drei Eier in den Wassertopf.

„Ja", fragt Moni. Sie weiß ja, dass es Oma nicht schön findet, wenn Mutti mit Jenny auf den Swutsch geht. Auf den Swutsch, sagt Jenny und Oma sagt es auch, mit so einem Ton, dass es klingt, als ob Mutti etwas Schlimmes tut.

„Du kannst auf die Eier aufpassen", sagt Oma. „Ich zieh mich an", und sie verschwindet im Wohnzimmer. (S. 65 f.)

Anlage 3

„Hat sie wieder bessere Laune?", fragt Harald. Moni muss einen Augenblick überlegen, bis sie sich erinnert, worüber sie am Morgen mit ihm gesprochen hat.

„Nee", sagt sie und schluckt. „Flittchen" hat Oma zu Mutti vorher noch nie gesagt. Über Jenny hat sie das manchmal gesagt, ich sehe gar nicht gerne, dass du dich mit so einem Flittchen abgibst, aber dann hat Mutti nur gelacht und gesagt, ach was, die Jenny sieht nur so aus. Und eigentlich ist sie wirklich eine anständige Frau.

Aber jetzt hat Oma Flittchen zu Mutti gesagt, und wenn Moni richtig verstanden hat, warum, dann hat Oma ja vielleicht auch Recht. Wenn ein Mann Mutti nach Hause gebracht hat, ein fremder Mann, und dabei ist doch irgendwo noch ihr Vati vermisst und wartet, dass er endlich zu ihnen nach Hause darf. Da kann Mutti doch nicht mit fremden Männern tanzen gehen.

Aber vielleicht ist er ja auch tot, ihr Vati, und dann kann Mutti das natürlich doch. Sie sieht so hübsch aus, wenn sie sich die Haare aufrollt und die Lippen schminkt Man kann es nicht richtig sagen, denkt Moni. Ob Mutti das darf oder nicht. Darum ist ja Rechnen so schön. Alles ist immer entweder richtig oder falsch. Das hätte ich Heike erzählen können, als sie mich gefragt hat, ob ich Rechnen mag. Im Leben ist es alles viel schwieriger.

„Die beruhigt sich auch wieder, sollst du mal sehen", sagt Harald und stellt sich zu ihr an die Seite. „Meine Mutter ist manchmal auch wütend auf meinen Vater. Wenn er zu lange bei Otto war. Aber dann ist nachher doch alles wieder gut."

„Ich weiss", sagt Moni. (S. 72)

Anlage 4

„Wenn du weiterlesen willst", sagt Mutti, „dann gehst du vielleicht lieber ins Wohnzimmer, Moni. Ich hör jetzt Radio."

„Das stört mich nicht", sagt Moni. Gerade hat Martinas Mutter ihre Tochter im Hamburger Hafen wiedergefunden, und jetzt fahren sie mit dem vorigen Mann, der der Vater von Martina ist, in seine Wohnung nach Hannover. Bestimmt wird alles gut.

„Da liest jetzt einer vor", sagt Mutti. „Den ganzen Abend, bis Mitternacht. Ein ganzes Buch."

Moni hält den Finger auf die Stelle, an der sie jetzt gerade ist. „Kann ich das mithören?", fragt sie.

Mutti schüttelt den Kopf. „Morgen ist Sonnabend", sagt sie. „Du musst zur Schule. Das wird zu spät".

„Oh, bitte, Mutti, bitte!", sagt Moni. Bis Mitternacht, das ist fast wie Silvester. Und die traurige Geschichte vom Suchkind 312 ist doch auch für Erwachsene, und Moni kann sie verstehen. Vielleicht
wirkt ja die höhere Schule schon ein bisschen. Vielleicht ist sie schon ein bisschen schlauer und ein
bisschen erwachsener geworden.

„Da hat dir doch einer einen Floh ins Ohr gesetzt!", sagt Oma. Aber sie meint nicht Moni. „Radio hören, bis Mitternacht, wenn du zur Arbeit musst! Das hast du doch sonst auch nicht gemacht!"

„Warum nicht!", sagt Mutti böse. „Es ist Thomas Mann! Der das geschrieben hat! Der liest das selber!"

Moni hat keine Ahnung, wer Thomas Mann ist, aber Oma weiß Bescheid, das merkt sie jetzt.

„Auch so einer, der uns im Stich gelassen hat!", sagt Oma. „Hier sind die Bomben gefallen, und so einer zieht nach Amerika und sitzt da warm und trocken, und jetzt kommt der Herr zu Besuch und alle
klatschen Beifall!"

„Psst!", sagt Mutti. „Es geht los!"

*„Die Wintersonne stand nur als armer Schein milchig und matt hinter Wolkenschichten über der en-
gen Stadt", sagt* eine Stimme im Radio, und Moni hält ihren Kopf ganz dicht an den beige-braunen
Stoff, gleich neben dem grünen Auge, damit sie den Mann besser hören kann über Omas Geschimp-
fe. *„Nass und zugig war's in den giebeligen Gassen, und manchmal fiel eine Art von weichem Hagel,
nicht Eis, nicht Schnee."*

Es ist eine alte Stimme, ein alter Mann, der da vorliest, aber gerade darum klingt es wie ein Märchen,
und Moni spürt, wie sie dieses Märchengefühl kriegt, das sie gut kennt und das sie liebt und bei dem
sie immer so ruhig wird, ruhig und wohlig und zufrieden, und ein kleines bisschen, als ob es Weihnachten wäre.

„Vaterlandsverräter, das ist so einer für mich!", sagt Oma wieder grimmig. „Da halt ich ja noch mehr
von Hildegards Vater nebenan, der hat wenigstens gesessen für seine Überzeugung, aber wenn sich
einer absetzt nach Amerika, und in der Heimat wird gekämpft und gehungert und gefroren …" *„Die
Schule war aus. Über die gepflasterten Hof und heraus aus der Gatterpforte strömten die Scharen
der Befreiten, teilten sich und enteilten nach rechts und links. Große Schüler …."* Moni seufzt und kuschelt sich an Mutti. „Nur ein winziges bisschen", murmelt sie. Mutti streicht ihr über die Haare. „Aber
wirklich nur ein winziges bisschen!", flüstert sie zurück.

„Kommst du endlich, Hans?", sagte Tonio Kröger, der lange auf dem Fahrdamm …"

„Das Kind muss morgen zur Schule!", sagt Oma. Mutti legt den Finger auf die Lippen.

Da knallt Oma die Küchentür hinter sich zu und geht in ihr Wohnzimmer. (S. 115–117)

Anlage 5 (Auszug aus dem Interview Boie 2003 a)

Wie entstand die Idee zu Ihrem Kindheitsroman „Monis Jahr"?

Auf einer Geburtstagsfeier vor zwei Jahren erzählte meine Tischnachbarin davon, wie sie in ihrer
Kindheit in den Fünfzigern immer die Pfennige, die in den Strumpfhaltern die ursprünglichen Gummi-
knöpfe ersetzen sollten, für Süßigkeiten ausgegeben und durch Steinchen ersetzt habe. Das hat bei
mir eine ganze Erinnerungslawine an die Merkwürdigkeiten meiner Kindheit in den fünfziger Jahren
ausgelöst.

Hat das Buch autobiografische Züge?

Nein, überhaupt nicht, was die Familiensituation betrifft oder die Handlung. Ich bin fünf Jahre jünger
als Moni, schon daraus ergibt sich für jeden, der rechnen kann, dass mein Vater nicht wie ihrer bis
1955 vermisst war. Ich habe keine meiner Großmütter mehr kennen gelernt, ich hatte keinen Freund,
der nach Australien ausgewandert ist (wohl aber ist eine Klassenkameradin in die USA gezogen),
kein Nachbarmädchen, dessen Eltern Kommunisten waren, keine Schulfreundin, deren sozialer Status mich ähnlich erdrückt hätte, wie das bei Moni mit Heike der Fall ist. Aber die Wohnsituation, die
kleinen Alltagsdetails, das Atmosphärische: Das alles ist persönliche Erinnerung.

Was ist Ihnen persönlich besonders wichtig an „Monis Jahr"?

Mir war wichtig, den Alltag eines Kindes in dieser Zeit nachvollziehbar zu machen. Aus den Ge-
schichtsbüchern können wir vieles über politische und gesellschaftliche Ereignisse erfahren, wie es
aber ganz konkret gewesen ist, damals Kind zu sein, wie es sich angefühlt hat: Das wissen eigentlich

nur diejenigen, die damals Kinder waren, das ist ein Wissen, das – anders als das Wissen um Politisches im Großen – mit dem Tod dieser Generation verloren gehen wird, wenn sie ihre Geschichten nicht erzählt. Wer wird sich an die Pfennige in den Strumpfhaltern erinnern? Das gilt natürlich für jede Zeit. Aber auch um die Verknüpfung von ganz und gar Privatem, von Monis alltäglichem Kinderleben, mit politischen Ereignissen ist es mir gegangen. Im Rückblick werden diese Zusammenhänge ja immer deutlicher. Ein großer Teil der Jugendlichen, mit denen ich zu tun habe, findet Politik sterbenslangweilig, aus einem nachvollziehbaren Grund: Sie haben das Gefühl, das alles ginge sie gar nichts an und hätte keinen Einfluss auf ihr Leben. In dieser Geschichte sieht man die Zusammenhänge.

8 *Man darf mit dem Glück nicht drängelig sein*

Im Blick auf Versuche der Klassifizierung moderner Kinderromane ist es eindeutig, *Nella Propella* als komischen Familienroman für Kinder zu bezeichnen, in dem, wie Karin Richter schreibt, „eher auf leichte Art mit einer 'unvollständigen' Familie gespielt wird" (1998, S. 293, Anm. 9). *Man darf mit dem Glück nicht drängelig sein* ist ebenfalls durch zahlreiche Elemente situativer und sprachlicher Komik gekennzeichnet, geht aber in einer Zuordnung zu dem genannten Romantyp nicht auf, sondern umschließt zugleich wesentliche Komponenten des gesellschaftskritischen Romans für Kinder (zu der Klassifizierung dieser Gruppen, der psychologische Roman für Kinder ist hinzuzufügen, s. Armbröster-Groh 1997, Steffens 1998 u. 1998a). Letzteres muß jedoch unmittelbar relativiert werden, denn es handelt sich nicht mehr um den (bitteren) Ernst oder die harte gesellschaftliche Anklage der Kinder- und Jugendliteratur der 70er Jahre, sondern gleichsam um eine abgeklärte Variante, eingebettet in poetisch anmutende Naturbeschreibungen und die ländliche Idylle schwedischer Landschaft. Die genannten Akzente des Romans sind so ineinander verwoben, daß sich ein stimmiges narratives Ganzes ergibt, „Bild und Gegenbild, Idylle und verlorenes Familienglück werden in dieser Geschichte wie Schablonen übereinander gelegt – und sie passen." (Nefzer 1997) Darin liegt mitbegründet, daß sich auch dieser Kinderroman K.B.s „wohltuend vom sprachlichen Einerlei der deutschen Kinderbuchwelt (abhebt)" (Koppe 1997, S. 32). Ihm wurde folgende Auszeichnung zugesprochen: Die besten 7 Bücher für junge Leser. Bestenliste von DeutschlandRadio / Focus, April 1997.

8.1 Literarische Analyse

8.1.1 Inhalt

Die drei Kinder, Anna, 10 Jahre alt, Magnus, 7, und Linnea, etwa 5 Jahre alt, leben bei ihrer geschiedenen Mutter, der Vater mit seiner neuen Freundin, Irene, in Bremen. Da die Mutter überraschend die Chance zu einer Fortbildungstagung bekommt, muß sie ihre Urlaubspläne, Ferien mit ihren Kindern in einem gemieteten Haus in Schweden zu erleben, kurzfristig aufgeben. Sie drängt den Vater, die geplante Reise mit den Kindern anzutreten. Zähneknirschend und mißmutig geht er darauf ein.

Lustlos betritt der Vater nach der langen Reise das kleine Ferienhaus. Er spricht von dem abgelegenen Platz als vom Ende der Welt und nennt das Haus eine Bruchbude. Er vermißt Restaurants und bequeme Einkaufsmöglichkeiten. Die Kinder sind jedoch von Anfang an von dem kleinen, roten Haus, den Wiesen, Wäldern und Seen angetan. Sie richten sich auf dem Dachboden, ihrer Schlafstätte, ein und genießen das einfache Leben, allerdings immer wieder überschattet von Vaters Mißmut, seiner Unzufriedenheit und ihrem familiären Kummer. Das hindert sie nicht, sich mit Angeln, Baden und kleinen geschwisterlichen Reibereien die Zeit zu vertreiben.

Der Vater angelt zwar mit den Kindern, wobei es wegen Magnus' Tierliebe zu Spannungen kommt, vergräbt sich aber sonst in seine Arbeit am Laptop. Anna, als zupackende ältere Schwester, übernimmt eine Reihe von häuslichen Verpflichtungen. Insgeheim hofft sie, daß der Vater dies würdigt, sich wohlfühlt und die Eltern doch wieder zusammenfinden. Ihre Hoffnung wird jedoch bald zunichte, und alles wird noch schlimmer für sie. Vaters Freundin, die Anna nur „das Weib" nennt, und Linnea spricht ihr das nach, muß ins Krankenhaus, weil sie ein Kind erwartet. Deshalb kommt ihr Sohn Friedrich, den Anna „Scheißkerl" nennt, zu ihnen nach Schweden. Annas Nöte und Spannungen wachsen, oft flüchtet sie in Märchenvorstellungen. Sie meidet zunächst jeden Kontakt zu dem Eindringling, während Magnus und Linnea sich mit ihm anfreunden. Friedrich respektiert ruhig und gelassen ihr Verhalten. Schließlich aber begreift Anna, daß ja Friedrich, dessen Mutter ein Kind erwartet, das nicht von Friedrichs Vater ist, sich in der gleichen Lage wie sie befindet. Auch er muß einen Weg durch die sich als chaotisch darstellenden familiären Bezüge finden.

Die Situation der Freundin im Krankenhaus verschlechtert sich, das Baby ist in Gefahr. Der Vater bricht deshalb die Ferien ab, und sie fahren zu fünft zurück. Anna nimmt wehmütig von dem kleinen, roten Haus Abschied und stellt sich vor, wie es wäre, wenn sie im kommenden Jahr alle hier Ferien machen könnten.

8.1.2 Thematischer Schwerpunkt und Figurenkonstellation

Thematischer Schwerpunkt ist die Familiensituation beider Elternteile und vor allem der Kinder nach der Scheidung. Die Mutter, als berufstätige Frau, schlägt sich mit ihren drei Kindern durch. Der entfernt wohnende Vater lebt mit seiner Freundin zusammen. Diese hat einen elfjährigen Sohn und erwartet ein Kind von ihrem neuen Freund. Die entstehenden verwandtschaftlichen Bezüge ergeben für alle involvierten Personen zunächst ein nahezu chaotisch anmutendes Durcheinander, Abbild von zahlreichen Scheidungsfamilien heute. Hier dokumentiert K. B. eine gesellschaftliche Gegebenheit der Gegenwart und skizziert die Probleme einer Patchwork-Familie.

Beide Elternteile Annas sind vorrangig auf sich selbst bezogen. Die Mutter stellt einen Karrieresprung über die gemeinsamen, geplanten Ferien. Der Vater springt nur widerwillig ein, vergräbt sich in seine Arbeit und begreift weithin nicht, was seine Kinder umtreibt. Ingeborg Gleichauf (1997) nennt ihn phantasielos, engstirnig und langweilig. Er ist einseitig auf seine neue Situation und das zu erwartende Baby bezogen. Das Schwergewicht der Darstellung liegt jedoch auf den Scheidungsfolgen für die drei Kinder und später für Friedrich, dem Sohn von Vaters Freundin. Bei aller humoristischen Einbettung werden die Zerrissenheit und das zerbrochene Glück der Familie transparent. Für Dahrendorf ist es „ein 'humoristischer' Roman, der nicht verbergen kann und will, mit welchen Sorgen die Kinder hier belastet sind" (2000, S. 11). Ina Nefzer lenkt das Augenmerk auf die Sinnmitte des Erzählten hin: „Sanft, doch unumwunden spiegelt K. B. die zerbrochene Familienidylle in den vier Kindern." (1997) Die Autorin spielt mögliche Reaktionen von Kindern angesichts einer neuen Lebensform, mittlerweile von einigem gesellschaftlichen Gewicht, durch. Anna, die Zehnjährige, trägt besonders schwer an dem erlittenen Verlust. Sie denkt über vieles nach. Dem Überdruck der Last weicht sie in Tagträumen mit märchenhaften Bezügen aus. Sie stellt sich vor, die große Tochter einer armen Familie zu sein, deren Mutter gestorben ist, und sie müsse die kleinen Geschwister versorgen. Überformt wird ihr Schmerz immer wieder durch die Schönheit der schwedischen Landschaft und die Gemütlichkeit des Ferienhauses, für beides hat sie ein besonderes Sensorium. Ebenso begeistert sie ein abgelegener Kleiner-Emma-Laden. Ihr Zorn und ihre Enttäuschung machen sich sprachlich Luft. Indem sie Vaters Freundin Irene nur „das Weib" tituliert und den Sohn Friedrich den „Scheißkerl", zieht sie eine innere Wand zwischen sich und den anderen, zwischen ihren Hoffnungen und der Realität. Als sie von den Komplikationen vor der Geburt des Kindes hört, geht ihr Haß so weit, daß sich in ihr der geheime Wunsch regt, daß das Weib oder das Baby sterben möchten. Dann könne der Vater, wie in Kästners *Das doppelte Lottchen*, wieder zu ihnen zurückkehren. Doch diese Hoffnung zerplatzt alsbald.

Ihr Bruder Magnus verarbeitet das Problem auf andere Art. Er projiziert seine Sehnsüchte nach einer heilen Familienwelt auf Tiere, in einer übertriebenen Zuwendung und Liebe zu jedweder Kreatur, so daß er keinen Wurm an einer Angel, keine Made als Köder ertragen kann und schon gar nicht einen geangelten Fisch zu töten oder gar zu essen vermag. Den vom Vater getöteten Fisch begräbt er z. B. heimlich zusammen mit Friedrich. Wie Anna fühlt er sich in der Einsamkeit des Ferienortes wohl und findet die Tierwelt faszinierend. Er reagiert einmal auf Vaters negative Äußerungen, und Anna beobachtet auf feinsinnige Weise sein Verhältnis zu allem, was ihn in der Natur umgibt.

> „Hier ist es doch auch schön, Papa", hat Magnus vorsichtig gesagt. Anna hat schon die ganze Zeit gesehen, dass auf seinem Gesicht so ein Leuchten war, das kennt sie sonst nur, wenn Magnus gerade irgendeinen von seinen Vögeln entdeckt hat. (S. 34 – alle Zitate erfolgen nach der Taschenbuchausgabe.)

Das Zitat zeigt auch, daß Magnus viele Dinge unausgesprochen in seinem Innern bewegt. Er ist still, in sich gekehrt, hält sich zurück und bleibt oft abseits. Zu Hause versenkt er sich in seine Bücher, z. B. über die alten Ägypter, die Mumien und Pyramiden. Für Schweden hat er sich mit seinen Büchern über Pflanzen, Schlangen und Vögeln ausgerüstet.

Linnea geistert überall herum, quicklebendig, manchmal nervig, manchmal typisches Kleinkind, oft aber auch gewitzt und altklug. Im Sprechen und Handeln bewirkt sie eine Kette humoristisch gefärbter Szenen. Sie und ihre Puppe Linni sind unzertrennlich. Wenn es ihr paßt, überträgt sie schlau ihr Ich auf die Puppe. Die tut dann, was Linnea nicht dürfte, äußert Wünsche und Kritik vornehmlich an den Erwachsenen, die sie nicht auszusprechen wagte, etwa wenn diese „ferkelige" Wörter benutzen. Das Sich-Verstecken hinter ihrer Puppe Linni verschafft ihr auch Vorteile beim Streiten mit den Geschwistern. In kleinkindhafter Unbekümmertheit nennt sie heikle Probleme beim Namen. Zugleich verbirgt sie in und hinter diesem Spiel ihre Ängste, eine dritte Form der Verarbeitung des Zerbrechens der Familie. Den Vater nennt sie nicht Papa, sondern nur „Herr Schulze", ein nicht zuletzt tiefenpsychologisch zu deutendes Phänomen. Andererseits zeigt sie noch typisch kleinkindhafte Verhaltensweisen im Beisammensein mit den Geschwistern, etwa daß sie beim Monopolyspiel oder Mensch-ärgere-dich-nicht die Spielregeln negiert, wenn sie ihren Wünschen entgegenstehen. In der Kritik wird die Art Linneas unterschiedlich bewertet. Für Malte Dahrendorf ist sie eine Quelle von Humor (2000, S. 11). Karin Richter spricht zurückhaltend von „Annas kleine(r) Schwester Linnea mit ihre(r) etwas (zu) altklugen Art" (1998, S. 292). Susanne Koppe hält „Linneas Pragmatismus und ihre höchst eigenwillige Denk- und Redeweise zwar entnervend, aber liebenswert" (1997, S. 32). Für Ingeborg Gleichauf dagegen wirkt der lockere Ton der Geschichte „bisweilen befremdlich konstruiert". „Zu ausgefeilt und altklug für eine Vierjährige sind etwa die Sätze der kleinen Linnea." (1997) Darauf wird unten unter sprachlich-stilistischer Sichtweise noch einzugehen sein.

Friedrich schließlich, der unwillkommene Eindringling, gibt gegenüber Annas Abwehrhaltung klug und kommentarlos nach. Mit Magnus freundet er sich schnell an, und die beiden hecken gemeinsam Streiche aus. Auf subtile Weise flicht die Autorin Annäherungssignale Annas in den Text ein. Schließlich ist es Friedrich, der sie im Wald bei den eingefallenen Mauern eines einstigen Hauses aufsucht und behutsam ein Gespräch beginnt, in dem sich ihrer beider Situation als eine von gleichen Problemen belastete erweist. Karin Richter ordnet dem Titel des Romans in ihrem Aufsatz die Ergänzung zu: „oder die kindliche Sehnsucht nach familiärer Harmonie" (1998, S. 292) und trifft damit vor allem, was die Kinder und besonders Anna und Friedrich umtreibt. Nach diesem klärenden Gespräch fällt Anna zwar immer noch einmal in ihre Abwehrhaltung zurück, da sie angesichts der weiteren Entwicklung ihr Drängeln nach einem wiederherzustellenden Glück bremsen und schließlich aufgeben muß.

Als die vorzeitige Abreise ansteht, wehrt sie sich mit all ihren Kräften dagegen. Sie weiß nicht, wie all die verworrenen Fäden dieses „normalen Familienirrsinns", wie Susanne Koppe ihre Rezension überschreibt (1997, S. 32), entwirrt werden sollen.

In dieser Phase ihres Ringens wendet sich ihr Friedrich erneut zu.

> „Ich hab darüber nachgedacht", sagt er leise. „Und weißt du, was ich glaube, Anna? Ich glaub, es ist gar nicht so einfach im Leben. Ich glaub, man kann gar nicht immer alles so machen, dass keiner unglücklich wird. Das funktioniert gar nicht immer." Dann stützt er sich auf seine Ellenbogen. (S. 165).

Vom Vater, von den Eltern insgesamt, erhalten die Kinder keine Hilfe. Dennoch ist es „trotz aller Brüchigkeit am Ende doch ein sehr hoffnungsvolles Buch, weil die Kinder sich darin die Stabilität, die sie von den Erwachsenen nicht bekommen, gegenseitig geben" (Schnettler 1997, S. 20). Jetzt hat Anna die Kraft, beim Abschied an die Möglichkeit zu denken, hier vielleicht wieder einmal Ferien zu verleben, vielleicht sogar in großer familiärer Runde?

8.1.3 Erzählweise

Das erst Kapitel beginnt, gegenüber der Mehrzahl der Romane der Autorin, mit einer bemerkenswerten idyllisch anmutenden Naturbeschreibung: von einem kleinen roten Haus auf einer Lichtung, vom beginnenden Frühling mit seinen wilden Primeln, den Leberblümchen und Buschwindröschen, von einer „frühlingsfrechen Bachstelze", die einen Platz für ihr Nest sucht. Damit baut sich eines der thematischen Leitmotive auf: immer wieder sind in die Geschichte der Scheidungsfamilie mit ihren Schwierigkeiten, ihren Nöten und Hoffnungen Ausblicke auf die schwedische Landschaft mit all ihren Attributen eingefügt, vom Vater ignoriert oder beklagt, von den Kindern, besonders von Anna, liebevoll betrachtet und als einen ihre innerfamiliäre Situation überlagernden, manchmal kontrastierenden Teil ihrer Lebenswelt empfunden. Ist dieser Einstieg, sind diese Naturbeschreibungen eine Hommage an Astrid Lindgren, die sich in *Wir Kinder aus dem Mövenweg* noch verstärkt? Ina Nefzer spricht diese Vermutung aus und fügt hinzu, daß K. B. jedoch neue Antworten gibt (1997).

Im dritten Absatz des ersten Kapitels beginnt ein kurzer Dialog zwischen dem träumerischen, „philosophierenden" Magnus und seiner nüchterneren Schwester Anna, in den sich die kleine Schwester Linnea auf ihre witzig-burschikose Art einmischt. Noch aber sind die Kinder nicht in Schweden, noch wissen sie nichts von dem kleinen roten Haus, denn es handelt sich um einen imaginierten Dialog: so könnte oder wird es sein; unter dem Aspekt der Bauform eines Kinderromans ein bewundernswerter Kunstgriff. Der lyrische Beginn spannt sich über den Roman hin. Er wird bei der Ankunft der Familie in Schweden wieder aufgegriffen, jetzt als Wahrnehmung Annas, überwältigend, so daß sie zu träumen glaubt.

> Das kann es doch gar nicht geben, dass ein Haus so allein daliegt zwischen seinen Birken und dem Bach wie im Märchen und dass dieses Haus dann auch noch für Anna gedacht ist! (S. 27f.)

Er rundet schließlich den Roman in dem kurzen Abschlußkapitel durch die Wiederaufnahme des Motivs von dem kleinen roten Haus ab.

> Das kleine rote Haus liegt auf seiner Lichtung im Regen. Die Bachstelze sitzt aufgeplustert auf ihrem Nest und die Kaninchen bleiben tief unter der Erde. An der Wäscheleine hängt tropfend und schwer ein vergessenes Küchenhandtuch und unter dem Apfelbaum, ganz im Gras versteckt, liegt nass und grau eine zusammengekrumpelte Socke, die Linnea erst zu Hause vermissen wird. Der Regen tropft von den Zweigen und verwischt die Radspuren im Sand, und ganz, ganz langsam reißt am Horizont der Himmel auf. (S. 172)

Dieser Schluß rundet jedoch nicht nur den leitmotivischen Bogen. Er ist zugleich überaus symbolträchtig und spiegelt vor allem den Hoffnungsschimmer nicht nur der Natur nach einem Regen, sondern den im Leben Annas, auch für sie „ganz, ganz langsam".

Im zweiten Kapitel erst wird die häusliche Situation der Kinder bei der Mutter entfaltet, mit ihrem Geheimnis, das die Brücke zu dem etwas rätselhaften Einstieg schlägt. In einer aufbauenden Rückwendung (s. den Begriff zur Bauform von Erzählungen bei Lämmert 1972, S. 100–139, bes. S. 104 ff.) wird auf den Seiten 14 und 15 über den Vater berichtet und die Geschichte der Scheidung nachgetragen.

Der Einstieg über eine poetische Naturschilderung mit dem Kernmotiv des kleinen roten Hauses und über einen imaginierten Dialog der Kinder, in dem sich bereits ihre unterschiedlichen Charaktere offenbaren, beides leitmotivisch die Komposition des Romans bedingend, von wo aus dann in die Realität der spezifischen Häuslichkeit eingeblendet wird, darf ohne Scheu als kinder- und gesamtliterarisch meisterhaft gestaltet apostrophiert werden.

Karin Richter spricht von einer „in auktorialer, aber ganz auf kindliche Empfindungen ausgerichteten Erzählweise von einer Familie mit drei Kindern" (1998, S. 292). Malte Dahrendorf dagegen vermerkt, daß aus der Perspektive der 10jährigen Anna und in der dritten Person erzählt wird (2000, S. 11). Beide Positionen widersprechen sich in dem Ausdruck „auktorial". Eine Feinanalyse führt zu dem Ergebnis, daß es sich vorrangig um eine personale Erzählsituation handelt, aber schwächer ausgeprägt und relativiert durch einige auktoriale Passagen, zu denen vor allem Einstiegs- und Abschlußkapitel gehören. Anna ist Reflektorfigur. Daß sich in ihrer Beobachtung, in ihrem Bewußtsein das Geschehen um die Patchwork-Familie spiegelt, tritt zunächst nicht sehr deutlich in Erscheinung, da auch die Mutter, vor allem aber Magnus und Linnea, später der Vater, in ihrem Sprechen und Handeln Kontur gewinnen und Anna selbst vielfältig aktiv ist, was berichtend vermerkt wird. Darüber hinaus ist sie stärker als in extremeren Formen personalen Erzählens in die Dialoge mit allen anderen Figuren involviert. Diese offene Erzählweise gibt allen Personen ein größeres Gewicht. Dennoch wird der Blick der Rezipienten vorrangig auf Annas Perspektive gelenkt, in ihren Gefühlen, in ihren Vorstellungen und Kommentaren, über ihre Innensicht gewonnen, dokumentiert sich der leidvolle Weg über vergebliche Hoffnungen zu einer realistischeren Einschätzung des Lebens nach der Scheidung der Eltern. An einem Beispiel sei dies verdeutlicht. Anna erinnert den Vater an den Beschwerdebrief wegen des Ferienhauses, den er beim Einkaufen einwerfen wollte.

> Papa guckt einen Augenblick hoch. „Da sagst du überhaupt was!", sagt er verblüfft. „Den hab ich natürlich wieder vergessen. Na, nächstes Mal dann. Und außerdem wäre es mir ganz lieb, wenn du jetzt verschwinden könntest. Damit ich in Ruhe zum Arbeiten komme", und er guckt schon wieder auf seine Tastatur.
> Verschwinden, tatsächlich, denkt Anna böse. So hat er sich den Urlaub ja vorgestellt. Aber dass sie sich noch nicht mal hinsetzen kann um zu malen, wenn sie das will, weil Papa das Wohnzimmer braucht, das ist wohl die Höhe. Nicht, dass sie gerne malen möchte, natürlich. Aber das kann ja Papa schließlich nicht wissen. (S. 134 f.)

Berichtet wird, was der Vater tut, in Außensicht, und was er sagt. Sein Gefühlszustand wird mit „verblüfft" vermittelt. Sein Drang zur Arbeit, daß er Ruhe haben will und ungehalten über Annas Störung ist, deutet ebenfalls auf seinen Gemütszustand hin. Über Außensicht, also ein auktoriales Berichten, relativ objektiv, eben das was Anna beobachtet, kommen ebenfalls psychische Zustände ins Spiel, erzähltheoretisch als Psychonarration bezeichnet (Vogt 1990, S. 157– 162). Was aber wirklich in dem Vater vor sich geht, ist allenfalls zu vermuten, nicht aber über den „Blick ins Innere" (Lypp 1989) belegt. Der folgende Absatz führt dagegen unmittelbar in Annas Gedankenwelt, zunächst noch durch das Verb „denkt" signalisiert, dann als erlebte Rede.

Draußen tummeln sich die beiden Geschwister.

> Vor dem Fenster hüpfen Magnus und Linnea im Regen herum und grölen wilde Lieder und da fällt Anna plötzlich ein, was sie jetzt tun kann.
> Natürlich! Dass sie nicht gleich darauf gekommen ist, als sie heute morgen den Regen gesehen hat! (S. 135)

Was Markus und Linnea konkret bei ihrem Herumtollen fühlen und denken, wird nicht mitgeteilt. Daß sie fröhlich und übermütig sind, können wir ableiten. In Annas Inneres, eben weil sie als Reflektorfigur fungiert, blicken wir hinein. Erlebte Rede, als eine Form der Wiedergabe von Gefühlen, Gedanken und inwendigem Sprechen steht zwischen wörtlicher und indirekter Rede. Ihre Nähe zum inneren Monolog der Ich-Erzählsituation wird durch Umformen deutlich: Natürlich, daß ich nicht gleich darauf gekommen bin, als ich heute morgen den Regen gesehen habe.

Die von Karin Richter betonte, ganz auf kindliche Empfindungen ausgerichtete Erzählweise ist ein dominantes sprachliches Gestaltungsmerkmal. Annas Freude an der Natur, ihr Verantwortungsgefühl für die kleinen Geschwister, ihr Wunsch nach der Wiedergewinnung des verlorenen Familienglücks, ihr Schmerz über die zerbrechenden Hoffnungen, ihr Flüchten in tröstende, aber auch die Traurigkeit verstärkende Märchenvorstellungen, ihre anfängliche Abwehr dem Eindringling Friedrich gegenüber, die behutsamen Schritte einer Annäherung, aber auch der Haß auf „das Weib", sind aus dem Horizont des Standes der Entwicklung einer 10jährigen heraus glaubwürdig nachempfunden. Bei Markus sind es sein Handeln und Sprechen, das ihn als einen überaus tierliebenden, empfindsamen und träumerischen, eher still leidenden und überaus nachdenklichen 7jährigen charakterisiert. So führt ihn die Autorin bereits in dem imaginierten Dialog ein.

> „Schade, dass Häuser nichts mitkriegen können im Leben, was?", würde Magnus jetzt sagen, wenn er das kleine rote Haus sehen könnte mit all den Birken drum herum und der Bachstelze auf dem Dach und der Sonne in den Scheiben.
> „Wieso das denn?" würde Anna fragen. Genau in diesem Ton.
> „Weil ..." würde Magnus hilflos antworten und wieder einmal merken, dass es Dinge gibt, die man nicht erklären kann, wie sehr man es auch möchte, immer gerade die wichtigen, wunderbaren Dinge. (S. 5)

Seine Tierliebe steht dem Zweckdenken seines Vaters gegenüber, der beim Angeln nur an den Verzehr von Fischen denkt, während Magnus sich in jedwede Kreatur zu versetzen vermag. Er verliert sich auch im Spiel, besonders mit dem älteren und umsichtigen Friedrich. Immer wieder jedoch brechen seine Nöte hervor, die sich in seinem Sprechen offenbaren. Als die Kinder erfahren, daß Vaters Freundin ein Baby erwartet, steht vor seinen Augen zunächst die Gestalt eines Neugeborenen: „'Die sind so niedlich, die Babys', sagt er nachdenklich. 'Die haben so winzige Finger.'" Anna schätzt die Situation realistisch ein, sie äußert, daß der Vater dann ein neues Kind habe und sie nicht mehr brauche. Der Bruder reagiert. „Magnus sieht erschrocken aus. 'Uns hat er trotzdem noch lieb', sagt er bittend." (S. 82)

In besonderer Weise stilprägend sind Linneas Eskapaden, ihre witzigen Bemerkungen und Wortspielereien. Sie bilden ein die Geschichte durchgehend erheiterndes, manchmal aber auch die Problemlage erhellendes Element, z. B. wenn sie ihre Puppe Hilli geheime Gedanken über das Verhalten des Vaters aussprechen läßt. Einige der entwicklungspsychologisch bedingten Verhaltensweisen sind feinfühlig nachempfunden, etwa daß die 4/5jährige noch keine Spielregeln anerkennt und sie nach ihrem Bedürfnis auslegt, wie sie mit einem neu gewonnenen, ihrem Wortschatz hinzugefügten Wort geradezu erprobend spielt, z. B. mit „übrigens" (S. 16), mit beliebigen Ziffernnamen aufwartet, die weder auf die exakte Zahlenreihe noch etwaige Mengenvorstellungen bezogen sind. Den Gebrauch des Schwedischen als ihr fremde Sprache vermag sie nicht einzuschätzen: „Tack, tack. Ich glaub, die sind ein bißchen dumm. Die Schweden." (S. 62)

Einmal singt sie ihrem Vater ein Lied vor, das sie im Kindergarten gelernt hat.

„Aber gemeinsam / werden wir Anna des Lebendigen sein! / Einsam bist du klein! / Aber gemeinsam …" (S. 86 f.)

Die ihr noch nicht zugängliche Aussage „Anwalt des Lebendigen" schmilzt sie in ihr Erfahrungsfeld ein, ein in der Sprachentwicklungspsychologie vertrautes, als ein kreativer Akt gedeutetes, vielfach belegtes Faktum des Sprachverhaltens 4/ 5jähriger Kinder.

Oft läßt sie ihre Puppe Hilli sprechen und versucht damit, ihre Wünsche durchzusetzen. Sie schnappt z. B. ihrem Vater die Zimtwecken vor der Nase weg, obwohl sie schon welche gegessen hatte, der Vater jedoch nicht. Er will sie daran hindern.

> Linnea windet sich wütend unter seinem Griff. „Laß mich los, Herr Schulze!",
> schreit sie. „Sofort! Man darf kleine Kinder nicht beschädigen!"
> Vor Staunen lässt Papa ihre Hand los. „Was?", sagt er verblüfft. Und jetzt ist die
> Zimtwecke natürlich verschwunden.
> „Ja, stell dir mal vor, ich hatte schon zwei!", sagt Linnea angriffslustig und hält ihre
> Beute ganz fest. „Aber Hilli hatte noch keine, und die muß noch wachsen", und da-
> gegen kann Papa nicht so viel sagen. (S. 84)

In diesen Sätzen klingt ein etwas altkluger Ton an, der an anderen Stellen über den Denk- und Wissenshorizont der Altersstufe Linneas hinausreicht.

Typisch und altersgerecht ist das Alternieren zwischen Spiel und Realität. Denn, wenn es Linnea paßt, ist ihre Puppe plötzlich kein lebendiger Spielpartner mehr. Als Magnus die in den See gefallene Puppe gerettet hatte und sie dann vorbeugend impfen will, also auf Linneas Spiel eingeht, läßt sie ihren Bruder, der sie zuvor geärgert hatte, ins Leere laufen und sagt ihm, daß dies doch nur eine Puppe sei und keine Krankheit kriegen könne. (S. 89)

Die Elemente dieser Sprach- und Situationskomik bringen einen leichteren Ton in die erzählte Scheidungsgeschichte und entlasten damit die Rezipienten, so daß für sie der Roman keine allzu ernste Problemgeschichte darstellt. Damit gewinnen die hier und da den Sprach- und Wissenshorizont übersteigenden Äußerungen des Vorschulkindes ihre literarische Funktion, die das Verdikt „befremdlich konstuiert" (s. oben, S. 84) aufzuheben vermögen.

Nahezu einer tiefenpsychologischen Deutung bietet sich Linneas Verhalten ihrem Vater gegenüber an, den sie als einen fremden Mann ansieht, weil sie ihn nur einmal im Monat besucht. Sie tituliert ihn, wie eben in einem Zitat sichtbar, mit „Herr Schulze" und will ihm sogar das Du verweigern – auch dies ein Element des Erzählstils.

Die Kindbezogenheit ist ein bestimmender Strukturzug. Dies gilt weithin für die Wortwahl, für die Phantasievorstellungen und den dokumentierten Wissenshorizont der Kinder. Die Zitate belegen die Aussage, oft wird z. B. für „sehen" das Wort „gucken" gebraucht oder die Redeeinleitungen erfolgen mit dem Wort „sagen". Differenzierter gestaltet sich die syntaktische Dimension. Parataktische

Reihungen wie in *Paule ist ein Glücksgriff* gibt es auch hier, aber sie sind in längere, mehrgliedrige Satzgefüge einbezogen. Insgesamt treten sie jedoch zugunsten von beachtenswerten, mehr hypotaktischen Formen zurück. Dies sind noch nicht abstrakte syntaktische Gefüge mit entsprechenden Konjunktionen und Präpositionen, vielmehr den Kindern der Altersstufe von Anna näher liegende konkrete Raumbezüge, einfachere Relativsätze oder die Verben und Akkusativobjekte entfaltenden sogenannten Inhaltssätze mit der Konjunktion „daß". Längere Satzgefüge wie in den Eingangspassagen sind in der Regel durch nebenordnende Konjunktionen verbunden. Die Teilsätze in den vielgliedrigen Gebilden sind dann noch durch Reihung von Satzgliedern transparent gemacht (s. dazu obiges Zitat, S. 87). Daneben gibt es aber auch Satzgefüge, die logisch differenzierter sind. –Die Familie fährt nach dem Heidelbeerpflücken zurück:

• Auf der Rückfahrt schnallt Anna Linni mit Linnea zusammen im Kindersitz fest, weil in der Schüssel kein Platz mehr ist. Ganz voll ist die Schüssel natürlich nicht geworden, wo Linnea doch immerzu essen wollte; aber einen ganz roten Po würde Linni bestimmt trotzdem kriegen, wenn Anna sie da jetzt wieder reinsetzen würde. (S. 104)

Die altersgerechte Passung, u. a. an den wenn- und weil-Sätzen erkennbar, wird von Pregel in einer älteren Untersuchung belegt, deren Relevanz für stilistische Fragen noch immer beachtlich ist (1970). Die Verbindung eines im stilistischen Konzept hohen literar-ästhetischen Anspruchs mit der Zugänglichkeit aller Textelemente für die intendierte Altersgruppe ist eine herausragende Leistung der Autorin, von der Karin Richter sagt, sie „dürfte in dieser Form auf dem deutschen Büchermarkt einmalig sein" (1998, S. 293).

8.2 Didaktisch-methodische Aspekte

Der Oetinger Verlag zeichnet das Buch für Heranwachsende ab 10 Jahren aus. Entwicklungspsychologisch gesehen bedeutet dies, für Kinder der mittleren bis späten Kindheit, und schulisch für 4.–6. Schuljahre. Das Datum ist auffällig, bedenkt man etwa die Alterszuordnung ab 6 Jahren für Nella Propella, ist aber zu bekräftigen, wie es in der literarischen Analyse, bezogen auf Thematik, Erzählsituation und sprachlich-stilistische Daten bereits angedeutet wurde. Die Adressaten begegnen in K. B.s Roman einem virulenten gesellschaftlichen Phänomen, von soziologischer Seite her mit Patchwork-Familie bezeichnet. Sie begegnen ihm in einer fiktiven Geschichte von beachtlichem sprachlichem Niveau, in einem zwischen Ernst und stiller, naturbezogener Heiterkeit ausgespannten Text. Sie begleiten die zwischen Traurigkeit und Hoffnung pendelnden Gefühlslagen der Protagonistin in einem durchgehend mit situativer und sprachlicher Komik gewürzten Text, vorrangig an die etwa 5jährige Linnea gebunden. Der literarische Text erschließt sich ihnen in allen seinen Facetten über die gleichaltrige Protagonistin Anna, die als Reflektorfigur ihre Perspektive in das Geschehen einbringt. Bei aller Annäherung an den Gefühls-, Vorstellungs- und Wissenshorizont der Altersstufe übersteigt das Buch diesen erreichten Entwicklungsstand in klug dosierter Weise. Die Adressaten gewinnen neue Einsichten in das Problemgefüge einer Scheidungsfamilie mit ihren Komplikationen durch die Bindung der Partner wieder an Personen, die ihrerseits ihre Familienkonstellation einbringen. Im sprachlich-stilistischen Plan des Romans wird deutlich, daß die Rezipienten z. B. in der syntaktischen Dimension auf vertraute Formen ihres aktiven und passiven Sprachvermögens stoßen, die in ihrer literar-ästhetischen Ausprägung durch ausladendere Satz- und Teilsatzfügugen stärker hypotaktischer Art jedoch auch über ihren erreichten Entwicklungsstand hinausreichen. Dies ist übrigens eine in der Sprachdidaktik der letzten Zeit eher vernachlässigte oder gar übersehene Teilfunktion ästhetischer Texte.

Aus dem Gesagten bieten sich nahezu unmittelbar Möglichkeiten des schulischen Umgangs mit K. B.s Roman an. Sie sind im folgenden aufgelistet, ohne Anspruch auf Vollständigkeit, vielmehr als frei zu handhabende Anregungen. Im Vorfeld ist zu vermerken, daß sich vor dem Hintergrund guter Textkenntnis und der positiven Einschätzung des Buchs eine Reihe von Tätigkeiten bzw. Aufgaben für Lehrerinnen und Lehrer zur Aktivierung eines schulischen literarischen Lebens anbieten: die begründete Bestellung für die Schülerbücherei, die Information anderer Kolleginnen und Kollegen, eine Vorlesestunde zur Anregung für häusliches Lesen, auch für Eltern auf Elternabenden zur Anregung der Anschaffung des Buchs für ihre Kinder (ihnen gegenüber kann auf die besondere Qualität der graphischen Gestaltung der gebundenen Ausgabe verwiesen werden), persönliche Beratung von einzelnen Kindern der Klasse für Ausleihe und häusliche Lektüre, Kurzberichte dieser Kinder in der Klasse zur Anregung für andere. Hier geht es jetzt jedoch um eine vertiefende Erschließung mit Berücksichtigung der Aspekte literarischen Lernens, wobei die Taschenbuchausgabe die Anschaffung von Klassensätzen erleichtert.

- Häusliches und schulisches Einlesen, Lesen und Vorlesen in unterschiedlichen methodischen Arrangements bilden einerseits die Basis für alle weiterführenden Arten der Begegnung mit dem Text, sind andererseits zugleich die wichtigste Form des Eintauchens und der persönlichen Aneignung des literarischen Textes, was auch ein Einschmelzen der sprachlichen Formen in den Sprachbesitz der Rezipienten bedeuten kann.

- Die Grundform der Erschließung der problematischen familiären Situation der Scheidungsfamilie und den Facetten der inneren und äußeren Auseinandersetzung Annas mit dem Wissen um ein verlorenes und doch wieder ersehntes Familienglück und schließlich einem ersten Begreifen Annas, daß auch sie ihre persönliche Antwort auf die neuen, die zukünftigen Aufgaben und Anforderungen geben muß, sind vertiefende, ernsthaft zu führende und die Erfahrungen und Vorstellungen der Kinder einbringende Gespräche. Diese beziehen sich auf das Verhalten der Eltern, auf die einander folgenden Abschnitte, wie Anna auf unterschiedliche Weise reagiert, auf ihre Abwehr gegenüber Friedrich und die schrittweise, im Text nur angedeuteten Stufen der Annäherung und schließlich das Begreifen auch seiner Situation, seiner Perspektive auf das alle belastende Geschehen. Als Höhepunkt sollte die ernste, tiefgründige Aussprache der beiden Heranwachsenden herausgestellt werden (S. 140–142), ein textinternes Gespräch, das eine Schlüsselstellung einnimmt und eine solche auch als Unterrichtsgespräch gewinnen kann. „Es ist der Beginn einer neuen Sicht der beiden Heranwachsenden auf ihre Lebenssituation, der es ihnen ermöglicht, *gemeinsam* damit fertig zu werden." (Richter 1998, S. 292)

- Um alle wichtigen, im Text agierenden Personen deutlich herauszustellen und ihre spezifische Rolle zu erfassen, eignen sich wiederum gezielte Gespräche, vor allem aber das Auffinden charakterisierender Textstellen und eine Reihe weiterer motivierender handlungsorientierter Zugriffe: die Figuren auf Papptafeln aufmalen und durch einen beschreibenden Text oder auch durch in Sprechblasen eingeschriebene Redehandlungen in wörtlicher Rede oder als innere Monologe ergänzen – Spielszenen wie das Planen und Durchführen der Streiche (den Fisch mopsen und begraben, die Würmer und Larven verschwinden lassen, wie Friedrich die „Schlange" aus dem Wasser fischt, die Linnea erschreckte) – kurze Tagebucheinträge des Vaters, Annas oder Friedrichs zu bestimmten Vorkommnissen.

- Linneas Scherze und „Ungezogenheiten" über die ganze Geschichte hin im Gespräch verfolgen, die komisch-humoristischen Passagen in den Vordergrund rücken: im Text aufsuchen, finden, vorlesen (Partnerarbeit), in Comicform mit Sprechblasen darstellen – ein Portrait Linneas schreiben.

- Die Kapitelgliederung, ohne Überschriften, ist durch graphische Signale markiert. Hier kann die vorzügliche Illustration der Stempelbilder von Jutta Bauer neben der Freude an dem Vignettenreichtum des Buches eine didaktisch-methodische Funktion gewinnen: im Entdecken der Kapiteleinschnitte – im Zuordnen der Stempelbilder zu dem Inhalt des Kapitels (diese vertiefen, ergänzen, deuten an, allerdings schwächt sich der Bildeindruck im Taschenbuch durch Verzicht auf Farbe ab) – dem Formulieren von Kapitelüberschriften mit Hilfe des Textes und der Bilder (wegen der Spannweite und Fülle in Gruppenarbeit). Zum deutlicheren Erfassen der Bauform des Romans zu den gefundenen Überschriften ein eigenes Bild malen, die Bilder mit Überschriften nach der Chronologie des Textes ordnen (ein wichtiges Element von Textkompetenz ist bei umfangreicheren Büchern deren Strukturierung und Gliederung, hier handlungsorientiert erschlossen), zugleich kann der gesamte Inhalt in seiner Abfolge noch einmal bewußt werden und die Lektüre vertiefen.

- Einige sprachlich-stilistische Besonderheiten hervorheben. Die poetisierenden Passagen, besonders des Eingangs- und des Schlußkapitels bewußt gestaltend lesen, die Spannweite der Sätze dabei beachten, rhythmisch gliedern. – Wie stehen der Vater, Anna und Magnus zu der Schönheit der schwedischen Landschaft? – Paßt diese Schönheit der Landschaft zu den Nöten und Ängsten Annas? (Behutsam gesteuerte Gespräche). – Eigene Ferienträume als Bild malen, mit einem beschreibenden Text versehen.

- Besonders in höheren Schuljahren: Annas „Flucht" in Märchenvorstellungen – die Schlüsselszenen suchen, vorlesen, darüber sprechen – den Märchenhintergrund verdeutlichen – eigene Erfahrungen über märchenbezogene Wunschgedanken einbringen – die Funktion erfassen: mit dem Problem nicht fertig werden können, Angst haben, enttäuscht sein – Ausweitung dieses Aspektes des Romans auf Magnus, Linnea und Friedrich. Die unterschiedlichen Strategien einer Problembewältigung andiskutieren.

- Annas Abschiedsgedanken: Wie könnten die Sommerferien im nächsten Jahr verlaufen? (Gespräch oder schriftliche Form).

- Sind kritischere Äußerungen zu der Scheidungsgeschichte formuliert worden, also abhängig vom spezifischen Erfahrungsstand und Interesse der Klasse, sind diese aufzugreifen: Eine kritische Auseinandersetzung mit Scheidungsproblemen für Kinder und Heranwachsende, Einbringen anderer Lektüre- oder Film-Erfahrungen. Kritischen Brief an Vater oder Mutter verfassen. Drei oder vier Schülerinnen oder Schüler diskutieren in einer „Gesprächsrunde", vielleicht mit Moderator, über deren Verhalten vor der Klasse.

9 *Nicht Chicago. Nicht hier.*

Der im Folgenden vorzustellende Jugendroman steht im Kontext zweier anderer Veröffentlichungen K. B. s: *Erwachsene reden. Marco hat etwas getan* (1994) und *Ich ganz cool* (1992). Dahrendorf ordnet den erstgenannten Text der Gruppe „Politische Jugendromane" und den anderen sowie *Nicht Chicago. Nicht hier* der Gruppe „Gesellschaftskritische Romane zu jugendlichem Verhalten" zu (2000, S. 21–26). Wiederum handelt es sich um aktuelle, thematisch brisant Themen. Von zahlreichen vergleichbaren Texten der KJL heben sie sich durch ihr literarisches Niveau ab, insbesondere in der narrativen und sprachlich-stilistischen Dimension. Die Autorin reduziert die komplexen Problemfelder nicht auf einen gut gemeinten moralischen Impetus oder auf einfache lineare Erklärungsmuster, vielmehr gelingt es ihr, gerade durch die gewählten Erzählformen, Anstöße zu kritischer Reflexion und emotionaler Betroffenheit in der Tiefenstruktur der Texte zu verankern und wird dadurch dem Anspruch ästhetischer Literatur gerecht. Die Raster des Erzählens zeigen eine beachtenswerte Bandbreite. Mit *Erwachsene reden. Marco hat etwas getan* legt sie einen Montageroman vor, der polyperspektivisch angelegt ist, auf der Form journalistischer Reportage fußt und Zusammenhänge und Wertungen eines fremdenfeindlichen Übergriffs, bei dem zwei Kinder ums Leben kommen, dem Urteilsvermögen der Rezipienten anheimgibt. Ehgartner / Lettner heben die Bedeutung dieses Romans „zur aggressiven Jugendsubkultur" hervor, weisen jedoch auch kritisch darauf hin, daß der auf dem Täter liegende Fokus die Opferperspektive zurückdränge (1994, S. 37f.). Diesem kritischen Verweis gegenüber ist *Nicht Chicago. Nicht hier* geradezu ein Gegenmodell. *Ich ganz cool* hat mit seinem extremen experimentellen Charakter Aufsehen erregt, auch Widersprüche provoziert. „Die Irritation war riesengroß und die Ablehnung breit." (Schweikart 1999, S. 16) Die Autorin hat intensiv um die passende Erzählperspektive gerungen, wie sie ausführlich darlegt, und belegt, warum weder die Ich-Erzählsituation noch personales Erzählen ihrer literarischen Intention entsprach und deshalb den Jugendlichen seine Geschichte in seiner Sprache erzählen lassen mußte (Kerner 1995, S. 15). Schweikart charakterisiert sie:

> Diese benutzte Sprachstruktur, d. h. die Verwendung von Umgangs-, Laut- und Fäkalsprache, von Satzreihungen, Wortwiederholungen, Redewendungen, das Auslassen von vollständigen Verben führt zu einer ungewohnten mündlichen Textform, zu einem unmittelbaren Erleben durch den Leser. (Schweikart 1999, S. 17)

Kernstück ist eine Kunstsprache, ein Konglomerat von Jungendlichen-Jargon, Medienbezügen und Comicsplittern. Darin spiegeln sich Aspekte der geistigen Verarmung einer Familie auf unterstem sozialen Milieu, mangelnde Wärme und Bindung in einem trostlosen Zuhause und die verheerende Wirkung einer totalen Medienabhängigkeit. „Es gibt kein vergleichbar hartes Stück Jugendliteratur in deutscher Sprache." (Dahrendorf 2000, S. 25)

Wie darzustellen, umschließt *Nicht Chicago. Nicht hier* wiederum andere, dem Problemfeld und der literarischen Intention wie maßgeschneidert zugeordnete Facetten. Die thematischen und narrativen Innovationen im Bereich der Jugendliteratur schlagen eine Brücke zu dem psychologischen Kinderroman *Mit Kindern redet ja keiner*, der vergleichbare Beachtung in der Literaturkritik und Kinderliteraturdidaktik gefunden hat. Die außergewöhnliche Beachtung, die dieser Roman K. B. s gefunden hat, bezeugt auch die Liste der Auszeichnungen.

- Die besten 7 Bücher für junge Leser. Bestenliste von DeutschlandRadio / Focus, April 1997.
- Kinder- und Jugendbuchliste Frühjahr 1999 des Saarländichen Rundfunks / WDR / Radio Bremen.
- Auszeichnung „Fällt aus dem Rahmen" im März 1999 in der Zeitschrift *Eselsohr*.
- Bestenliste zum Zürcher Kinderbuchpreis La vache qui lit 1989.
- Nominiert für den Deutschen Jugendliteraturpreis 2000.
- Nominiert für den UNESCO Kinder- und Jugendbuchpreis 2001.

9.1 Inhalt

In der Klasse, die Niklas, der 13jährige Protagonist, besucht, taucht ein Neuer auf: Karl. Die Lehrerin weist ihm den Platz neben Niklas zu und ermuntert ihn zur Zusammenarbeit bei einem anstehenden Projekt, auch, weil sie den gleichen Bus auf ihrem Schulweg benutzen. Niklas' ungutes Gefühl bestärkt sich bei der ersten gemeinsamen Busfahrt, wie er breitbeinig, herausfordernd, selbstbewußt dort steht, einer alten Frau trotz Bitten den Ausgang versperrt und beim Aussteigen zum Ärger des Busfahrers die Tür blockiert, bis er sich zum Verlassen bequemt. Er lädt sich wegen der Zusammenarbeit bei Niklas ein. Der Mutter fällt ebenfalls das eigenartige Benehmen Karls auf. Dieser läßt sich die Musikkassetten von Niklas' Schwester Svenja zeigen. Als er fort ist, findet Niklas Svenjas Lieblingskassette nicht mehr. Er ist irritiert. Beim zweiten Besuch benutzt Karl den Computer von Karls Vater Thomas, baut ungeniert das CD-ROM-Laufwerk aus und nimmt es unter dem Versprechen mit, es morgen wieder zurückzugeben.

Niklas spricht Karl an, doch der reagiert abwehrend. Niklas wird in den nächsten Tagen immer unruhiger und sucht ihn schließlich zu Hause auf. Der Frage nach dem Laufwerk weicht er wieder aus, zeigt dem Besucher aber seinen Computer mit Internet-Anschluß und lädt ihn zum Pizzaessen ein. Doch dies ist eine Finte, heimtückisch spritzt er ihm CS-Gas in die Augen. In der Folgezeit leugnet Karl, das Laufwerk überhaupt zu haben und spinnt mit Rocky, einem Schüler der Parallelklasse, das Netz um Niklas immer enger. Er bringt ihn auf dem Fahrrad zu Fall, nimmt das Handy an sich. Bevor er tätlich wird, läuft Niklas mit letzter Kraft davon.

Die Eltern und die Lehrer bemerken Niklas' Unsicherheit und Bedrückung, halten seine ersten Andeutungen jedoch für Hirngespinste. Als die Eltern sich schließlich mit Karls Familie in Verbindung setzen, behauptet dieser, Niklas habe ihm das Laufwerk für 100 Mark verkauft, und außerdem sei es kaputt. Alle rücken jetzt von Niklas ab und bezichtigen ihn der Lügen. Lediglich seiner Schwester fallen einige Ungereimtheiten auf, und sie wird mißtrauisch. Mit dem gestohlenen Handy begehen Karl und seine Kumpane einen ersten Fehler, der Niklas' Eltern nachdenklich werden läßt. Als nun auch noch ein Telefonterror beginnt, mit üblen, im Vokabular unmenschlichen Ausfällen, glauben sie ihrem Sohn endlich. Sie wenden sich an die Polizei. Diese erklärt sich machtlos wegen dieser Bagatelle, zumal Karl, seine Kumpane und Eltern mit ausgefeilten Alibis aufwarten. In Niklas wachsen Ohnmacht und Rachegefühle. Die Eltern empfinden schmerzlich ihre Machtlosigkeit. Niklas' Schulsituation verschärft sich, weil auch die Lehrerin ihm nicht glaubt, ja noch beschuldigt, Karl gegenüber von Anfang an Vorurteile aufgebaut zu haben. Sein Martyrium gipfelt in dem Aufbrechen des Kaninchenstalls und dem Verschwinden des Lieblingstieres. Mit diesem Ereignis endet der Roman, mit einem aufwühlenden offenen Schluß.

9.2 Literarische Analyse

Mit dem soeben skizzierten Inhalt haben wir die Geschichte, einen sich in der Zeit erstreckenden Geschehensablauf, vor uns, in der angelsächsischen Erzähltheorie die allem Erzählen vorab zugrunde liegende story. Anlage, Aufbau, Komposition und Erzählsituation zeigen so deutlich wie selten in Romanen der KJL, welche gestalterische Energie der Autorin sich hinter dem vorliegenden Roman und seiner narrativen Struktur verbirgt. (Vgl. zu den romantheoretischen Bezügen Lämmert 1972, S. 24–43.) Zentrales Thema ist die alltägliche schulische Gewalt, ein Phänomen, das in letzter Zeit eine erschreckende Dimension angenommen hat, sich in der Berichterstattung der Medien spiegelt und neben den pädagogischen Grundwissenschaften nun auch mehr und mehr die Politik bewegt. Zugleich fand und findet es seinen Niederschlag in der KJL. Hannelore Daubert stellt in ihrer didaktischen Veröffentlichung „Gewalt – Mobbing – Zivilcourage" (2002) acht einschlägige Veröffentlichungen vor, darunter zwei von K.B.: *Nicht Chicago. Nicht hier* und *Erwachsene reden. Marco hat etwas getan.* Mit dem hier zu analysierenden Roman hat K.B. ein literatur-ästhetisch herausragendes Buch geschrieben, Träger emotionaler und kognitiver Wirkungskomponenten, die sich von vergleichbaren Veröffentlichungen im Modetrend bestimmter aktueller Themen wohltuend abheben.

Der Einstieg ist ein aggressives Fanal, ein innerer Monolog, der Aufschrei und Wut signalisiert. Die unmittelbare „Setzung", das Stakkato der Diktion, erinnern an das Stilgefüge moderner Kurzgeschichten.

> Ich mach ihn tot.
> Ich bring ihn um, ich schwör, ich mach ihn tot, ich tret ihm so die Fresse ein, dass er niemals mehr ...
> Ich mach ihn tot.

Ich bring ihn um, ich schwör. (S. 5 – Alle Zitate erfolgen nach der Taschenbuchausgabe.)

Der Text wird am Ende des Buches wiederholt. Die thematischen und sprachlichen Elemente dieses Vorspanns gewinnen, wie die Lektüre belegt, für den Protagonisten Niklas leitmotivischen Charakter. Die grundlegende Konzeption beruht auf einer zweisträngigen Anlage, die typographisch unterstrichen wird. Der erste Erzählstrang ist Gegenwartshandlung, ist im Hier und Jetzt der Familie von Niklas, dem 13jährigen Protagonisten, angesiedelt, mit dem Vater Thomas, der Mutter Karin und der Schwester Svenja. Er ist eine Er-Erzählung, partiell mit Außenperspektive. Sie gewinnt durch Formen distanzierten Berichtens passagenweise die Sichtweise eines neutralen Beobachters.

Sie haben den Garten abgesucht, gebeugt, mit kleinen Schritten. Svenja hat Taschenlampen aus dem Keller geholt. (S. 7)

Daneben werden Episoden szenisch ausgebreitet, dominiert von wörtlicher Rede.

„Da sind welche!“, ruft Svenja. [...] „Da sind welche an unserer Garage, Thomas, zwei Typen, die ...“
Ein Stuhl schlägt auf den Boden.
Thomas reißt die Haustür auf.
„Hallo?“, ruft er. „Hallo, was suchen Sie denn hier?“ (S. 9f.)

Die Familie entdeckt, daß der Käfig von Niklas' Kaninchen aufgebrochen und das Tier verschwunden ist. Beim Abendbrot sehen sie zwei Typen an der Garage, stoßen aber nur auf einen Jungen, der vorgibt, einen Michael zu suchen. Die Eltern, gutgläubig, vertrauen den Aussagen des „Kindes“. Niklas erkennt in ihm Jannis, einen Freund von Rocky aus seiner Schule. Svenja äußert skeptisch: „Irgendwas ist komisch.“ (S. 12)

Das erste Kapitel dieses Erzählstrangs ist in sieben Abschnitte untergliedert. Die Sprache ist direkt, packend, verzichtet auf erklärende oder verbindende Elemente zwischen den Abschnitten und auf jede stilistische oder metaphorische Ausschmückung. Umso größeres Gewicht gewinnt eine kurze, beschreibende Passage mit zwei symbolischen Bezügen, die die Funktion einer „zukunftsungewissen Vorausdeutung“ (Lämmert 1972, S. 175ff.) gewinnen: „Der Himmel sieht aus wie in Vampirfilmen, Wolken jagen vor dem Mond.“ (S. 6) „Vampir“ ist Korrelat des sich entfaltenden Bösen, „Wolken jagen“ korrespondiert mit der erregenden Spannung, der mitreißenden Folge von Geschehnissen.

Das nächste Kapitel, in der gebundenen Ausgabe durch fett gedruckte Lettern hervorgehoben, im Taschenbuch durch kleinere, ebenfalls fettgedruckte, eröffnet den zweiten Erzählstrang. Er ist Vergangenheitshandlung, deutlich signalisiert durch Niklas' Gedanken: „Wann hat es angefangen?“ Die personale Erzählsituation rückt Niklas als Protagonisten und zugleich Reflektorfigur in das

Zentrum. Kompositorisch handelt es sich, wiederum nach Lämmert, um eine „auflösende Rückwendung", gekennzeichnet durch ihren „entlarvenden" Charakter (1972, S. 108–112). Die Geschehnisse der Gegenwartshandlung, zunächst noch rätselhaft, werden schrittweise durch die Rückwendung erhellt. Durch die Form des Präsens und den Blick nach Innen gewinnt dieser Erzählstrang beklemmende Unmittelbarkeit. Die Rezipienten erleben, was Niklas erleidet und reflektiert, sie erfassen seine Gefühle, seine Ängste, seine Enttäuschungen, die steigende Wut und den aufkeimenden Haß. Während die Familie noch rätselt, teilweise falsche Schlüsse zieht, die Lehrerin in ihren pädagogischen Idealen verharrt, der Polizist seine Ohnmacht bekundet, enthüllen sich dem Leser mit Niklas eine perfide, teuflische Energie von Machtausübung, Verachtung humaner Werte und Spielregeln und eine zielgerichtete Lust am Quälen eines Opfers. Dieser Erzählstrang, für sich genommen, ist mit seiner Dominanz der erlebten Rede, d. h. der Innensicht, ein psychologischer Jugendroman. Entgegen dem in Rechtsprechung, Pädagogik und Psychologie zumeist dominierenden Blick auf Täter und ihre Menschenwürde, wählt die Autorin konsequent die Opferperspektive.

An dieser Stelle gilt es, um Mißverständnissen und falschen Schlüssen vorzubeugen, hinzuzufügen, daß für K. B. die Täterperspektive von gleicher Bedeutung ist, wie sie in *Erwachsene reden. Marco hat etwas getan* vorherrscht. Einer falschen Reaktion auf die erregenden Bosheiten und das raffinierte Spiel mit den rechtsstaatlichen Prinzipien beugt sie vor. „Da muß nun aber mal ordentlich durchgegriffen werden. Das ist mir zu einfach." (Boie 2000b, S. 19). Sie betont, daß sie selbst für das von ihr beleuchtete Phänomen auch keine Lösung anzubieten habe, daß aber schon viel gewonnen sei, wenn man das Problem überhaupt wahrnehme, es sich genau anschaue und darüber nachdenke.

Der Opfergang Niklas' spiegelt sich in einer Kette von Übergriffen, Demütigungen und Tätlichkeiten: Entwenden einer Musikkassette, Ausbauen und Mitnehmen eines CD-ROM-Laufwerks aus Vaters Computer, Verweigern der Rückgabe, Leugnen, es überhaupt zu haben, später der Behauptung, daß Niklas es ihm für 100 Mark verkauft habe, weiterhin Verursachung eines Sturzes vom Fahrrad, Entwenden des Handys, Faustschläge und Bedrohung mit einem Messer. In der Gegenwartshandlung werden das Verhalten der Eltern und der Lehrerin dargestellt. Sie können sich das von Niklas zu erduldende Maß an Quälerei nicht vorstellen, sind eher geneigt, dem von ihnen nicht durchschauten raffinierten „Spiel" Karls und seiner Kumpane Glauben zu schenken und bezichtigen Niklas übler Phantasievorstellungen und der Lüge. Dies stürzt Niklas in noch tiefere Not. Erst allmählich dämmert den Eltern, daß ihr Sohn die Wahrheit sagt. Der beginnende Telefonterror läßt sie endlich aktiv werden. Ein entsprechender Anruf läßt den Vater tief erschrecken, für ihn unglaublich, wenn er es nicht mit eigenen Ohren hören würde:

„... haben sie hingekotzt, du bist ein Klumpen Kotze, ein Fäkalienberg, Schmutz, weißt du überhaupt, was das ist? Du mußt verschwinden, vom Angesicht der Erde, aus meinem Angesicht, denn ich bin ein Gott! Hast du mich gehört, Ratte, ich will dich nicht mehr sehen, verpeste mir nicht meine Luft, Gott lässt nicht mit sich spaßen! Und glaube nur nicht, dass ich nicht ernst mache! Du kleiner ..." (S. 61)

Der Vater reicht jetzt eine Anklageschrift ein und erfährt seinerseits die Ohnmacht der Polizei und seine eigene, er, der an absolute Rechtsstaatlichkeit glaubt. Niklas geht bei dem Gespräch mit dem Polizisten durch den Kopf, was ihm oft entgegengehalten wurde:

Sie reden hier von Kleinigkeiten, machen sich wichtig. Blasen sich auf, dabei ist weiter nichts passiert.
Bagatellen. (S. 71)

Dieses Kapitel endet mit einer der apodiktischen Setzungen, einem gleichsam verallgemeinernden Resümee, aber als Gedanke von Niklas, der die Argumente der Eltern, der Lehrerin und des Polizisten wiedergibt:

Keine Gewalt.
Keine Toten.
Außer, vielleicht, ein Kaninchen. (S. 72)

Der nächste Anruf, bei dem sich eine Männerstimme des Aufbruchs des Käfigs bezichtigt, bildet eine raffinierte Steigerung der Spannung und der Übergriffe. Man solle die „unschuldigen Jungs" in Ruhe lassen: wiederum für die Rezipienten wie für Niklas ein unüberbrückbarer Kontrast angesichts der kriminellen Energie und kaltblütigen Konstruktion der Alibis Karls, seiner Kumpane und deren – ahnungsloser? – Eltern. Die Lügen sind hier jedoch durchsichtig. So folgt ein weiterer Gang zur Polizei, auch der vergebens. Der Polizist berichtet von anderen Fällen von Übergriffen Jugendlicher, die obwohl kurz zuvor straffällig, aufs Neue eine Grundschule überfallen haben. In der sich anschließenden Szene bündeln sich die unterschiedlichen Perspektiven auf die Geschehnisse.

Thomas trommelt mit den Fingern auf den Tisch.
„Unsere Geschichte ist doch eine Bagatelle", sagt er. „Das müssen wir ehrlich zugeben. So was müsste man eigentlich selber lösen können."
Karin sieht ihn überrascht an. „Wie?", fragt sie.
Niklas wüßte wie. Das hat er ja von Anfang an gewollt, das Einzige, was hilft.
Aber sie haben das Selbstjustiz genannt.

„Was wird aus solchen Jungs", sagt Thomas. „Mein Gott, sag mir das mal. Die immer wieder merken, dass sie tun können, was sie wollen. Dass niemand gegen sie ankommt. Auch nicht die Polizei." (S. 91 f.)

Niklas deutet an, daß er „welche" kenne, die man engagieren könne. Die verständliche Reaktion der Eltern: Keine Gewalt. Keine Selbstjustiz. Wir sind doch hier nicht in Chicago. Dennoch bleibt ein Aspekt im Raum stehen. Der Vater nimmt die Täterperspektive ein und formuliert die verbreitete Sorge, was aus solchen Jugendlichen einmal werden wird. Die Opferperspektive jedoch kommt ihm nicht in den Sinn: Was wird einmal aus seinem Sohn nach diesen bitteren Erfahrungen? Sind sein Schulversagen, das zum Schulwechsel führen wird, seine psychischen Verletzungen, die Rachegedanken und sein aufkeimender Haß keine Alarmsignale?

Entsprechend ist die Lehrerin eingestellt. Als sich Niklas aufgrund seiner Erfahrungen weigert, weiterhin mit Karl zusammenzuarbeiten, erwidert sie, daß auch ihr das seltsame Verhalten Karls auffalle, man müsse ihm aber doch eine Chance geben, denn sie deutet ihre Beobachtungen als einen unbewußten Hilfeschrei, nimmt also ebenfalls einseitig die Täterperspektive ein. Als Karl dann im Beisein seiner Mutter und seines Vaters Thomas gegenüber behauptet, Niklas habe ihm das Laufwerk verkauft, der Vater diese Ungeheuerlichkeit glaubt und sich von Niklas abwendet, denkt dieser über das Verhalten der Erwachsenen nach.

> Jungen wie Karl kommen in ihrer Welt nicht vor. Es gibt keine Menschen, die gemein sind ohne Grund.
> Wo kein Motiv ist, da ist auch keine Tat, denkt Niklas [...] Kein Mensch ist einfach nur böse. Einfach nur so. Es kann Karl nicht geben. (S. 82)

In den Gedanken, die sich Niklas macht, spiegelt sich eine weit verbreitete gesellschaftliche Auffassung, der gegenüber die Autorin hier zum Nachdenken auffordert. Auffällig ist, daß in den zahlreichen Rezensionen zu K. B. s Roman gerade dies kritisch-zustimmend beleuchtet wird. In dem auf S. 103 beginnenden Kapitel prallen die unterschiedlichen Einstellungen und die Daten der beiden Erzählstränge besonders hart aufeinander. Niklas fordert aufgeregt, noch unter dem Eindruck des Schlags, den Karl ihm versetzt hat, auf, zur Polizei zu gehen. Der Vater fordert ihn auf, nicht zu übertreiben (S. 103). Die Funktion des zeitlich versetzten Erzählens wird an dieser Stelle besonders transparent. Zweifellos weckt das berichtete Geschehen bei den Rezipienten starke Emotionen, besonders durch die Identifizierung mit Niklas, seinen Gefühlen und Gedanken. Die breite Auffächerung des Problemfeldes und die unterschiedlichen Einstellungen regen zugleich Diskussionen und Reflexionen an. Die Spannung erreicht einen neuen Höhepunkt, eben durch den literarischen Kunstgriff, dessen sich die Autorin bewußt bedient, „dass durch die Spiegelung zweier Zeitebenen noch eine zusätzliche Spannung entsteht" (Boie 2000b, S. 19). Den Rezipienten drängt sich hier die Absurdität der Situation in besonderer Weise auf. Auf der Gegenwartsebene der bedrängten Familie sind Fakten bekannt, die Niklas' Berichte bestätigen und die Einstellung ihm gegenüber endlich ändern, auf der der Polizist zugleich alle Hoffnung auf ein rechtsstaatliches Eingreifen nicht nur dämpft, sondern als aussichtslos erklärt. Auf der Ebene der Vergangenheitserzählung dagegen werden Niklas und mit ihm die Rezipienten mit der anhaltenden Gewalt konfrontiert, in einem raffiniert geknüpften Netz von Bosheiten und absichernden Alibis eingefangen – und dieses Wissen steht vor dem Hintergrund der bereits im Hier und Jetzt dokumentierten Ohnmacht, Rechtssicherheit zu erlangen. Noch einmal bekräftigt der Vater auf der Vergangenheitsebene „Ich zeige doch kein Kind an! Ich kriminalisiere doch keinen Jungen, nur weil er vielleicht in der Pubertät mal eine Phase hat …" (S. 104). Diesem ehrenwerten pädagogischen Postulat steht eine erschreckende Ahnungslosigkeit gegenüber. Der Glaube an angemessenes Handeln gemäß gesellschaftlicher Spielregeln verstellt regelrecht den Blick auf die Realität. Eltern und Lehrerin verschließen geradezu die Augen vor der Macht, vielleicht sogar der Urgewalt des Bösen. Michael Allmaier blickt in einer Rezension auf das Verhalten der Eltern und der Lehrerin und der Jugendbuchszene insgesamt und resümiert: „*Nicht Chicago. Nicht hier* ist nicht nur ein handfester Roman, sondern auch eine Abrechnung mit dem Jugendbuchidyll vergangener Zeiten und einer allzu blauäugigen Pädagogik." (1999, SL 33)

Die Schwester schließlich beobachtet im Bus Karl und Rocky, die darüber jubeln, „wie sie die Bullen reingelegt haben" (S. 109). In den letzten Kapiteln, die sich einander nähern und in denen die Zeitebenen miteinander verschmelzen, steigern sich noch einmal die Übergriffe, gespiegelt in telefonischen Anwürfen mit einem Vokabular wie Scheißer, miese Ratte, Klumpen Kotze, Fäkalienberg. In dem letzten Kapitel der Vergangenheitsebene wird eine Passage des ersten Kapitels wiederholt, der Bezug auf Vampirfilme und jagende Wolken. Mitgeteilt wird, wiederum als lakonische Feststellung in apodiktischem Stakkato, die Härte des Geschehens unterstreichend, daß ein Schreiben des Gerichts eintrifft. Der Inhalt wird nicht genannt. Niklas „reißt den Umschlag auf". (S. 127) Mit diesem offenen Schluß endet der Roman, ergänzt durch Wiederholung des oben gekennzeichneten Vorspanns, der jetzt als Niklas' Gedanken erscheint und ernste Fragen nach seiner zukünftigen Weltsicht aufwirft.

K. B. s Roman hat nicht nur in Schule und Didaktik ein großes Echo hervorgerufen, sondern auch in den Literaturseiten regionaler und überregionaler Zeitungen. Hervorgehoben werden der oben gekennzeichnete Stil, die Aussparung aller Hintergrundinformationen (Elternhäuser, Kindheit, Lebensgeschichte), der Verzicht auf „jeglichen Erklärungsversuch, warum Karl so handelt" (Theiß 1999). Die obige Analyse hat belegt, daß er nicht, wie es dem Erwartungshorizont entspricht, als ein Opfer zerrütteter Familienverhältnisse, nicht als traumatisiertes Scheidungsopfer oder durch Armut gekennzeichnet, nicht als von Eltern tyrannisierter Junge dargestellt wird. Die von der Lehrerin und den Eltern favorisierten sozialpädagogischen Strategien greifen ins Leere.

Karl wird als „eine kalte, zerstörerische Intelligenz" apostrophiert (Wolf 1999, S. 18). Stephanie von Selchow nennt Karl „einen eiskalten Menschen", gegen den „der einzelne ebenso erschreckend machtlos wie die Justiz" ist. Sie sieht in dem Buch „eine Warnung gerade an liberale, Jugendlichen wohlgesonnene Eltern und Lehrer, die Augen nicht vor Zuständen zu verschließen, die mittlerweile leider an vielen deutschen Schulen herrschen". Aber vor allem sieht sie „eine heftige Anklage gegen einen Rechtsstaat, der nicht imstande ist, vor Jugendterror wirksam zu schützen, bevor es nicht zu offenen Gewalthandlungen kommt" (v. Selchow 1999). An dieser Stelle ist wieder ein Blick auf Aussagen der Autorin zu ihrem Roman angebracht. Sie betont, daß es ihr wichtig war, „die Geschichte relativ niedrigschwellig anzusiedeln" und drückt ihr Verwundern aus, daß das in Rezeptionen gar nicht wahrgenommen werde (2000 b, S. 18). Dies relativiert die Bezüge auf den ohnmächtigen Rechtsstaat, die im Text mehrfach angesprochen werden. In Diskussionen mit kritischen Rezipienten ist ein wichtiges Argument, daß der immer wieder ins Spiel gebrachte Begriff „Bagatelle", wenn auch bitterironisch, seinen sachlichen Hintergrund hat, allerdings nur im Blick auf die äußeren Fakten wie etwa das Aufbrechen eines Kaninchenstalls. Das eiskalte und raffinierte Vorgehen Karls und seiner Kumpane wird davon nicht berührt.

Silke Schnettler geht zunächst auf den Stil des Romans ein.

> Kirsten Boie schreibt in einem schlichten Stil, und gerade diese Zurückhaltung gibt ihren Worten Expressivität, mitunter so sehr, daß man ein Langgedicht zu lesen meint. (1999, S. 9)

Wenn auch der Verweis auf „schlichten Stil" in seiner Zuordung zu „Expressivität" doch einer genaueren Kennzeichnung bedarf, liegt die Assoziation „Gedicht" tatsächlich angesichts der Prägnanz und Verdichtung des sprachlichen Ausdrucks nahe. Auf das Verhalten der Lehrerin geht sie besonders ein und ihre Devise, daß niemand ohne Grund so kalt ist wie Karl.

> Auch das ist Brutalität, wenn alle mehr auf die Modelle in ihren Köpfen als auf den Jungen hören. (Ebd.)

Diese Aussage ist auf die Eltern auszudehnen. Sie versagen in diesem Konflikt, sind irritiert, das Geschehen übersteigt ihre Kräfte. Auch bei ihnen blockiert sich der Blick auf die Realität durch ihre pädagogischen Theorien, die sich angesichts der vorliegenden Situation offensichtlich als unzureichend erweisen. Besonders erschreckend ist, daß sie ihrem Sohn zunächst ihr Vertrauen entziehen und seine Nöte ins Unerträgliche steigern.

Der Übergang zu didaktischen Fragen klingt bei Charlotte Kerner an.

> Dieses Buch, ein „Grenzgänger zwischen Kinder- und Jugendroman", ist nicht nur, aber besonders gut auch als Klassenlektüre einsetzbar, gerade weil es überhaupt nicht pädagogisch ist. (2000)

9.3 Didaktisch-methodische Aspekte

K. B. s Roman ist von unübersehbarer Aktualität, auch noch 7 Jahre nach seinem Erscheinen, die didaktischen Kategorien Gegenwarts- und Zukunftsbedeutung begründend. Nahezu alle Medien, insbesondere Zeitungen und Fernsehen, berichten in laufender Folge über Gewalt in unserer Gesellschaft, an der Jugendliche beteiligt sind. In den Vordergrund ist dabei angesichts erregender Vorkommnisse das Thema „Gewalt in Schulen" gerückt. Ein gängiger und allgemein anerkannter Beleg ist, daß wir davon ausgehen müssen, daß mindesten einer von zehn Schülern ernsthaft schickaniert wird und daß mehr als einer von zehn an entsprechenden Gewalttaten beteiligt ist, wie auch auf dem Klappentext des Jugendromans vermerkt wird. Das Problemfeld ist ein Schlüsselthema des Sozialkundeunterrichts, zumindest spiegeln dies die Postulate, die in Politik und Medien immer häufiger formuliert werden. Literar-ästhetische Texte können dabei ihren allerdings spezifischen Beitrag leisten, u. U. erreichen sie Heranwachsende intensiver durch emotionale Wirkfaktoren und Reflexionsangebote.

Hannelore Daubert ordnet den Text wegen seiner literarischen und psychischen Komplexität den Klassen 7–9 zu. Sie relativiert dies angesichts erster Unterrichtsbeobachtungen. Das Buch treffe den „Nerv" der 11–13jährigen, also im 6./ 7. Schuljahr, während im 8./9. Schuljahr eher eine kritische Distanz zu dem Protagonisten aufgebaut werde, und zwar wegen seiner Passivität. Eine Erprobung fand bereits in einer Gymnasialklasse mit gutem Erfolg statt. Deshalb zielt ihr Unterrichtsvorschlag auf das 5–7. Schuljahr (2002a, S. 14 u. 2002b, S. 25). U. E. ist der Text offen für beide der genannten Altersstufen; Annette Kliewer z. B. stellt ein Unterrichtsmodell für 7./8. Schuljahre vor (2001). Im unteren Bereich dürften die spannende Handlung, die Personenkonstellation und die kriminellen Übergriffe im Vordergrund stehen, in den oberen Klassen zusätzlich die psychische Befindlichkeit Niklas' (Opferrolle) und das Verhalten Karls (Täterprofil), die Reaktion der Erwachsenen, die Öffnung der Thematik in unsere gesellschaftliche Situation sowie ein schärferer Blick auf Komposition und Sprache, dies auch im Sinne aufbauenden literarischen Lernens. – Der Einsatz als Klassenlektüre bzw. als literarisches Projekt wird durch die vorliegende Taschenbuchausgabe erleichtert. Nach ihr ist auch zitiert.

Die Zugangswege sind vielfältig. Ein Brückenschlag kann vom Sozialkundeunterricht her erfolgen. Eine Einführung kann an einen aktuellen, in der Zeitung berichteten Fall oder eine vorauslaufende Sammlung einschlägiger Artikel gebunden werden. Ein direkter Zugang ist das gemeinsame Sich-Einlesen in den Text. Der offene, auf jeden einführenden Hinweis verzichtende Vorspann in Form eines inneren Monologs regt durch die Rätselhaftigkeit (wer denkt so, warum …?) zu einer Diskussion auf der Basis von Vermutungen an.

Das gemeinsame Erschließen des jeweils ersten Kapitels der beiden voneinander abgesetzten Erzählstränge führt unmittelbar zu einer Vielzahl von Beobachtungen zur Thematik, zur Komposition, zur Sprache und zum Stil des Romans, das Kernthema: Übergriffe, zunächst noch etwas undeutlich, rätselhaft – die beiden Erzählebenen, wie sie sich unterscheiden, ihre zeitliche Einordnung (entsprechende Textsignale) – die Binnengliederung der Kapitel, entsprechende Überschriften zu den Abschnitten – die Figurenkonstellation – Niklas als Protagonist und Opfer, Karl als Gegenspieler und Täter.

Die gewonnenen Einsichten sind eine Lese- und Verstehenshilfe angesichts der Komplexität des Textes. Liegen keine Schwächen im Bereich der Lesekompetenz vor, ist die anschließende Lektüre des ganzen Romans wegen seines mitreißenden Spannungsbogens angebracht. Das folgende, zunächst freie, thematisch offene Gespräch kann auf erste Schwerpunkte konzentriert werden (gemäß der Interessenlage, die das Gespräch offenbart oder nach didaktischer Intention). Gleichgewichtig sind ausgewählte Leseproben. Zeigen sich im Gespräch Verstehenslücken oder Unstimmigkeiten, ist die weitere häusliche Lektüre darauf zu richten.

Kernstück des Unterrichtsprojekts ist die vertiefende Erschließung der in der literarischen Analyse eruierten Elemente bzw. Schwerpunkte. Diese sind wegen der literarischen Komplexität ausladend und breit gefächert und nach Interessenlage der Schülerinnen und Schüler, den Möglichkeiten der Altersstufe, ebenso der Intention und dem Stand des Literaturunterrichts auszuwählen. Die folgende Auflistung unterrichtlichen Handelns ist ein offenes Angebot.

- Skizzierung des Handlungsverlaufs der beiden Erzählstränge zur Vertiefung der Textkenntnis.
- Diskussion zu Schlüsselszenen, insbesondere zu der Kette der Übergriffe (schriftliche Auflistung, Einzel-, Partner- oder Gruppenarbeit, Textcollage auf Papptafel).
- Figurenkonstellation im Überblick, graphische Darstellung mit Bezugslinien (Annäherung an Soziogramm).
- Charakterisierung der Protagonisten, Niklas als Opfer, Karl als Täter – Diskussion des Verhaltens, Rollenspiele zu einzelnen Szenen, gemaltes Portait von Niklas, von Karl (wie stellt ihr euch die beiden vor?).
- Charakterisierung der Eltern, der Schwester, der Lehrerin: Bild-, Textcollage mit Bezug auf Redehandlungen, insbesondere zur Rechtsauffassung, z. B.: Kein Mensch ist von Grund auf böse; dies ist schließlich ein Rechtsstaat.
- Blick auf Nebenfiguren: Jannis, Rocky als Karls Kumpane, deren Eltern. Wer mögen sie sein?: Ausfüllen von Leerstellen, mündlich oder schriftlich.
- Der Polizist und die Lage der Polizei im Roman angesichts wachsender Jugendkriminalität, und ihre Lage in der Gesellschaft?
- Zusammenfassender Überblick, Diskussion mit Einbezug der Stichworte: Rechtsstaat, Beweise, Alibi, Selbstjustiz.

(Anregungen für stärker text-, form- und sprachbezogene Vertiefungen:)

- Form- und Sprache des Vor- und Nachspanns und der entsprechenden im Text verstreuten Passagen diskutieren.
- Deutung der beiden (einzigen) Sprachbilder „Himmel wie in Vampirfilmen" und „jagende Wolken", Begriffe „Vorausdeutung" und „Symbole" zuordnen, u. U. auf Erfahrungen mit Filmen rekurrieren.
- Die beiden Erzählstränge, Bewußtmachen ihrer zeitlichen Dimension (Gegenwartshandlung, Vergangenheitshandlung) und ihrer inneren Verbindungen; was es bedeutet bzw. bewirkt, daß Leser in der Gegenwartshandlung immer bereits erfahren, wie sich Niklas Berichte und Erfahrungen von damals jetzt auswirken (entsprechende Filmerfahrungen, besonders bei Krimis mit einbringen).
- Niklas Nöte, Belege sammeln: was er denkt und fühlt, aber nicht ausspricht (wiederum vertiefender Textzugriff), Begriffe Innensicht, Außen- gegenüber Binnenperspektive, u. U. sogar psychologischem Roman zuordnen.
- Gespräch über die Schlüsselszene: „Jetzt, spätestens, wird Niklas später irgendwann denken ..." (S. 42 f.), gehört dies in eine der Erzählebenen, wer erzählt und das usw.? (Zukunftsprojektion, Sprecher von außen, auktorialer Einschub).
- Niklas wachsende Wut- und Rachegedanken, Textstellen suchen und in einer Collage zusammenstellen, diskutieren, eine sich abzeichnende Gefahr?
- Diskussion einer Schülergruppe mit den Eltern, der Lehrerin, mit Karls Eltern als Rollenspiel oder Tonbandszene.
- Zu einzelnen Untaten Karls Tagebucheintragungen von Niklas oder von Karl selbst formulieren.
- Als Vater, Mutter oder Svenja einen Leserbrief an die Zeitung schreiben.
- Im Wochenkreis oder in der Schülerzeitung das Buch vorstellen.

10 *Der durch den Spiegel kommt* – mit Ausblick auf *Die Medlevinger*

Kirsten Boies Erfolg und Wertschätzung beruht, von Ausnahmen abgesehen, auf ihren realistischen Kinder- und Jugendromanen. Ihre sich durch scharfe Beobachtung auszeichnenden Alltags- und Familiengeschichten mit ihren zahlreichen thematischen und erzählerischen Innovationen werden zu den literar-ästhetisch herausragenden Werken der KJL der letzten Jahrzehnte gezählt. Nun legt sie zwei phantastische Kinder- bzw. Jugendromane vor, und zwar in klassischen Ausprägungen dieses Genres. „Daß sie sich aber in einen 'Wald ohne Wiederkehr' oder in die 'Steinige Steppe' wagt, überrascht." (Kindermann 2001, S. 4) Ihr erweiterter Realismusbegriff (s. o. S. 3) reicht zur Kennzeichnung des Genres der beiden Texte nicht mehr hin, wohl aber als Stilelement, das auch diesen Romanen, wie darzustellen, eigen ist und ihnen gerade dadurch einen charakteristischen Akzent verleiht. Dennoch sind sie als zwei Varianten in das Grundmuster der phantastischen KJL einzuordnen, wie es Wolfgang Meißner in seiner umfassenden Untersuchung darstellt (1989, bes. S. 94–115).

Beide Texte sind spannende Leseabenteuer. In den folgenden Ausführungen steht diese Perspektive im Vordergrund. *Der durch den Spiegel kommt* (2001), mittlerweile liegt eine Taschenbuchausgabe vor, nach der zitiert wird, soll darüber hinaus als Modell für eine Klassenlektüre angesprochen werden. Der Ausblick auf *Die Medlevinger* (2004) besteht vorrangig aus dem Vergleich beider Werke und soll als Anregung zur Begleitung der Schülerinnen und Schüler im freien Umgang mit diesem phantastischen Jugendroman dienen.

Der Roman *Der durch den Spiegel kommt* wurde nominiert für den Deutschen Bücherpreis 2000, *Die Medlevinger* aufgenommen in die Kinder und Jugendbuchliste (Saarländischer Rundfunk / Radio Bremen) Sommer 2004.

10.1 Inhalt

Anna, die 10jährige Protagonisten in *Der durch den Spiegel kommt*, will ihre Geschichte erzählen, die eigentlich niemand glauben kann. Ein Spiegel in ihrer Schatzschublade erinnert sie an ihr großes Abenteuer. In Gedanken durchläuft sie die Stationen ihrer Wanderung, erinnert sich an ihre große Angst und ihren noch größeren Mut. Sie schaute ihrer Mama beim Fensterputzen zu und wurde von dieser zum Einkaufen geschickt.

Unterwegs stößt sie auf ein Kaninchen, und vor ihr liegt ein Spiegel. Sie hebt ihn auf. Sein Rahmen ist kunstvoll geschmiedet. Sie schaut hinein und befindet sich plötzlich im Land-auf-der-anderen-Seite, das keine Zeit verbraucht. Das Kaninchen, das sprechen kann, drängt Anna zur Eile, damit sie vor der Nacht ein nahes

Dorf noch erreichen. Bei einem Wirt erfährt sie von einer Prophezeiung, daß jemand, der bei Vollmond vom Westen durch den Spiegel kommt, das vom Bösen geknechtete Land zu erlösen vermag, und sie hoffen darauf.

Jetzt hält man Anna für den „Kühnen Kämpfer", dessen einzige Waffe der Mut ist und der sie, die wenigen, die noch übrig sind, von Evil, dem Fürchterlichen, befreien wird. Er hat das Land unterworfen, sich alle Geschöpfe und selbst das Wasser und die Steine gefügig gemacht und schließlich mit Hilfe eines geraubten Amuletts Macht über die Herzen der Menschen gewonnen. Nun wissen auch diese nicht mehr, was gut und was böse ist und dienen ihm als gnadenlose Häscher.

Anna und das Kaninchen wandern durch die Steinige Steppe. Der Spiegel hilft Anna, ihre schreckliche Angst zu ertragen, denn sie kann sich ja jederzeit zurückwünschen. Dann aber verliert sie ihn, und ein Zurück gibt es nun nicht mehr. Sie kommen zu einer Schmiede. Eine Frau empfängt sie und erzählt Anna von dem Schmied, ihrem Mann, der magische Kräfte besitzt. Er fertigte ein „unscheinbares Medaillon, mächtiger als alles sonst auf der Welt". Deshalb wurde die Schmiede von den Häschern des Fürchterlichen niedergebrannt und ihr Mann entführt. Aber die Frau besitzt noch einen mit magischen Kräften versehenen Ring, den sie Anna mit auf ihre gefahrvolle Reise gibt.

Anna und das Kaninchen durchquere den Wald ohne Wiederkehr, ein Zauber rettet sie dabei vor den Häschern des Bösen. Sie kommen zu dem Letzten Gehöft. Hier wohnt eine Bauernfamilie, die der Fürchterliche noch nicht bezwungen hat. Der Sohn des Bauern, Rajún, der wunderbare Melodien auf der Mundharmonika spielt, schließt sich Anna an. Diese erfährt, daß das Kaninchen sich eigentlich mit der Übergabe des Spiegels an den Kühnen Ritter geirrt hat und zweifelt nun, ob die Prophezeiung ihr gelten könne. Ihre Angst wächst ins Unermeßliche. Dennoch machen sich die Kinder auf den Weg, bezwingen eine Wüste, überqueren ein reißendes Wasser und entkommen dem teuflischen Zauber des Lieblichen Landes. Annas Ring und die Melodien, die Rajún spielt, sind ihre Helfer. In einem Felsenversteck, das sich ihnen in größter Gefahr öffnet, finden sie den Schlüssel zur Burg des Fürchterlichen in den unwirtlichen Bergen. Ein Vogel bringt ihnen den Spiegel zurück, dessen Wunschseite der Rückkehr jedoch zerbricht. Sie gelangen in die Burg und werden gefangen genommen.

In dem ungleichen Kampf Evils gegen Anna wird der Fürchterliche durch eine Melodie des Trostliedes Annas, die Rajún spielt, entzaubert. Vor ihnen steht ein erschrockenes graues Männchen. Die Häscher gewinnen die Freiheit ihres Herzens zurück und vermögen wieder gut und böse zu unterscheiden. Alle feiern ein Fest. Der Ring, der jede Eigenschaft in ihr Gegenteil verwandelt, macht auch die Vorderseite des Spiegels zur Rückseite, so daß Anna den Weg nach Hause findet. Die Zeit stand still. Sie kauft also ein. Wie verwandelt jedoch begegnet sie ihren Mitschülerinnen, mit denen sie im Streit lag, und ihrer Mutter. Im Bett denkt sie an Rajún und daß sie alles ganz gut gemacht habe. „Es ist nur schade, daß ich es keinem erzählen kann."

10.2   Literarische Analyse

10.2.1 Grundmuster des Phantastischen

Die Komposition von *Der durch den Spiegel kommt* entspricht dem Grundmuster phantastischer Kinder- und Jugendromane. Zwei Ebenen, die zwei unterschiedliche Welten repräsentieren, stehen nebeneinander. Die realistische Erzählebene, gekennzeichnet durch Annas Zuhause, ihr Verhältnis zu der Mutter und ihren Mitschülerinnen, aber auch durch den Auftrag, einkaufen zu gehen sowie das Umfeld von Hochhäusern und eine verkehrsreiche Straße, vermitteln einen konkreten Gegenwartsbezug. Das 40. Kapitel, „Wieder zu Hause", rekurriert auf diese realistische Erzählebene, allerdings verändert durch Annas andere Befindlichkeit und ihren anderen Bezug zu den Gegebenheiten ihrer Lebenssituation. Die geringe quantitative Ausdehnung der realistischen Ebene entspricht zahlreichen phantastischen Büchern der KJL, erinnert sei an *Mio mein Mio* von Astrid Lindgren. Die in eine phantastische Welt verlagerte Geschichte reicht von Kapitel 2 bis Kapitel 39. Anders ist das Kompositionsprinzip in *Die Medlevinger*. Eine imaginierte Gegenwelt, allerdings nach menschlichen Maßstäben organisiert, zugleich aber mit reale Gegebenheiten überschreitenden Möglichkeiten steht neben der realen Welt, die, für sich genommen, zahlreiche Attribute eines realistischen Jugendromans umschließt und als Grundmuster eines Detektivromans fungiert. Zugleich erfolgt die Begegnung in entgegengesetzter Richtung, indem die Medlevinger in die realistische Welt eintreten, sich in dieser für sie fremden Umgebung mit den Attributen des technischen Fortschritts zurechtfinden müssen. In beiden Büchern gibt es den berühmten Umsteigepunkt, im ersten der Spiegel und in *Die Medlevinger* ein unterirdischer Gang. Die Attribute des Genres – das Kaninchen wie in *Alice im Wunderland* von Lewis Carrol und die dort herrschende umgekehrte Logik, der Kampf eines schwachen Kindes gegen einen übermächtigen, auf einer Burg hausenden Bösen wie in *Mio mein Mio* von Astrid Lindgren sind gängige Elemente dieser Gattung. Darauf wird in vorliegenden Rezensionen verwiesen. Einseitig akzentuiert sind die Hinweise, daß die Autorin „sich hier großzügig bedient habe" (Berliner Zeitung 2002, S. 7). Differenzierter urteilt Karger: Das Buch vereinigt „so manch liebenswert gegen den Strich gebürstete Anteile aus der Kinderweltliteratur", und betont zugleich, daß K.B. mit „Anna nichtsdestotrotz eine völlig eigene Ich-Erzählerin entwickelt" habe (Karger 2001, S. 30). Noch deutlicher tritt die Eigenständigkeit des Romans auf der sprachlich-stilistischen, partiell der kompositorischen Ebene hervor. In beiden Büchern spiegeln sich mythisch-magische Bezüge und stoßen Gut und Böse aufeinander, im ersten als zwei absolut widerstreitende Prinzipien, im zweiten als kriminelle Energien, von Habsucht ausgelöst und in die im Hier und Heute existierenden gesellschaftlichen Bedingungen eingebunden.

10.2.2 Der doppelte Rahmen – Sprache und Stil

In *Der durch den Spiegel kommt* sind den beiden Kapiteln der realistischen Ebene ein Vor- und Nachspann zugeordnet, somit sind beide Ebenen in einen Rahmen eingebettet. Der bemerkenswerte Einstieg vermittelt in Stimmung und Ton einen Anhauch von Poesie. Die Formulierungen sind bildträchtig: Himmel und Sterne, Erde und Lichter wie Der-über-den-Wolken-wohnt es sieht. In ihrer Wiederholung werden sie eingängig: bevor der Auftrag an das Kaninchen erteilt wird, und dann nach erteiltem Auftrag, diesmal aus der Perspektive des Kaninchens.

> Das Kaninchen sieht hinauf zu den Sternen und sieht hinab auf die Erde, auf der Millionen Lichter funkeln, und auf einmal ist sie so groß und der Horizont liegt so weit hinter all dem Leuchten, und dass es das eine Licht finden soll, auf das es jetzt ankommt, erscheint ihm plötzlich ganz unmöglich. (S. 7)

Allem Zögern des schwachen Geschöpfes stellt sich der Ausspruch entgegen:

> „Nur wenn es schwer wird, sehen wir, was in uns steckt", sagt Der-über-den-Wolken-wohnt. „Und hier ist der Spiegel. Und hier ist der Plan." (S. 8)

Und noch einmal, die Einwände des Kaninchens entkräftend:

> „Jetzt lauf", sagt Der-über-den-Wolken-wohnt. „Dich habe ich ausgewählt. Lauf!" (Ebd.)

Sprache und Stil assoziieren einen bibelnahen, hymnischen Ton, von dem Ausdruck „Dich habe ich ausgewählt" verstärkt, aber offen und verrätselt zugleich, daß Ulrich Karger von einem „keinen zu nahe tretenden Sinnbild" spricht, daß damit aber die „Geschichte von einem Dritten umrahmt ist" (2001, S. 30).

Die auch lyrisch zu nennende Sprache erinnert an Passagen von *Man darf mit dem Glück nicht drängelig sein* (s. dazu oben, S. 85f.). Wenn in der KJL-Kritik die narrative Spannbreite des literarischen Ausdrucksvermögens K. B. s hervorgehoben wird, haben wir hier einen der konkreten Belege vor uns, besonders wenn der Vorspann in *Nicht Chicago. Nicht hier* damit verglichen wird: zwei extrem unterschiedliche Stilgefüge, zwei meisterhaft gehandhabte Einstiege, zwei den grundlegenden Charakter des jeweiligen Buches in wenigen Sätzen kennzeichnende Passagen.

10.2.3 Das Land-auf-der-anderen-Seite im Spannungsfeld zweier Erzählebenen

Der abenteuerlich Weg, den Anna auf der phantastischen Ebene durchwandert, ist chronologisch erzählt und durch die Gliederung in 38 Kapitel gut überschaubar, zumal die Kapitelüberschriften die einzelnen Stationen und Geschehnisse deutlich markieren. Der im Vorspann angeschlagene Ton klingt in einzelnen Passagen der folgenden Kapitel wieder an.

Ein schmaler Sandweg schlängelte sich durch eine hügelige Landschaft und auf den Weiden am Wegrand stand das Vieh in der Dämmerung, Kühe mit ihren Kälbern und Schafe mit kleinen Lämmern. Sogar Pferde grasten auf einer Koppel und an ihrem Ende zog am Waldrand ruhig ein Rudel Rehe vorbei. „Wow!", hab ich wieder gesagt und mit der Hand in der Tasche nach dem Spiegel gegriffen. (S. 34)

Auf dem Weg durch das Liebliche Land spiegelt ein entsprechendes Textstück Annas Wohlbefinden.

Nie habe ich so geschlafen wie im Lieblichen Land. Nie habe ich so tief und so fest geschlafen wie in jener Nacht auf meinem Bett aus Gras und unter meiner Decke aus Sternen; und nie bin ich so aufgewacht, so frisch und so voller Erwartung auf den kommenden Tag. (S. 177)

Nicht zu übersehen ist jedoch, daß der zunächst gezeichnete idyllische Zustand einen trügerischen Boden hat und sich durch die Wandernden Wege in ihr Gegenteil verkehrt: „Da spürte ich das Grauen wie einen elektrischen Schlag."

Abenteuer und Gefahr erzeugen Spannung. Der Zauberspiegel und der Ring besitzen magische Kräfte und sind, wie die Prophezeiung, ein Versprechen für den glücklichen Ausgang. Anna ist keine Verkörperung eines Kühnen Ritters mit Rüstung, Schild und Schwert, sie ist trotz einiger märchenhafter Attribute kein Märchenheld. Dies gilt auch für Rajún, ihren späteren Begleiter. „Das Normale ist an Anna das Besondere." (Karger 2001, S. 30) Sie wächst gerade so viel über sich hinaus, daß ihre „Durchschnittlichkeit" noch glaubhaft bleibt (ebd.). Sie besitzt keine magischen Eigenschaften wie Harry Potter und keine Phantasie-Begabungen wie Bastian in der *Unendlichen Geschichte*. Für Kindermann bricht sie als eine Art „Anti-Potter" die Verfestigungen auf, die die Potter-Bücher samt ihren Epigonen herbeigeführt haben. K. B. „beweist, daß echte Abenteuer mit Witz, Verstand und Leidenschaft auch jenseits von Hogwarts möglich sind" (Kindermann 2001, S. 4).

Die phantastische Geschichte ist nicht eindimensional angelegt, Anna betritt die phantastische Ebene nicht selbstverständlich, ohne Verwunderung oder völlig angstfrei. Im Gegenteil, von der Struktur der Märchen hebt sich die Psychologisierung der Protagonistin deutlich ab, und wir stoßen damit auf ein gewichtiges Charakteristikum von K. B.s phantastischem Roman. Anna tritt den Rezipienten in ihrem Fühlen, ihren Vorstellungen, in ihrem Denken, insbesondere ihrer Angst und ihren Nöten in jeder noch so magisch oder märchenhaft getönten Episode entgegen. „K.B. bringt märchenhafte Kräfte und Kindern zugängliche Mutmach-Mittel in ein faszinierendes Gleichgewicht." (Karger 2001, S. 30) Zu diesem Spezifikum des Romans einige Beispiele.

Als Anna durch den Spiegel in das Land-auf-der-anderen-Seite gelangt, schießt ihr durch den Kopf:

> Was war mit mir passiert? Hilfe, was war mir passiert? Was ich jetzt gerade erlebte, konnte doch gar nicht sein, und das war so schrecklich, dass ich wirklich weinen musste.
> Zuerst hab ich gedacht, dass ich krank geworden bin. Es gibt so eine Krankheit, die sitzt im Kopf, das glauben Menschen plötzlich, dass sie eine alte Königin sind, die längst tot ist, oder dass gefährliche Gangster sie Tag und Nacht in der U-Bahn beschatten […] Vielleicht dachte man bei dieses Krankheit ja auch manchmal, dass man ganz woanders war! (S. 24)

Das Geschehen wird „rationalisiert", in Annas Welt mit ihren erklärbaren Strukturen projiziert, und dies gleichsam verdoppelt durch die Sichtweise und den Wissenshorizont einer 10jährigen. Anna entdeckt nun, daß das Kaninchen sprechen kann. Sie schreit auf und spinnt obigen Gedanken weiter.

> Jetzt war ja klar, dass ich noch viel kränker war, als ich geglaubt hatte. Wenn ich schon das Kaninchen sprechen hören konnte! Ich hab gedacht, dass ich natürlich frech zu Mama bin, und meine Hausaufgaben schreib ich auch öfter erst in der Pause von Assal ab, und wenn ich mein Zimmer aufräumen soll, kann es passieren, dass ich die Sachen nur mit dem Fuß unter das Bett schiebe: Aber so eine schlimme Strafe habe ich nicht verdient. (S. 25)

Dieses Beispiel verdeutlicht, daß sie in die Geschehnisse der phantastischen Ebene zahlreiche Details ihrer realen Welt in Gedanken hineinholt, an späterer Stelle reflektiert sie, warum sie ausgewählt wurde, im Märchen seien dies doch oft arme Kinder, deren Eltern gestorben seien, sie sei aber nicht arm, denn ihre Eltern sind „schließlich nur geschieden" (S. 62). – Am ersten Morgen in der phantastischen Welt sieht Anna Pferde und hat den Wunsch, reiten zu dürfen. Dann sieht sie hinter sich Leute.

> „Nee, danke, Kaninchen", hab ich gesagt. Kein Mensch kann ja in Ruhe Pferde füttern, wenn mindestens zwanzig Erwachsene daneben stehen und so begeistert zugucken, als wäre es das Endspiel der Fußballweltmeisterschaft. „Ich geh wieder nach Hause", und ich hab den Spiegel aus der Tasche gezogen. Vielleicht würde ich wirklich mal wiederkommen, konnte schon sein, obwohl ich eigentlich keine große Hoffnung mehr hatte, dass mir hier jemand mit meinen Matheaufgaben helfen würde. Aber wenn ich Lust hatte, Pferde zu streicheln, vielleicht. (S. 49 f.)

Wieder prallen die beiden Erzählebenen gleichsam aufeinander. Eine (leichte) Verstärkung dieses Strukturprinzips leistet auch die dem Alltagsgebrauch angenäherte Sprache, wie es diese Passage zeigt: Nee, hab, zugucken, Matheaufgaben. An anderer Stelle ruft sie aus „Das ist ja das Geilste!" (der Ausdruck bildet allerdings eine Ausnahme) und stellt fest: „Man wäre ja blöde, wenn man das nicht ausnutzen würde." (S. 32)

Mit den Gedanken an ihre reale Welt, mit ihren Problemen und Erfahrungen einer 10jährigen, ihrem eigenen Stil des Sprechens und Denkens projiziert sie ein durch und durch märchenfremdes Element in die phantastische Ebene. Dies geschieht auf die typische Art des Erzählens der Autorin, so daß an der Eigenständigkeit dieses Romans trotz einiger, wie wir meinen genrebedingter Ähnlichkeiten zu vorliegenden Werken der phantastischen KJL nicht zu zweifeln ist.

10.2.4 Magische Objekte, magische Gaben

Ganz und gar genretypisch sind einige der Figuren und die magischen Objekte Spiegel, Medaillon und Ring. Auf der phantastischen Ebene sind zwei Figurengruppen, die die archaisch anmutende Welt bevölkern: Evil der Fürchterliche, der mit Hilfe seiner Häscher Land und Menschen unterjocht, und diesen gegenüber die wenigen, die er noch nicht unterjochen konnte, in ständige Angst und in Schrecken versetzt. Zu ihnen zählen der Wirt und die Bewohner des Dorfes vor der Steinigen Steppe, die Frau des Schmieds und die Bauernfamilie des Letzten Gehöfts. Begleiter Annas ist das sprechende Kaninchen, aber wieder nicht als fraglos guter Helfer, sondern als nörgelndes, widersprechendes und auch feiges Wesen. Der Zauberspiegel fungiert als Wendepunkt, als klassisches Bindeglied zwischen den beiden Welten. Das Amulett, von dem mit magischen Kräften begabten Schmied gefertigt, verleiht Macht über die Herzen der Menschen. Der Ring, ebenfalls vom Schmied gefertigt und von seiner Frau Anna übergeben, ist ebenfalls eine magische Gabe, die Anna auf der Wanderung in letzter Not hilft, deren Zauber Anna und das Kaninchen aber erst zum Schluß enträtseln. Die Macht des Bösen verzauberte nicht nur Menschen, sondern auch das natürliche Umfeld. Entsprechend entfaltet sich eine Gruppe magischer Naturkräfte: die Steinige Steppe, der Wald ohne Wiederkehr, die Wüste, der Reißende Bach, das Liebliche Land. Ihre zentrale Funktion ist, scheinbar unüberwindliche Hindernisse auf dem gefahrvollen Weg Annas aufzubauen.

Rajún, der Helfer und Begleiter Annas auf dem letzten gefährlichen Stück der Wanderung ist ein Junge ihres Alters mit seinen Möglichkeiten wie Anna, wie diese auch oft von großer Angst erfüllt. Aber den Melodien, die er spielt, wohnt ein Zauber inne. Trifft er das Lied, das den einzelnen Dingen innewohnt, sind diese erlöst, seien es Blumen und Bäume, Wasser und Felsen. Zentral ist die Melodie des Trostliedes, das die Mutter immer Anna vorsang, wenn sie von Angst geplagt wurde. Sie ist es auch, die Anna in ihrem Kampf gegen Evil schließlich zum Sieg verhilft, indem sie den Fürchterlichen und seine Häscher entzaubert. Diese gewinnen ihr fühlendes Herz zurück und können fortan wieder gut und böse unterscheiden.

10.2.5 Adressatenbezug

Die Mehrzahl der phantastischen Geschichten für jüngere Kinder stellt eine freundliche phantastische Welt vor, besonders in den imaginierten, ohne realistische Gegenwelt gezeichneten wie *Der Wind in den Weiden* von Kenneth Grahame, *Der kleine Wassermann* von Otfried Preußler, *Der kleine Hobbit* von John R. Tolkien, aber auch in den Grundmustern des Phantastischen wie *Hanno malt sich einen Drachen* von Irina Korschunow. Erst für höhere Altersstufen kommen jene Modelle ins Spiel, die von einem beunruhigenden Riß zwischen den beiden Welten (s. Caillois) oder von dem kaum auflösbaren Bösen, Grausamen, von Angst und Grauen (Todorov) ausgehen. (Zu den Theorien des Phantastischen und der Differenzierung nach dem Alter der Adressaten s. Meißner, S. 9–17 und S. 55–62.) Wenn Martina Mattes formuliert, daß *Der durch den Spiegel kommt* „als Lesefutter von Kindern ab 8 bestimmt gern angenommen" wird (2002), stellen sich einige Fragen und zwar im Blick auf die Dimension des grausamen Geschehens, abcr auch auf Sprache und Stil. Die Vorausdeutungen der Ich-Erzählerin Anna, das Wissen um den guten Ausgang von phantastischen Abenteuern, aber gerade auch die Rückbindung der magischen Geschehnisse an den Erfahrungshorizont Annas und damit der Rezipienten, mildert die Wucht des in sich grausamen Geschehens der phantastischen Ebene. Dennoch stellt es u. E. kein Kinderbuch für jüngere Jahrgänge dar. Dies gilt auch für die sprachlich-stilistische Ebene mit ihrer ausladenderen syntaktischen Struktur und den deutlich den Sprachstand jüngerer Kinder übersteigenden Wortbestand.

> Ich sah auf das Bild und dachte, dass so ein Kühner Kämpfer aussehen musste: ein junger Mann, groß und stark und mit leuchtenden Augen in einem kantigen Gesicht und mit Muskeln, wie die Plastikfiguren sie haben, mit denen die Jungs immer Kämpfen spielen, solange sie klein sind. Ein schöner, starker Prinz: So musste aussehen, wer Evil besiegen wollte. (S. 125)

Der Verlag empfiehlt den Roman für Kinder ab 10, aufgrund obiger Analysedaten erscheint die Altersspanne 9/10 bis 12/13 als angemessen.

10.3 Ausblick auf *Die Medlevinger*

Der Roman *Die Medlevinger* erscheint 2004, also drei Jahre nach *Der durch den Spiegel kommt*. Der Untertitel ist kennzeichnend: *Ein fantastischer Krimi in vier Teilen*. Zunächst fußt er auf dem Grundmuster der phantastischen KJL. Zwei Welten und entsprechend zwei Erzählebenen existieren nebeneinander: die Menschenwelt und die der Medlevinger. Beide sind durch den klassischen Umsteigepunkt verbunden: hier ein Schrank, eine versteckte Tür in der Werkstatt, dahinter der Gang nach „oben", dort der magische Spiegel. Die Medlevinger sind ein friedliches Volk; sie erinnern an Wichte und Trolle. Früher, vor 500 Jahren, lebten sie mit den Menschen zusammen, haben sich dann aber nach einigen Übergriffen aus Habgier von ihnen getrennt und abgesondert. Sie werden von einem liebenswerten, versponnenen und mit Leidenschaft gärtnernden König regiert.

Aufbau und Komposition unterscheiden sich deutlich vom erstgenannten Buch. Beide Ebenen haben in etwa gleiches Gewicht und werden zunächst in einer zweisträngigen Handlung präsentiert. Passagen der einen und der anderen Welt wechseln einander ab, auch typographisch hervorgehoben. Von S. 57 an kommt ein dritter Erzählstrang hinzu, durch Kursivdruck markiert. Er besteht zunächst aus geheimnisvollen Andeutungen, erst dann wird deutlich, daß Antak, der Hüter der Geschichte, der die Menschenwelt erkunden wollte, und Vedur, der Erfinder, von dem Menschen Kain, dem Bösen, gefangengehalten und bedrängt werden. Antak soll seinen Sohn Thoril ausliefern. Dieser ist Goldler, d. h., er kann Dinge in Gold verwandeln, ein Geheimnis, das die Nachfahren Kains, der damals den Bruch mit den Medlevingern herbeiführte, tradierten – bis auf den jetzigen Nachkommen, den Habsucht und Gier umtreiben. Im Lauf der Geschichte tritt der Erzählstrang, der in der Welt der Medlevinger spielt, zurück, und die realistische Ebene dominiert, allerdings in ständigem, zum Teil schnittartigem Wechsel zwischen den Personen, Personengruppen und Orten der Handlung.

Das Verschwinden Antars und Vedurs beunruhigt Nis. Der Sohn Vedurs wünscht seinen Vater zu seinem 13. Geburtstag zurück. Dann erhält er vom König eine silberne Fibel, und der Vater muß ihm das „Wort" geben, das ihn in den Status des Erwachsenseins hebt – das wichtigste Ereignis im Leben eines Medlevingers. Der Vater bleibt aus und Nis weiß nun, daß ihm etwas zugestoßen sein muß. Er entdeckt zusammen mit Moa, die eine L-Fee werden soll, eine mit magischen Kräften ausgestattete Person, in der Werkstatt des Vaters die Tür und den geheimen Gang, und sie folgen ihm nach „oben". Sie landen im Innenhof eines Hamburger Mietshauses und stoßen auf Johannes, der hier mit seiner Mutter wohnt. Er nimmt sich der Fremdlinge an und versteckt sie in der Wohnung.

Die Darstellung der realistischen Ebene entspricht nahezu den typischen Ausprägungen der problemorientierten Geschichten K. B. s: Johannes lebt mit seiner alleinerziehenden Mutter; er hat Lernschwierigkeiten in der Schule; er hat Wut auf einen ihm unsympathischen Lehrer; er erleidet eine brutale Form schulischen Mobbings, an *Nicht Chicago.Nicht hier* erinnernd; seine Mutter und die Schulfreundin Line sind selbstbewußte Frauen; er kümmert sich rührend um sein Meerschweinchen.

Die Begegnung mit Nis und Moa führt zu einer Kette von amüsanten Begebenheiten, insbesondere durch die Sicht der nicht einmal halb so großen Medlevinger auf die Menschenwelt, auf die große Zahl der ihnen unbekannten Erfindungen, für die ihnen auch die Namen fehlen. Sie entdecken die Hin-und-her-Sprechmaschinen, die Selbstredner, die Tagmacher, Wasserheißmacher, Sehkasten usw. Auch Vedur war auf diese Erfindungen gestoßen und neugierig geworden. Er hatte versucht, sie im Reich der Medlevinger zu installieren, aber vergeblich, weil er die „Strömekraft" nicht beherrschte. Insgesamt ist diese humoristisch-sprachspielerische Komponente ein Element des Lesevergnügens, zugleich in die Krimihandlung integriert, denn der Name des unbekannten Bösen, der sich Kain nennt, ist in den Namen der Verdächtigen verborgen, etwa beim Lehrer **Krailing.**

Mit der Suche nach den verschwundenen Medlevingern Antar und Vedur entfaltet sich die bedeutendste Schicht des Buches: ein phantastischer Krimi in der Form einer Detektivgeschichte. Detektive sind die Kinder Johannes, Nis und Moa. Nahezu alle Ingredienzien einer Detektivgeschichte kommen ins Spiel: Verdächtigungen, Verfolgungen, Belauschen, geheimnisvolle Orte, Fehlschlüsse und schließlich die überraschende Entlarvung (natürlich eines bisher Unverdächtigen). Phantastisch ist der Krimi durch die magischen Kräfte, die Nis und Moa an sich entdecken: sich unsichtbar machen, schweben können, die Sprache der Tiere verstehen, später das Regenmachen Antaks, das Verwandeln eines Dinges in Gold, was Thoril vermag, und die magische Kraft des Königs, zu bannen, so daß Kain erstarrt. Sie überlagern jedoch nicht die spannende Suche nach dem Übeltäter, erst zum Schluß kommen sie ins Spiel angesichts der Übermacht des Bösen.

Eine weitere thematische Dimension betrifft die Lebensform der Medlevinger, ihre Märchen- und Sagenwelt, die der Verdrängung des Wissens um die Menschen dient und erklärt, warum sie sich abschirmen und für sich bleiben wollen. Thoril, der Johannes und Moa die Geschichte der Medlevinger erzählt, sagt:

> Die Medlevinger bewunderten die Menschen. Nicht wegen ihrer Größe und ihrer Kraft, sondern wegen ihres Erfindungsgeistes; denn wenn uns Medlevingern etwas fehlt, dann ist es die Neugierde, die vorwärts treibt. Wir sind zufrieden mit dem, was wir haben …" (S. 250)

Durch die Perspektive der Medlevinger werden zwar Schwächen der Menschen, besonders der Zivilisation transparent und zweifelsohne gilt die Sympathielenkung der Autorin der friedfertigen, freundlichen und genügsamen Welt der Medlevinger ohne Krieg, Verbrechen und Machtgier, aber sie spielt die beiden Welten nicht gegeneinander aus. Der König verdeutlicht an späterer Stelle die von Thoril angedeutete Haltung, als es darum geht, was die Medlevinger aus der Welt der Menschen mitnehmen sollen, denn die Faszination einiger Erfindungen ist offensichtlich, so stürzte sich z. B. Moa geradezu auf den von ihr Sehkasten genannten Fernseher.

> „Man kann nicht von beiden Welten das Beste haben wollen", sagte der König, und Johannes sah, wie er sehnsüchtig zum hellen Licht der Lampe blinzelte. „Wenn wir anfangen, besitzen zu wollen, was sie besitzen, werden wir auch leben müssen, wie sie leben." (S. 426)

Auf der den Medlevingern und ihren Lebensformen gewidmeten Erzählebene berührt die Geschichte Märchen, Mythen, religiöse Bezüge (das Kain- und Abelmotiv) und Elemente der Fantasy, etwa in der mittelalterlich anmutenden Welt.

10.4 Didaktisch-methodische Aspekte

Beide Romane bieten, was die Analysedaten bekräftigen, vorrangig ein Lesevergnügen. Zusätzlich vermitteln *Die Medlevinger* ein Höchstmaß an Spannung, und zwar auf jeder der genannten thematischen Ebenen: der problemorientierten realistischen, der phantastischen mit den magischen Elementen, dem Aufeinanderstoßen beider Welten mit der Entdeckung und zugleich Entlarvung einiger Aspekte der Menschenwelt aus der Sicht der Medlevinger, die humoristisch-sprachspielerischen Komponenten eingeschlossen, schließlich der in die beiden Welten verwobene Krimi, dessen Erfindungsreichtum und Logik der Handlung überraschen.

Mit den beiden vorgestellten Büchern hat K.B. gleichsam für sie literarisches Neuland betreten. Wieder stellt sie sich damit auf die Seite der Kinder und Jugendlichen. In *Der durch den Spiegel kommt* ging es ihr um das Thema: „Durchhalten in einer geradezu grotesk aussichtslosen Situation" (2004, S. 6). Als Hintergrund für die Medlevinger nennt sie zwei Aspekte:

> Die Medlevinger haben nun wirklich mit dem derzeitigen Phantasieboom zu tun. Wenn man sieht, wie Kinder offenbar auch in einer Situation allgemeiner Lesemüdigkeit auf derartige Bücher reagieren, dann reizt es schon, das auch zu probieren." (Ebd.)

Dabei habe sie vor allem die Neugier getrieben: „Kannst du so eine Handlung aufbauen?" Dann aber fährt sie fort, und das ist der überraschende zweite Aspekt:

> Wobei es mir eigentlich mehr um den Krimi als um den Aspekt des Fantastischen gegangen ist, und das war dann schließlich der Auslöser, das Buch zu schreiben. (Ebd.)

Sie träumte schon immer davon, „mal eine Kriminalhandlung zu entwickeln". Sie nennt als besonderen Reiz der Aufgabe, „zu versuchen, für Kinder eine relativ verwickelte Kriminalhandlung zu konstruieren", und zwar unter Hinzunahme fantastischer Elemente (ebd.).

Die Medlevinger sind ein Buch von 432 Seiten. Eine Taschenbuchausgabe liegt nicht vor. Es ist deshalb, aber auch auf Grund seiner Struktur, ganz auf spannende und vergnügliche Freizeitlektüre hin angelegt – wie übrigens die Mehrzahl der Bücher des Fantasybooms. In der Schul- und Klassenbücherei sollte es aber seinen besonderen Platz haben, zur Empfehlungsliste der Lehrkräfte für Kinder resp. Jugendliche und deren Eltern gehören. Zur Anregung bieten sich ausgewählte Teile zum Vorlesen im Lesekreis an, etwa die von Thoril erzählte Geschichte der Medlevinger. Zu einem unterrichtlichen Anstoß können die Wortschöpfungen von Nis und Moa zu den sie faszinierenden Erfindungen führen. In älteren Klassen bietet das Buch eine transparente Folie für Vergleiche mit anderen gelesenen Fantasiegeschichten wie die *Harry Potter*-Bände Joan Rowlings oder *Tintenherz* von Cornelia Funke, aber ebenso im Rahmen einer Beschäftigung mit Krimis und der Struktur von Detektivgeschichten.

Der Roman *Der durch den Spiegel kommt* liegt auch als Taschenbuchausgabe vor und ist deshalb als Klassenlektüre leichter einsetzbar. Erfreulicher Weise sind die Vignetten von Dorothea Göbel übernommen. Interessierten Kindern und Eltern kann die gebundene Ausgabe empfohlen werden. Sie stellt in Aufmachung und Qualität einen wertvollen Buchbesitz dar. Zunächst ist der phantastische Roman ein Leseabenteuer besonderer Art, und die zuvor gemachten Ausführungen zu *Die Medlevinger* gelten gleichermaßen unter den Aspekten von Leseanregung und offener Lesebegleitung. Seinem literarischen Niveau, eingeschlossen die sprachlich-stilistische Dimension, und den thematischen Schwerpunkten nach gehört er zu der Gruppe der Kinder- und Jugendbücher, die sich in besonderer Weise als Klassenlektüre bzw. literarische Projekte eignen. Wir nannten oben die Altersspanne, die die Schuljahre 4/5 bis 6/7 umfaßt, abhängig von Lesefähigkeit und dem Niveau literarischen Lernens.

Schlüssel zum Zugang ist die Protagonistin Anna, ganz und gar Kind der heutigen Zeit. Sie projiziert die Kindern heute geläufigen Fakten ihrer Lebenswelt, wie oben herausgearbeitet, in die Geschehnisse der phantastischen Ebene.

Das umfangreiche Buch, als Taschenbuch mit 247 Seiten, stellt zunächst eine hohe Anforderung an die Lesefähigkeit, gemildert jedoch durch die spannende Geschichte, die übersichtliche Gliederung und ein gutes Druckbild. Als Einstieg bietet sich das erste Kapitel an, das zunächst als realistische Geschichte erscheint. Die häusliche und schulische Situation Annas zeichnet sich ab und regt zu Diskussion und Vergleichen an. Durch die Andeutungen „unglaubliche Geschichte" und „Land-auf-der-anderen-Seite", die Erinnerung an den „Gefährten Rajún und seine Melodien" aber auch durch den Verweis auf den Spiegel setzen sich spontan Vermutungen vielfältiger Art in Gang.

Das Vorlesen des Vorspanns mit seiner Diktion und der weiteren Verrätselung aktiviert weitere Vermutungen, vor allem bezogen auf das Eingangskapitel. Einige Versuche gestalteten Lesens bringen Sprache und Stil ohne Theoretisierung ins Spiel.

Über Kapitel 2 und 3 treten die Rezipienten mit Anna in die phantastische Ebene ein. Die zu Hause gelesenen Kapitel entfalten ein interessantes Panorama (vorlesen und diskutieren): das Kaninchen, der Spiegel, das Verhalten Annas, ihre Überraschung, ihr Erschrecken, ihre Angst, wie sie sich das Geschehen erklärt (eine Krankheit?), das Land verbraucht keine Zeit: Diskussion, Bezüge auf Lese- oder Filmerfahrungen wie Zeitmaschine, Zeitreisen u. a.

Vertiefende Zugriffe entweder nach der häuslichen Lektüre des ganzen Buchs oder der sukzessiven Lektüre der auf die Stationen der Wanderung bezogenen Kapitel. Einzelne Arbeitsschritte sind:

- Vorlesen ausgesuchter spannender, gefahrvoller Augenblicke.
- Die Prophezeiung, Annas Rolle, die Hoffnung der Bewohner, die Fehler des Kaninchens.
- Tafelübersicht aller handelnden Figuren, Gruppierung: Anna und ihre Helfer, die unterdrückten Menschen, die Unterdrücker.
- Die magischen Attribute: das Kaninchen, der Spiegel, der Ring, die gespielten Melodien, ihre magische Kraft bzw. Funktion – entsprechend die magischen Hindernisse: die Steinige Steppe, der Wald ohne Wiederkehr, die Wüste, das reißende Wasser, das Liebliche Land mit den wandernden Wegen.
- Charakterisierung der Figuren nach ihrer Rolle im Buch: im Gespräch und auf Bildtafeln mit zugeordnetem Text.
- Versuch einer Gliederung nach den wichtigen (kapitelübergreifenden) Episoden: im Gespräch, als Tafelnotizen, als gemalte Bildfolge mit kurzem Text und als Wandfries geordnet.

- Annas Rolle, sie ist kein Kühner Ritter, ihre Angst und ihr Mut, wie sie durchhält und nicht aufgibt: übergreifendes und zusammenfassendes Gespräch – Rajún berichtet seinen Eltern, nachdem Anna zurückgekehrt ist – Anna vertraut sich einem Tagebuch an.

- Evil der Fürchterliche prahlt gegenüber seinen Häschern, wie er Anna besiegen will.

- Anna denkt in vielen gefährlichen Situationen und bei neuen Entdeckungen immer wieder an zu Hause, Aufsuchen entsprechender Textstellen in Partner- oder Gruppenarbeit, Zusammenfassen, was wir über Anna und ihre reale Welt erfahren.

- Einrichten einiger ausgewählter Szenen als Rollenspiele oder als Hörszenen auf Tonband.

- Lesen des Nachspanns, Gespräch: Wiederholung des Anfangs mit der Ausnahme „Und lacht" – Klärung aller verrätselten Gegebenheiten, besonders die Botschaft, das Ausgewähltsein des Kaninchens und dessen Irrtum, die Rolle des Vogels (Annas Fehleinschätzung), die Rolle des Der-über-den-Wolken-wohnt.

- Werbezettel über das Buch verfassen: Bild-, Textcollage, an Kinder der Nachbarklassen verteilen.

- Das Buch im Wochenendkreis in Form von Leseszenen und Szenen darstellenden Spiels vorstellen (ohne den Ausgang zu verraten).

Die primäre Funktion als Lesevergnügen sollte berücksichtigt und einige der aufgelisteten Zugriffsmöglichkeiten sollten deshalb mit leichter Hand initiiert werden.

10.5 Nachtrag

Nach Abschluß des Manuskripts legt K. B. einen neuen, umfangreichen Roman (384 S.) mit dem Titel *Skogland* vor. Sie erzählt die Geschichte der etwa 13/14jährigen Jarven. Sie wird über ein Vorsprechen (casting) ausgewählt, eine Prinzessin in einem Film zu spielen. Unter seltsamen Umständen wird sie in ein abgelegenes Schloß nach Skogland, einem fiktiven Land, das in ein Südreich und ein Nordreich geteilt ist, gebracht und auf ihre Rolle vorbereitet. Gleichzeitig wird ihre Mutter entführt. Jarven soll die wirkliche Prinzessin, die um ihren gerade verstorbenen Vater trauert, in einem Festakt zu ihrem Geburtstag zusammen mit dem Vizekönig, ihrem Onkel, zur Beruhigung der Bevölkerung vertreten. Schrittweise erkennt sie, daß sie einer Intrige zum Opfer gefallen ist, daß sie dem machtgierigen Vizekönig und seinen Helfern als Werkzeug in dem politischen Kampf gegen den unterdrückten Norden dient. Sie wehrt sich dagegen und gerät in ein Netz von Verschwörungen. Zahlreiche abenteuerliche Begebenheiten vermag sie zusammen mit der wahren Prinzessin, deren Freund aus Kindertagen und Helfern des Nordens zu bestehen, obwohl die Situationen oft als schwierig und aussichtslos erscheinen. Schließlich wird mit ihrer Hilfe das perfide Komplott aufgedeckt und die Hoffnung auf ein zukünftiges friedliches Miteinander gestärkt.

Das Fernsehen, dessen Versuchung, Macht und Instrument der Bewußtseinsbildung spielen als thematische Elemente eine bedeutende Rolle. Zugleich scheint

die Autorin die raffinierte Schnittechnik des Mediums für Abenteuer- und Krimi-
nalfilme übernommen zu haben. In laufender Folge werden relativ kurze Szenen
beschrieben, deren Fäden zumeist an den Stellen spannungsreicher Zuspitzung
geschnitten und erst an späterer Stelle wieder aufgegriffen und verknüpft werden. Ständig wechseln die Schauplätze und die Figurenkonstellationen. Es bildet
sich ein raffiniert geschürztes Geflecht von Daten, Personen, Begebenheiten
und Details einschließlich der komplexen Beziehungen der Hauptfiguren unter-
einander. Auf dieser Ebene präsentiert sich der Roman als ein Gemisch von
spannungsgeladener Abenteuer- und Kriminalgeschichte. Für Elena Geus ist
Skogland ein „filmreifer Politkrimi" (2005, S. L 21). In einem ausführlichen Interview zu *Skogland*, geführt von Judith Kaiser (2005), betont K. B. ihre Intention, vor allem durch Spannung der Handlung und das Angebot eines Leseaben-
teuers die Lesemotivation aufrecht zu erhalten. Auch das königliche Milieu und
die Figur der Prinzessin habe sie unter diesem Gesichtspunkt gewählt. Auf dieser
Ebene verknüpft sich ihr jüngster Roman mit den beiden zuvor erörterten und
bildet zweifelsohne einen dritten Beleg einer in Teilbereichen neu akzentuierten
Schaffensperiode. Dies gilt auch für die sprachlich-stilistische Dimension. Die
spürbare Freude am Fabulieren mündet in Stilelemente, die sich deutlich von
früheren, streng realistischen Romanen abheben, gespiegelt vor allem in einer
differenzierten Syntax mit überraschend ausladenden Einzelsätzen und in Passagen von Naturschilderungen und von Stimmungslagen.

Dennoch sind auch überaus vertraute Elemente des bisherigen Erzählens der
Autorin nachweisbare literarische Bausteine dieses Buches. Vorab ist zu vermerken, daß trotz zahlreicher Übereinstimmungen mit den beiden vorausgehenden
Veröffentlichungen auf die phantastische Dimension verzichtet wird, allenfalls
klingen märchenhafte Bezüge in der Fülle der unwahrscheinlichen Fügungen an.
Ein realistischer, aktueller Bezug ergibt sich durch die in die spannende Handlung integrierten ernsthaften und quasi versteckten Themen. Die Autorin nennt
„die Geschichte um Arm und Reich, ungleiche Chancen und gesellschaftliche
Ungerechtigkeit" (2005, S. 1), Problembereiche, die sich ihrer Meinung nach
„auch schon von Kindern auf unsere heutige Wirklichkeit übertragen (lassen)"
(ebd., S. 2). Darin spiegeln sich Machtgier und Gewalt, Terror als Gegengewalt,
Verführung von Einzelnen und von Massen, ethnisch bedingte Differenzen und
Diskriminierungen. Die jugendlichen Protagonisten werden sich dieser vorrangig politischen Aspekte bewußt und thematisieren sie, eingebettet allerdings in
eine fiktive, entrückte Welt und Gesellschaft trotz der modernen Attribute ihrer
Lebenswelt. Diese Dimension des Romans gewinnt dadurch die Form eines ge-
sellschaftspolitischen Exemplums. Hier nähert sich der Text gleichsam einer politischen Parabel mit didaktischem Einschlag. K. B. s neuer Roman wird vorrangig ein spannendes Leseabenteuer im freien Feld der häuslichen Lektüre sein. In
höheren Klassen, etwa ab achtem Schuljahr sind jedoch auch zwei didaktische

Zugriffe denkbar: einmal die Erschließung der Komposition als spannende Kriminalgeschichte und der entsprechenden literarischen Mittel, zum anderen das Herausarbeiten der Elemente der politischen Parabel mit Bezug zur jüngsten Vergangenheit und zur Gegenwart unter globalem Aspekt. – Ein wesentliches Element sowohl für die Dimension von Abenteuer und Krimi als auch für die integrierten Exempla menschlichen Verhalten im gesellschaftlichen und politischen Raum sind die breiten Passagen der Wendung in die Binnensicht (innere Monologe, erlebte Rede) der Protagonistin.

Literaturverzeichnis

Kirsten Boie: Primärliteratur-Auswahl

(Kinder- und Jugendbücher i. e. Sinne)

Paule ist ein Glücksgriff. Mit Illustrationen von Magdalene Hanke-Basfeld. Hamburg : Oetinger 1985 (Taschenbuchausgabe geplant für Sommer / Herbst 2005 bei Deutscher Taschenbuchverlag München).

Mit Jakob wurde alles anders. Einband von Jutta Bauer. Hamburg: Oetinger 1986.

Opa steht auf rosa Shorts. Einband von Jutta Bauer. Hamburg: Oetinger 1988.

Lisas Geschichte, Jasims Geschichte. Umschlag von Jutta Bauer. Hamburg: Oetinger 1989.

Mit Kindern redet ja keiner. Einband von Susann Opel-Götz. Hamburg: Oetinger 1990.

Das Ausgleichskind. Einband von Jutta Bauer. Hamburg: Oetinger 1990.

Moppel wär gern Romeo. Einband von Jutta Bauer. Hamburg: Oetinger 1991.

Ich ganz cool. Einband von Jutta Bauer. Hamburg: Oetinger 1992. Neuausgabe 2004.

Jeder Tag ein Happening. Einband von Jutta Bauer. Hamburg: Oetinger 1993.

Mittwochs darf ich spielen. Mit Illustrationen von Silke Brix-Henker. Hamburg: Oetinger 1993.

Nella-Propella. Mit Illustrationen von Silke Brix-Henker. Hamburg: Oetinger 1994. Taschenbuchausgabe München: Deutscher Taschenbuchverlag 1997 (z. Zt. vergriffen).

Erwachsene reden. Marco hat etwas getan. Einband von Jutta Bauer. Hamburg: Oetinger 1994. Taschenbuchausgabe München: Deutscher Taschenbuch Verlag 1995 (7. Auflage 2004).

Abschiedskuss für Saurus. Mit Illustrationen von Jutta Bauer. Hamburg: Oetinger 1994.

Sophies schlimme Briefe. Mit Illustrationen von Silke Brix-Henker. Hamburg: Oetinger 1995.

Eine wunderbare Liebe. Einband von Dorothea Göbel. Hamburg: Oetinger 1996.

Man darf mit dem Glück nicht drängelig sein. Mit farbigen Stempelbildern von Jutta Bauer. Hamburg: Oetinger 1997. Taschenbuchausgabe Frankfurt am Main: Fischer Taschenbuch Verlag 2005.

Der Prinz und der Bottelknabe oder Erzähl mir vom Dow Jones. Einband von Jutta Bauer. Hamburg: Oetinger 1997.

Krisensommer mit Ur-Otto. Einband von Jutta Bauer. Hamburg: Oetinger 1998.

Nicht Chicago. Nicht hier. Einband von Jutta Bauer. Hamburg: Oetinger 1999. Taschenbuchausgabe München: Deutscher Taschenbuchverlag 2002 (7. Auflage 2004).

Wir Kinder aus dem Mövenweg. Mit farbigen Bildern von Katrin Engelking. Hamburg: Oetinger 2000.

Kerle mieten oder Das Leben ändert sich stündlich. Einband von Jutta Bauer. Hamburg: Oetinger 2001.

Der durch den Spiegel kommt. Illustrationen von Dorothea Göbel. Hamburg: Oetinger 2001. Taschenbuchausgabe München: Deutscher Taschenbuchverlag 2004.

Sommer im Mövenweg. Einband und farbige Illustrationen von Katrin Engelking. Hamburg: Oetinger 2002.

Verflixt – Ein Nix! Mit farbigen Bildern von Stefanie Scharnberg. Hamburg: Oetinger 2003.

Geburtstag im Mövenweg. Einband und farbige Illustrationen von Katrin Engelking. Hamburg: Oetinger 2003.

Monis Jahr. Hamburg: Oetinger 2003 (Taschenbuchausgabe geplant bei Deutscher Taschenbuchverlag München für 2006).

Die Medlevinger. Einband von Joachim Knappe. Vignetten von Volker Fredrich. Hamburg: Oetinger 2004.

Skogland. Hamburg: Oetinger 2005.

Andere erwähnte Primärliteratur

Carroll, Lewis: Alice im Wunderland (1865). Übersetzt von Christian Enzensberger. Frankfurt am Main: Insel-Taschenbuch 1963.

Cassedy, Sylvia: Lucys Haus (1989). Hamburg: Dressler 1991.

Chidolue, Dagmar: Zuckerbrot und Maggisuppe. Hamburg: Dressler 2002.

Ende, Michael: Die unendliche Geschichte. Stuttgart: Thienemann 1979.

Funke, Cornelia: Tintenherz. Hamburg: Dressler 2003.

Graham, Kenneth: Der Wind in den Weiden oder Der Dachs läßt schön grüßen, möchte aber auf keinen Fall gestört werden (1908). München: Deutscher Taschenbuchverlag 1976.

Kästner, Erich: Das doppelte Lottchen. Zürich: Atrium 1949.

Kordon, Klaus: Das Krokodil im Nacken. Weinheim, Basel, Berlin: Beltz 2002.

Korschunow, Irina: Hanno malt sich einen Drachen. München: Deutscher Taschenbuchverlag 1978.

Lindgren, Astrid: Pipi Langstrumpf. Hamburg: Oetinger 1945.

Lindgren, Astrid: Kalle Blomquist. Hamburg: Oetinger 1946.

Lindgren, Astrid: Wir Kinder aus Bullerbü. Hamburg: Oetinger 1947.

Lindgren Astrid: Mio, mein Mio. Hamburg: Oetinger 1954.

Mebs, Gudrun: Sonntagskind. Aarau, Frankfurt am Main, Salzburg: Sauerländer 1983.

Peterson, Hans: Jan Janson, ein Junge mit Glück (1970). Hamburg: Oetinger 1971.

Preussler, Otfried: Der kleine Wassermann. Stuttgart: Thienemann 1956.

Rowling, Joanne: Harry Potter und der Stein der Weisen. Hamburg: Carlsen 1998.

Tolkien, John Ronald R.: Der kleine Hobbit (1937). München: Deutscher Taschenbuchverlag 1974.

Twain, Mark: Prinz und Bettelknabe. Stuttgart, Wien, Bern: Thienemann 1970. München: Deutscher Taschenbuchverlag 1975.

Welsh, Renate: Dieda oder Das fremde Kind. Hamburg: Oetinger 2002.

Kirsten Boie: Artikel, Aufsätze, Vorträge, Interviews

Eine Hand wäscht die andere. Ich über mich. In: Oetinger Lesebuch 1987/88. Hamburg: Oetinger 1987, Nr. 24, S. 104–107.

Leseerlebnisse. In: Oetinger Lesebuch 1989/90. Hamburg: Oetinger 1989, Nr. 26, S. 164–167.

Bücher können immer noch Weichen stellen. In: Bulletin Jugend und Literatur 1994, H. 7, S. 19–22 (Interview, geführt von Dorit Maria Schwan).

Vom Umgang mit der Sprache beim Schreiben. In: Beiträge Jugendliteratur und Medien 1995, H. 1, S. 2–17.

Meine Bücher haben mich überfallen. Rede in der Johann Wolfgang Goethe-Universität. Frankfurt: Jahresgabe des Freundeskreises des Instituts für Jugendbuchforschung 1995a.

„Kümmern Sie sich auch um die Brühwürfel". Über das Schreiben für Kinder. In: JuLit Informationen 1995b, H. 4, S. 42–48.

Realismus im Kinderbuch. In: Franz, Kurt / Payrhuber, Franz-Josef (Hrsg.): Blickpunkt: Autor. Band 20 der Schriftenreihe der Deutschen Akademie für Kinder- und Jugendliteratur Volkach. Baltmannsweiler: Schneider 1996, S. 13–25.

Kinderliteratur im Gespräch. Zu Gast: Kirsten Boie. In: Lesezeichen 3, Mitteilungen des Lesezentrums der Pädagogischen Hochschule Heidelberg. 1997, H. 3, S. 13–34.

Schreiben für Leseanfänger. In: JuLit Informationen 1998, H. 1, S. 25–37.

Über das Schreiben von Erstlesebüchern. Überlegungen anhand konkreter Beispiele. In: Beiträge Jugendliteratur und Medien, 9. Beiheft 1998a, S. 22–35.

Schreiben für Kinder … unter veränderten medialen Bedingungen. In: Grundschule 1998b, H. 12, S. 22–23.

Durch Texte gezielt zum Lesen motivieren? Vortrag im forum Bildung auf der interschul 1998 in Dortmund. In: Bildungspolitik auf dem Prüfstand. Forderungen und Herausforderungen für ein modernes Bildungssystem. Frankfurt/Main 1998c, S. 85–89.

Darum schreibe ich Erstlesebücher. In: Crämer, Claudia / Füssenich, Iris / Schumann, Gabriele (Hrsg.): Lesekompetenz erwerben und fördern. Braunschweig: Westermann 1998d, S. 138–144.

Das leidige Problem mit dem Happy-End. Kinderbuchautorin Kirsten Boie über Schwierigkeiten mit ihren Lesern. Interviewt von Christiane Kögel. Süddeutsche Zeitung Nr. 286, 18. Nov. 1999, S. 13.

Wie gut der Pudding ist, merkt man beim Essen. In: Richter, Karin / Riemann, Sabine (Hrsg.): Kinder-Literatur – „neue" Medien. Baltmannsweiler: Schneider Verlag Hohengehren 2000, S. 62–68.

Kritik am Deutschen Jugendliteraturpreis. Spartenbildung ja – aber bitte richtig! In: Eselsohr 2000a, H. 6, S. 36.

„Wenn das so einfach wäre …" Interview mit Kirsten Boie über „Nicht Chicago. Nicht hier", geführt von Esther Kochte. In: Bulletin Jugend & Literatur 2000b, H. 2, S. 18/19.

Den Leser im toten Winkel. In: JuLit 2001, H. 2, S. 31–35.

Ein Vorbild aus frühen Kindertagen. Persönliche Impressionen. In: Eselsohr 2002, H. 3, S. 28 (Extra: Astrid Lindgren – in memoriam).

Frag doch einfach das Kind in dir. In: Oetinger Lesebuch 2002/2003, Hamburg: Oetinger 2002a, Nr. 39, S. 13–19.

So viel Größenwahn muß sein! Kann Kinderliteratur die Welt verändern? In: 1000 und 1 Buch 2003, H. 2, S. 15–20.

Pfennige in Strumpfhaltern: Interview mit Kisten Boie über ihren neuen Roman „Monis Jahr", eine Kindheitsgeschichte aus den 50er Jahren. In: Oetinger Almanach 2003/2004, Frauke Wedler-Zinn / Anne Petersen. 2003a, S. 96–102. (Ebenfalls abgedruckt in: Pressemappe. Hamburg: Oetinger 2004.)

Wir sollten den Kindern dabei helfen, zu Lesern zu werden! Zur besonderen Bedeutung der Erstlesebücher. In: Oetinger Almanach 2003/2004, 2003b, Nr. 40, S. 21–36.

Interview zu Die Medlevinger. In: Bulletin Jugend & Literatur, H. 3, 2004a, S. 6.

Spezialfall Bilderbuch. Ein Werkstattbericht über die Zusammenarbeit zwischen Autor und Illustrator, über Lesemotivation und ästhetische Qualität. In: JuLit 2004b, H. 3, S. 33–41.

Ein Gespräch mit Kirsten Boie. Über Gerechtigkeit, Prinzessinnen und die Lust am Schreiben. Interview mit Kirsten Boie, geführt von Judith Kaiser (Oetinger Verlag) im Juni 2005. In: Amazon.de, unter „Kirsten Boie", Stichwort Skogland.

Sekundärliteratur

Alig, Marielle / Daubert, Hannelore: Kirsten Boie: Das Ausgleichskind. Unterrichtsvorschlag 6. In: Daubert 1999a, S. 96–134.

Allmaier, Michael: Der Junge, den es nicht gibt. Kirsten Boies neuer Roman. In: Frankfurter Allgemeine Zeitung. Literaturbeilage Kinder- und Jugendbücher. Nr. 69, 23. März 1999, SL 33.

Armbröster-Groh, Elvira: Mittwochs darf ich spielen. Reglementierte Freizeit als Thema der Kinderliteratur. In: Daubert / Ewers 1995, S. 127–133.

Armbröster-Groh, Elvira: Der moderne realistische Kinderroman. Themenkreise, Erzählstrukturen, Entwicklungstendenzen, didaktische Perspektiven. Frankfurt/Main: Peter Lang 1997.

Armbröster-Groh, Elvira: Kirsten Boie: Mit Kindern redet ja keiner. In: Daubert 1999a, S. 13–26.

Beck, Ulrich: Risikogesellschaft. Auf dem Weg in eine andere Moderne. Frankfurt/M.: Suhrkamp 1986.

Berliner Zeitung: Zwei andere Welten (cg.), Nr. 263, 10.11.2001, S. 7.

Bertrand-Rettig, Eva-Susanne: Les enfants et l'enfance dans la littérature de jeunesse contemporaine à visée réaliste de langue allemande et française: une étude de quatre œuvres représentatives. Diss. Clermont-Ferrand 1995, Kirsten Boie S. 312–385.

Blume, Monika / Stelzner, Bettina (Redaktion): The German author Kirsten Boie. Hans Christian Andersen Award 2002. München: Arbeitskreis für Jugendliteratur 2001.

Dahrendorf, Malte: Kirsten Boie. In: Franz, Kurt / Lange, Günter / Payrhuber, Franz-Josef (Hrsg.):Kinder- und Jugendliteratur. Ein Lexikon. Meitingen: Corian Verlag 1995ff. (10. Erg.-Lieferung 2000, S. 1–38).

Dankert, Birgit: Wein nicht, mein Kind. Kirsten Boies wunderbarer Roman über die 60er Jahre. In: Die Zeit Nr. 4, 15.1.2004, S. 44.

Daubert, Hannelore / Ewers, Hans-Heino (Hrsg.): Veränderte Kindheit in der aktuellen Kinderliteratur. Braunschweig: Westermann 1995.

Daubert, Hannelore: Wandel familiärer Kinderwelten in der Kinderliteratur. In: Daubert / Ewers 1995, S. 60–80.

Daubert, Hannelore / Ewers, Hans-Heino (Hrsg.): Lesen in der Schule mit dtv junior. Moderner Kinderroman. Unterrichtsvorschläge für die Altersstufen 9–12 Jahre. München: Deutscher Taschenbuchverlag 1996.

Daubert, Hannelore: „Es verändert sich die Wirklichkeit …". Themen und Tendenzen im realistischen Kinder- und Jugendroman der 90er Jahre. In: Raecke 1999, S. 89–105.

Daubert, Hannelore (Konzeption): Lesen in der Schule mit dtv junior. Moderne Kinderromane 2. Unterrichtsvorschläge für die Klassen 4–7. München: Deutscher Taschenbuchverlag 1999a.

Daubert, Hannelore: Jugendliteratur im Unterricht der Sekundarstufen. In: Spinner 1999b, S. 42–53.

Daubert, Hannelore: Kirsten Boie: ein Glücksgriff. In: JuLit Informationen 2000, H. 1, S. 52–59.

Daubert, Hannelore: Gewalt unter Schülern – ein neuer Blick auf ein bekanntes Thema. Kirsten Boie: Nicht Chicago. Nicht hier. In: Praxis Deutsch 2000a, Nr. 162, S. 45–49. (Wieder abgedruckt in: Kinder- und Jugendliteratur in Schule und Unterricht. Praxis Deutsch, Sonderheft 2003, S. 82–86. Gekürzte Fassung In: Oetinger Lesebuch 2000/2001. Hamburg: Oetinger 2000, Nr. 37, S. 20–26).

Daubert, Hannelore: Die Kinder- und Jugendbuchautorin Kirsten Boie. In: Blume / Stelzner 2001, S. 3–9.

Daubert, Hannelore (Hrsg.): Gewalt, Mobbing & Zivilcourage. Lesen in der Schule mit dtv junior. Unterrichtsvorschläge für die Klassen 5–11. München: Deutscher Taschenbuchverlag 2002.

Daubert, Hannelore: Gewalt – Mobbing – Zivilcourage. „Themenbücher" im Unterricht. In: Daubert 2002a, S. 5–13.

Daubert, Hannelore: Kirsten Boie: Nicht Chicago. Nicht hier. 5–7. Schuljahr. In: Daubert 2002b, S. 14–41.

Dorst, Gisela: Drachenflügel. In: Daubert / Ewers 1996, S. 66–86.

Ehgartner, Reinhard / Lettner, Franz: Die Bereitschaft zuzuschlagen. Zwei Bücher zur aggressiven Jugendsubkultur. In: 1000 und 1 Buch 1994, Nr. 4, S. 37–39.

Ewers, Hans-Heino: Kinderliterarische Erzählformen im Modernisierungsprozeß. Überlegungen zum Formenwandel westdeutscher epischer Kinderliteratur. In: Lange / Steffens 1995, S. 11–24.

Ewers, Hans-Heino: Veränderte kindliche Lebenswelten. In: Daubert / Ewers 1995a, S. 35–48.

Ewers, Hans-Heino / Wild, Inge (Hrsg.): Familienszenen. Darstellung familiärer Kindheit in der Kinder- und Jugendliteratur. Weinheim / München: Juventa 1999.

Frisé, Maria: Kirsten Boie: Das Ausgleichskind. In: Frankfurter Allgemeine Zeitung Nr. 228, 11.12.1990, S. 27.

Gansel, Carsten: Moderne Kinder- und Jugendliteratur. Ein Praxishandbuch für den Unterricht. Berlin: Cornelsen 1999.

Geus,, Elena: Das perfekte Double. Filmreifer Politkrimi: „Skogland" von Kirsten Boie. In: Frankfurter Allgemeine Zeitung Nr. 243, 19.10.2005, S. L 21.

Gleichauf, Ingeborg: Patchwork-Urlaub in Schweden. In: Badische Zeitung Nr. 172, 29.7.1997.

Haas, Gerhard: Handlungs- und produktionsorienter Literaturunterricht. Theorie und Praxis eines „anderen" Literaturunterrichts für die Primar- und Sekundarstufe. Seelze: Kallmeyer 1997.

Heidtmann, Horst: Nichtalltägliche Geschichte: Über die Erzählerin Kirsten Boie. In: Oetinger Lesebuch 1989/90. Hamburg: Oetinger 1989, Nr. 26, S. 156–163.

Hinne-Fischer, Jutta / Niesner, Natascha: Nicht Chicago. Nicht hier. Ein Leseprojekt zu dem gleichnamigen Roman von Kisten Boie. Berlin: Cornelsen 2003.

Huber, Andrea: Nesthäkchen wird wachgeküßt. Patchwork-Familien sind nichts dagegen: Kirsten Boie erzählt die komplizierten Fünfziger aus der Sicht der zehnjährigen Moni. In: Buch der Woche Nr. 279. Literarische Welt, 29.11.2003, S. 3.

Iser, Wolfgang: Der Akt des Lesens. München: Fink Verlag 1976.

Kahlweit, Cathrin: Maikäfer flieg, der Vater blieb im Krieg. In den 50er Jahren war die Welt noch nicht wieder in Ordnung und die jüngste Vergangenheit tabu. In: Süddeutsche Zeitung Nr. 287, 13./14.12.2003, S. 40.

Karger, Ulrich: Kirsten Boie schickt Anna auf eine abenteuerliche Reise in ihren Spiegel. In: Der Tagesspiegel Nr. 17617, 13.12.2001, S. 30.

Karger, Ulrich: Ein unterhaltsamer Schmöker. Kirsten Boie unternimmt einen Ausflug in die Welt der Fantasy. In: Tagesspiegel Nr. 18397, 22.2.2004, S. 28.

Kerner, Charlotte: Gewalt gegen Gewalt. In: Emma 2000, Nr. 5, S. 9/10.

Kindermann, Klemens: Schlammvergnügen vor Reihenhäusern. Kirsten Boies Buch „Wir Kinder aus dem Mövenweg". In: Freitag Nr. 48, 24.11.2000, S. 26.

Kindermann, Klemens: Der durch den Spiegel kommt. In: Die Woche Nr. 49, 30.11.2001, S. 4.

Kirsten Boie – Biographie. In: Pressemappe. Hamburg: Oetinger 2004, S. 1–2.

Kliewer, Annette: Unterrichtsentwurf zu Kirsten Boie: Nicht Chicago. Nicht hier: ein Jugendbuch zum Thema „Gewalt in der Schule" (7./8. Klasse). In: RAABITS Deutsch / Literatur 2001, S. 1–36.

Koppe, Susanne: Normaler Familienirrsinn. Turbulente Ferien in Schweden. In: Süddeutsche Zeitung Nr. 100, 2.5.1997, S. 32.

Krüger, Anna: Kinder- und Jugendbücher als Klassenlektüre. Weinheim, Basel: Beltz 1970 (Erstveröffentlichung Berlin / Neuwied: Luchterhand 1963).

Kümmerling-Meibauer, Bettina: Von E.T.A. Hoffmann zu Kirsten Boie. Deutsche Kinderklassiker in den 90er Jahren. In: Raecke 1999, S. 123–131.

Kümmerling-Meibauer, Bettina: Klassiker der Kinder- und Jugendliteratur. Ein internationales Lexikon. Band 1. Stuttgart, Weimar: Metzler 1999.

Lämmert, Eberhard: Bauformen des Erzählens. Stuttgart: Metzler 1972.

Lange, Günter / Steffens, Wilhelm: Moderne Formen des Erzählens in der Kinder- und Jugendliteratur der Gegenwart unter literarischen und didaktischen Aspekten. Würzburg: Königshausen & Neumann 1995.

Langeveld, Martinus: Die Schule als Weg des Kindes. Braunschweig: Westermann 1960.

Lypp, Maria: Der Blick ins Innere. Menschendarstellung im Kinderbuch. In: Grundschule 1989, H. 1, S. 24–27.

Mattes, Martina: Kirsten Boie. Der durch den Spiegel kommt. Anna erlebt im Land-auf-der-anderen-Seite ein fantastisches Abenteuer. In: Der evangelische Buchberater 2002, H. 1, S. 41.

Meißner, Wolfgang: Phantastik in der Kinder- und Jugendliteratur der Gegenwart. Würzburg: Königshausen & Neumann 1989.

Menzel, Hilde Elisabeth: Kirsten Boie: Nella-Propella. In: Süddeutsche Zeitung N. 100, 2.5.1997, S. 32.

Menzel, Hilde Elisabeth / Laier, Monika: Kurzportraits von Autorinnen und Autoren. Kirsten Boie. In: Raecke 1999, S. 26f.

Mieles, Myriam: Der durch den Spiegel kommt. In: Frankfurter Allgemeine Zeitung Nr. 282, 4.12.2001, SL 31.

Nefzer, Ina: Man darf mit dem Glück nicht drängelig sein. Fast ein Anleitung zum Glücklichsein für Scheidungskinder: Kirsten Boies neuer Kinderroman. In: Frankfurter Allgemeine Zeitung Nr. 207, 6.9.1997.

Ohland, Angelika: Erzählte Geschichte. In: Die Tageszeitung Nr. 7248, 3./4.1.2004, S. VI.

Osberghaus, Monika: Das Jahr, in dem Soraya kam. Gar nicht muffig: Kirsten Boie erzählt aus den 50er Jahren. In: Frankfurter Allgemeine Zeitung Nr. 232, 7.10.2003, SL 23.

Osberghaus, Monika: Bullerbü geht ins neue Jahrtausend. Kirsten Boie sorgt für Ersatz. In: Frankfurter Allgemeine Zeitung Nr. 289, 12. Dez. 2000 (Literaturbeilage).

Pregel, Dietrich: Zum Sprachstil des Grundschulkindes. Düsseldorf: Schwann 1970.

Preuss-Lausitz, Ulf: Kindheit 2000. Entwicklungstendenzen zwischen Risiken und Chancen. In: Daubert / Ewers 1995, S. 7–22.

Raecke, Renate (Hrsg) in Zusammenarbeit mit Heike Gronemeier: Kinder- und Jugendliteratur in Deutschland. München: Arbeitskreis für Jugendliteratur 1999.

Rak, Alexandra: Mit fünf schon erwachsen. Kirsten Boie über eine neue Kindergeneration. In : Der Tagesspiegel Nr. 14959, 3.7.1994, S. VI.

Richter, Karin: Überlegungen beim Schreiben von Literatur. Zum Realismus in den Kinderbüchern Kirsten Boies. In: Deutschunterricht 1998, H. 6, S. 282–293.

Richter, Karin: Kinderliteratur in der Grundschule. Betrachtungen, Interpretationen, Modelle. Baltmannsweiler: Schneider Verlag Hohengehren 2001.

Rosebrock, Cornelia: Einleitung: Kinder- und Jugendliteratur im Unterricht – Aus der Perspektive der Lehrerbildung. In: Rank, Bernhard / Rosebrock, Cornelia (Hrsg.) : Kinderliteratur, literarische Sozialisation und Schule. Weinheim: Deutscher Studienverlag 1997, S. 7–29.

Sand, Lothar / Theiß, Katja: Kirsten Boie zum 50. Geburtstag. Vielseitige Autorin bereichert die KJL-Szene. In: Eselsohr 2000, H. 3, S. 37.

Schmitz, Alexander: Von einer Randgruppe kann man nicht mehr sprechen. In: Börsenblatt 69, 28.8.1992, S. 122–125.

Schnettler, Silke: Kirsten Boie sucht das Glück. In: Die Welt Nr. 236, 9.10.1997, S. 20.

Schnettler, Silke: So kalt ist niemand ohne Grund. Kirsten Boie und Thierry Lenain erzählen von Kindern, denen Gewalt angetan wird. In: Die Welt Nr. 73, 27.3.1999, S. 9.

Schnettler, Silke: Aus dem Land des Familienwahnsinns. Ein Portrait der preisgekrönten Kinderbuchautorin Kirsten Boie zum 50. Geburtstag. In: Der Standard (Wien) 2000 (18. März).

Schnettler, Silke: Ein Mangel an Größenwahn. Kirsten Boie ist Deutschlands wichtigste Kinder- und Jugendbuchautorin. In: Die Welt. Die literarische Welt 2000a (2. September).

Schönfeld, Gräfin Sybill: Ein zeitgemäßes Kinderidyll. Kirsten Boie wandert bewußt auf schwedischen Spuren. In: Eselsohr 2002, H. 5, S. 14.

Schubert, Ulli: Der Tod, das Leben und die Liebe. Drei ganz starke Jugendbücher. In: Bulletin Jugend & Literatur 1990, H. 11, S. 5f.

Schwan, Dorit Maria: „Mit Kindern redet ja keiner …". Über die Erzählerin Kirsten Boie. In Bulletin Jugend & Literatur 1994, H. 7, S. 15–18.

Schweikart, Ralf: Medienkindheit: dargestellt in Kinderbüchern von Kirsten Boie. In: Daubert / Ewers 1995, S. 109–126.

Schweikart, Ralf: Kleine Torte statt vieler Worte. Über Sprache und Stil in der aktuellen Literatur für Jugendliche. In: 1000 und 1 Buch 1999, H. 1, S. 14–22.

Selchow, Stephanie von: „Ich mach ihn tot. Ich bring ihn um …" Kirsten Boie erzählt von hilflosen Eltern und starken Schülern. In: Der Tagesspiegel Nr. 16693, 16.5.1999.

Simon, Beate: Kirsten Boie: Das Ausgleichskind. In: Stuttgarter Zeitung Nr. 228, 2.10.1990, S. 7.

Spinner, Kaspar H.: Produktive Verfahren im Deutschunterricht. In: Spinner, Kaspar H. (Hrsg): Neue Wege im Literaturunterricht. Braunschweig: Schroedel 1999, S. 33–41.

Spinner, Kaspar H.: Vielfältig wie nie zuvor. Stichworte zur aktuellen Kinder- und Jugendliteratur und ihrer Didaktik. In: Praxis Deutsch 2000, H. 182, S. 16–20.

Steffens, Wilhelm: Beobachtungen zum modernen realistischen Kinderroman. In: Lange / Steffens 1995, S. 25–49.

Steffens, Wilhelm: Kinderromane im Deutschunterricht der Primarstufe unter Berücksichtigung der Erzähl- und Kommunikationsstrukturen. In: Lange / Steffens 1995a, S. 155–179.

Steffens, Wilhelm: Formen des Erzählens in den realistischen Kinderromanen Kirsten Boies – gespiegelt in der Darstellung von Kindheit und Familie. In: Franz, Kurt / Payrhuber, Franz-Josef (Hrsg.): Blickpunkt: Autor. Band 20 der Schriftenreihe der Deutschen Akademie für Kinder- und Jugendliteratur Volkach. Baltmannsweiler: Schneider Verlag Hohengehren 1996, S. 84–117.

Steffens, Wilhelm: Projektorientierte Arbeit mit Kindern im Leseunterricht. In: Schulz, Gudrun / Ossowski, Herbert (Hrsg.): Lernen als genußvolles Aneignen der Künste. Einblicke in die Didaktik der Kinderliteratur. Band 21 der Schriftenreihe der Deutschen Akademie für Kinder- und Jugendliteratur Volkach. Baltmannsweiler: Schneider Verlag Hohengehren 1997, S. 66–90.

Steffens, Wilhelm: Der psychologische Kinderroman. In: Franz, Kurt / Lange, Günter / Payrhuber, Franz-Josef (Hrsg.): Kinder- und Jugendliteratur. Ein Lexikon. Meitingen: Corian Verlag 1995ff. (5. Erg.Lieferung 1998, S. 1–21).

Steffens, Wilhelm: Der komische Familienroman für Kinder. In: Ebd., 1998a, S. 1–12.

Steffens, Wilhelm: Literarisches Schreiben: Bilder – Kindergeschichten – Kinderbücher – Kinderliterarische Projekte. In: Payrhuber, Franz-Josef (Hrsg.): Schreiben lernen. Aufsatzunterricht in der Grundschule Baltmannsweiler: Schneider Verlag Hohengehren 1998b.

Steffens, Wilhelm: Der psychologische Kinderroman – Entwicklung, Struktur, Funktion. In: Lange, Günter (Hrsg.): Taschenbuch der Kinder- und Jugendliteratur. Baltmannsweiler: Schneider Verlag Hohengehren 2000, Bd. 1, S. 308–331.

Steffens, Wilhelm: Moderne Formen des Erzählens in der Kinder- und Jugendliteratur der Gegenwart. In: Ebd., 2000a, Bd. 2, S. 844–861.

Theiss, Katja: „Ich mach ihn tot." Kirsten Boie zum Thema Gewalt. In Eselsohr 1999, H. 3, S. 39.

Theiß, Katja: Kirsten Boie für die Kleinen. Leseförderung durch gelungene Alltagsgeschichten. In: Eselsohr 2001, H. 7/8, S. 15.

Wenke, Gabriela: Zwischen Wunsch und Wirklichkeit. Familie und Konflikte in Kirsten Boies Büchern. In: Eselsohr 1994, H. 5, S. 36–40.

Wild, Inge: Kindsein heute – zwischen Lachen und Weinen. Renaissance kinderliterarischer Komik. In: Daubert / Ewers 1995, S. 81–94.

Wild, Inge: Wie Väter lernen zu 'muttern'. Aktueller Wandel von Familien- und Geschlechterrollen am Beispiel von Kirsten Boies „Mit Jakob wurde alles anders". In: Ewers / Wild 1999, S. 133–150.

Wolf, Fritz: Mitten zwischen die Augen. Die Machtspiele eines gewalttätigen Jugendlichen. In: Süddeutsche Zeitung Nr. 53, 5. März 1999.

Zeiher, Helga: Kinderalltage: inszeniert, kollektiviert, vereinzelt? In: Daubert / Ewers 1995, S. 23–34.